青春期为什么总是对着干

从叛逆到成长

赵帅 李波 著

机械工业出版社
CHINA MACHINE PRESS

当孩子的青春期来临时，很多父母其实并没有做好准备。既没有准备好接受"孩子要长大了"的事实，主动调整自己的位置、心态、教育方法和彼此之间的关系；也不知道究竟要教给孩子点什么；更没有想好怎样一步一步从孩子的生活中退出。

本套书共分为三册，选取了青春期孩子最常见的三大问题——叛逆、沟通不畅、没有学习动力，为父母提供了一个读懂青春期孩子、正确引导青春期孩子、真正帮助青春期孩子的实用指南。本册书作为本套书的第一册，首先为父母厘清青春期到底是怎么回事，帮助父母重新认识青春期，重新看待青春期的孩子，从根源上疏导青春期孩子的叛逆情绪。让父母对孩子的青春期和成长都有一个更加深刻的认知。只有认知到位，方法才能派上用场。

图书在版编目（CIP）数据

青春期为什么总是对着干. 从叛逆到成长 / 赵帅，李波著. -- 北京：机械工业出版社，2025.4. -- ISBN 978-7-111-77766-3

Ⅰ. G782

中国国家版本馆CIP数据核字第2025GW2626号

机械工业出版社（北京市百万庄大街22号　邮政编码100037）
策划编辑：刘春晨　　　　　责任编辑：刘春晨
责任校对：韩佳欣　宋　安　责任印制：常天培
北京联兴盛业印刷股份有限公司印刷
2025年5月第1版第1次印刷
145mm×210mm・7.5印张・107千字
标准书号：ISBN 978-7-111-77766-3
定价：168.00元（3册+附加册）

电话服务　　　　　　　　　网络服务
客服电话：010-88361066　　机　工　官　网：www.cmpbook.com
　　　　　010-88379833　　机　工　官　博：weibo.com/cmp1952
　　　　　010-68326294　　金　书　网：www.golden-book.com
封底无防伪标均为盗版　　　机工教育服务网：www.cmpedu.com

自　序

每逢跟那些和我同龄，或者比我年长的人讲到青春期叛逆时，总会听到这样的声音："就是条件太好了，我们小时候那么苦，哪里来的叛逆？"甚至有这样的声音："什么叛逆不叛逆的，打一顿就好了！"

我是"80后"，父母务农，家里很穷。跟李波老师结婚前，吃饭总是七分饱，不是因为想减肥，单纯就是因为穷。当然，他是男性，对饥饿的感觉比我更深入骨髓。

我们还是被赋予沉重的家族责任的长姐和长兄，按照这样的身份，我们应该压根不会叛逆。然而，事实是，我们都有关于青春期叛逆的记忆：

我是因自身桀骜不驯的性格与周围环境的巨大冲突而产生了困惑、痛苦，以及深重绵长的迷茫感。

他则是因为理想与现实的巨大割裂，以及散漫的天性与内心向往的冲突而产生了强烈的虚无感。

这些青春的体验，刻骨铭心，充满了沉默、孤独和无望的挣扎，而且深深地影响着我们的人生态度、对人生的思考以及后续对人生方向的选择。

所以，对于那些声称自己没有过叛逆的"60后""70后"和"80后"，我们认为，有三种可能：

第一种，忘记了，毕竟我们人类是健忘的动物。

就像我妹妹在发现她12岁的女儿早恋时，怒不可遏向我哭诉。可她忘了自己当年，也是在这个年龄，也因为早恋把父母气得"肝疼"。

我们总是习惯于对自己的过往开足滤镜。

第二种，真的没有叛逆过。

毕竟，在过去贫穷而闭塞的年代，很多人连青春都没有体验过，哪里来的青春期？

第三种，很多过来人从来没有认真地审视过自己的人生。

这一点讲得更深入，也更悲伤。在漫长的成长历程中，他们从来没有被看见，既没有被自己看见，也没有被他人看见。所以，他们的痛楚无助，他们的年少芳华，一并被掩埋在无意识的深处，掩埋在生活的一连串"必须"之下。可是，这些旧日残梦，却总是挥之不去，经常无情地搅动心境，打碎原本平静的生活。

所以，有些人中年发癫，有些人一瞬间就崩溃……

就像我的母亲，一个村妇，五个弟弟的长姐。她从十几岁起就帮忙带弟弟，在田里劳作，风里雨里，一身泥一身水地苦干；为求儿子，婚后三年一个接一个地生。她跟男人一样，性格要强，脾气暴躁，却从来没有真正忤逆过自己的母亲和丈夫，只会羞涩地笑。

人到中年时，她终于挨不住，生病了。过了30年，我才明白，这是被掩埋的人性最后绝望的呐喊。可惜，当年我们无人能读懂她。

我们每一个人都有过青春，也都有过蠢动的叛逆，青春期不是洪水猛兽，叛逆也不是十恶不赦。

孩子的青春期到了，就像春天来了，微风拂过，万物复苏。青春期是人性的萌发，是自我的觉醒，是人一生中第一次挣扎着想要发现自己、彰显自己、树立自己、成全自己。

虽然很多行为看起来有点出格，甚至有点愚蠢，有点不管不顾，但是，看在第一次的面子上，这一切是不是也可以被包容呢？

人生是一个完整的过程，每一个阶段都自有其意义和价值，青春期也不例外。10~18岁，这8年左右的时光，在孩子的一生中分量十足，几乎奠定了影响孩子一生的三大关键基石：

第一，人格的基石。能否发现自己，勇敢地做自己，并且升华自己，知道自己是谁，知道自己想要什么。这是孩子人格成长的起点，也是他人生的起点。成为自己，一生无憾！

第二，能力的基石。能否在思维最活跃、生命最旺盛的年华岁月，让自己的思维力、执行力、文化积淀、做事的章法有一个质的跨越，奠定了自己一生的能力基础。

第三，社会化的基石。能否看到他人，看到社会，找到自己的位置，学会处理复杂的人际关系和社会生活，并且找到自己人生的使命感和追求。

事实是，很多孩子的青春是虚度的。他们除了混乱仓促地循着自己的本能闹腾一番，跟父母、长辈陷入旷日持久的对抗和内耗之外，既没有升级心智，又没有增长才干，更没有找到自己的人生方向。最后，年岁渐长，在现实和父母的逼迫下，只好缴械投降，匆忙地投入社会生活。

等到 40 岁时，忽然发现自己醒悟了。然而，此时半生已过。只好如自己的父母一样，继续匆忙地把希望寄托在下一代身上。

当孩子的青春期来临时，很多父母其实并没有做好准备。

他们既没有准备好接受"我的孩子要长大了"这个事实，进而主动调整自己的位置、心态、教育方法和彼此之间的关系。

也没有想好，当"我的孩子真正要长大"时，究竟要教给他点什么，人生的、社会的、心灵的、情感的、能力的。

更没有计划好，怎样一步一步从孩子的生活中退出，赋予自己后半生别样的意义。

很多父母因为缺乏对自己人生的反思，年届 40，却依然像新手父母一般，面对一天比一天风华正茂、伶牙俐齿、咄咄逼人的孩子，不禁张皇失措。

是的，孩子长得太快，一夜之间，仿佛就不认识了，这让父母感觉很迷茫，手足无措，心虚害怕。

于是，父母下意识地采取了自己父母、父母的父母，对待自己的方式，来对付眼前的这个少年。

结果，父母非但没能阻止孩子的叛逆，还经常因为一些未经审视的错误做法，成为孩子叛逆失控的催化剂。

父母绝望地发现，自己越努力，孩子离自己越远，也越失控。双方陷在内耗的泥潭中彼此缠斗，都丧失了最起码的理智，似乎他们努力的方向不是让彼此更好，而是毁掉对方。

从事教育 20 年来，我们见到过无数的父母，和被父母的努力"毁掉"的孩子，他们彼此仇恨，有隔阂，甚至连看对方一眼都做不到。

父母越想努力改变孩子，孩子越抗拒改变。

最极端的情况是，孩子把自己封闭起来，不出门，不上学，一天只吃一顿饭，疯狂地打游戏，头发油腻，面容憔悴，一说话就爆粗口。

而很多父母其实一直在"睡着"的状态，懵懵懂懂、无知无觉地往前走，一厢情愿地为孩子好，却从来没有真正看见过自己，看见过自己的孩子，看见过生活。

> **面对青春期的孩子，父母最欠缺的是觉知。**

2017年寒假，李波老师和我在北京发起了一项名为"走心集训"的活动，100多个孩子当中，有一个孩子看起来与众不同。

他当时读初二，瘦瘦高高的，脸色苍白，头发不知几天没有打理过，窝着背，走路拖拖拉拉，一副不羁的样子。他的"罪名"是厌学、上课睡觉、行为散漫、对父母跟老师不敬。

晚上他妈妈赶来了，一位干练，却从内而外投射着紧绷与焦虑的职业女性。她拉着我们聊了整整两个小时，讲述了自己物质极度匮乏的童年和艰难奋斗的青年。只不过，我们知道，过度的责任像水泥一般早已将她的内心封印了。

她顽固地把家庭责任、社会责任、工作、绩效、分数、大学等世俗的义务等同于人生的全部。就像李波老师说的，她一直活在外面，却很少活在自己的内心世界中。

而她的儿子，其实是一个有着非常丰富的精神世界、对生命有着独特理解，并且很倔强的少年。当自己的母亲唾沫横飞地"讨伐"他的不担当、不懂事时，他躲在教室最后一排的角落，沉迷地读着《人类简史》——一本学术价值和文学价值都非常高的书籍。

他品位不俗。但这些品味、兴趣、爱好，从来没有被自己能干的妈妈看见和欣赏，更不用说支持了。

这对母子缺乏精神上真正的交流，他们就像两条平行线。妈妈恨恨地说："他天天看这些没用的书，做那些没用的事，就是不把心思放在学习上！"

与其说这是一个青春期叛逆的故事，不如说这是一场价值的拷问。

孩子叛逆其实是在向父母发出信号：你真的懂我的世界吗？

走着走着，孩子就成了父母身边最熟悉的陌生人。

父母只是想让孩子听自己的话，乖乖的，别出乱子。但从来没想过，要迈开自己尊贵的腿，放下自己高高在上的身段，主动走过去，走到孩子的身边，什么也不说，只是单纯地：

看看他在做什么。

听听他在说什么。

想想他的现在。

在他身边待一待。

起身站在远远的地方，再看看自己的孩子。

把他放在心里，当他不在身边的时候，再想一想他……

有一位妈妈说："孩子已经初三了，怎么还不见她努力？今年暑假，我给她报了班，她也不去，每天待在家里看手机。我一说她，她就发脾气，一点儿也不上进。"

点开孩子的详细信息，是这样的：

一米六的身高，体重将近150斤，笨重、萎靡；一脸痘痘，有着羞涩畏缩的表情，头发像海藻一样乱蓬蓬地随意扎着。妈妈说她背上有很重的湿疹，睡眠不好，很喜欢看网文。

这个青春期女孩，精神世界严重匮乏，自我价值感很低。她因为自己的外形而自卑，依靠网络文学麻痹自己。她连自己都无法正视，怎么可能顾及学习呢？而且，这种状况持续至少两三年了。这分明是自卑，哪里是不上进。

妈妈这个时候才回过味来："是的，是的，她说自己长得难看，没人喜欢她。她总想减肥，可又不能坚持……"

所谓教育，无非是一个灵魂与另外一个灵魂的交流。

在过去封闭的时代，信息匮乏、文化单一，父母几乎是孩子的全部，孩子没有足够的底气挑战父母的权威，父母对孩子的教育相对比较容易。

孩子之所以叛逆，不仅仅是青春期的生理发育带来的本能反应，还因为他蓬勃生长的自我从未被看见，因为他的精神未被滋养过，思想未被启发过。

他无法应对自我与环境、想象与现实的巨大割裂。

而在今天这个时代，信息过载、文化多元，稚嫩的孩子在自身阅历不足、鉴别力不够的年龄，就开始或被动或主动地在互联网上接触形形色色的观念、文化、活法。这把双刃剑，让他们遭遇了比自己父辈更大的冲击和诱惑，也给他们带来了更大的迷茫。

而父母也必须要准备好迎接更大的挑战！

但是，这个事情也有另外一面：**时代再怎么改变，人性的变化都是微乎其微的。**

青春期是孩子觉醒的一次机会，又何尝不是父母觉醒的一次机会？

孩子的叛逆不仅困扰着父母，也第一次暴露了这个家庭过去一直掩埋的矛盾，夫妻关系、家族传统、生活态度、情感模式、价值观、文化属性……它像镜子一样，清晰地照出了孩子、父母、家族的过往纠葛，也给我们指出了修正的方向。

青春期，是摆在父母和孩子眼前的一项大考。

这个过程虽然困难重重，甚至常常让人觉得心力耗竭，不能坚持，但是，痛苦所带来的反思、修正以及勇气，必然让父母和孩子，在穿过这些风雨之后，将心灵真正融合在一起，成为家人、成为战友、成为一生的挚友。

当然，在这个过程中，你不是孤独的，我们将陪伴着你，以专业的身份来帮助你。我们将以这三本书为载体，帮助大家从三大方面解决青春期带来的问题：

第一，认知——厘清"青春期究竟是什么"。解决一个问题，要从认识它开始。我们对一个问题理解得越深刻，解决起来越游刃有余。

很多父母之所以面对叛逆的孩子困坐愁城，欠缺的不是方法，而是认知。对青春期的认知，对成长的认知，对人性的认知，对人生的认知……认识到位，方法才能派上用场。因此，在第一册书里，我们将结合二十年来的教育实践，来谈一谈应该如何理解青春期，如何理解叛逆。

第二，亲子关系和亲子沟通。青春期叛逆一开始，最先受到冲击的就是亲子关系，最先令父母感到困惑的就是亲子沟通，首先应该调整的也是亲子关系。父母究竟应该怎样和青春期的孩子相处，怎样引导正处于迷茫中的孩子，抚平他的心境，理顺他混乱的思绪，启迪他的思想，让孩子真正走向成熟，在第二册书里，我们将详细讲到。

第三，学习。 当青春期迷茫遇上学习，遇上中高考，会让原本复杂的局面火上浇油，也会让父母和子女的矛盾激化。但其实，孩子讨厌的从来不是学习本身。然而，长期错误的学习观念困住了孩子，消耗了孩子，让他们投入了漫长的努力，却毫无收获。

因此，是时候重塑父母和孩子对学习的认识了，是时候让孩子重新从学习中找到人生的成就感和未知的快感了！任何一件事都可以成为塑造孩子的工具，而学习从来都是塑造人的心性和能力最强大的工具。第三册书将为大家讲解学习、考试和分数那些事儿。

走过青春期的混乱、痛苦和迷茫，无论是孩子，还是父母，都将迎来一个更好的自己。

赵　帅

开篇语
孩子到了青春期,父母必须要懂的事

孩子到了青春期,父母必须弄明白三件事:

第一,最好学着喜欢上青春期以及处于青春期的孩子。

青春期的到来是猝不及防的,仿佛夜空中划过一道闪亮的霹雳,一瞬间,很多父母发现:自己的孩子变了。

但是,你一定要相信:**相比你的震惊,孩子的震惊和迷茫更剧烈。**

因为在接下来的3~5年中,他将在身体上、思想上发生一系列的变化,而每一点变化所带来的心理体验都是惊人的。

首先开始的是身体发育，忽然蹿高的个头，争先抢后冒出的体毛，第二性征的发育，变声、例假……

一个孩子，眼睁睁地看着造化之手，在自己身上翻天覆地地改造，而自己却不能拒绝，不能喊一句："停！"也无法参与改造。

他的震惊和不解，也是空前的。

所以，提到青春期，我们通常会用一个词来形容：**危机四伏**。

这是一段很艰难的旅程，而且，更多时候，是一个人的旅程。

孩子在青春期来临之后，被迫一个人走上成长之路，不知道前方是什么。但可以肯定的是，他再也无法回到那无忧无虑的童年时光了。

青春期的来临，到底代表了什么？没有人对孩子讲，

他就像被猛地抛到了黑暗中,四处黝黑,看不清楚,却有无数的指令袭来:

不要和男孩子/女孩子嬉皮笑脸,走得太近!
不要穿得这么暴露!
不要读乱七八糟的小说,要把心思收回来放在学习上!
……

生命已然向孩子打开了大门,可是我们守在门口,赶他回去,而且不给孩子一个解释。

因为我们希望孩子依然像七八岁时那么单纯,那么依附于我们,这样将大大降低我们的管理难度。而且我们没有把握,一旦潘多拉的盒子打开,孩子还能否把握得住自己,不迷途走错?

可是,除非我们接纳青春期,接纳青春期的孩子,否则,我们无法帮助孩子顺利走好这一段路。

因为前进是必需的。生命绝对是往前走的,不会返航。

当青春期来临的时候,我们要做好准备,接纳这个开始加速成长的孩子:

接纳他越来越强大的个性。

接纳他的叛逆、无助、反常、神经质,甚至偶尔的失控。

我们要明白:**此时此刻的他,比我们更艰难。**

当他的身体加速发育,而他对这个世界、对人生、对自己还一无所知的时候,他就像一个新手操控着一辆硕大的汽车一样,东摇西摆,晃晃荡荡。

所以,我们能做的,其实首先是:包容、接纳、等待,还有引领。

而不是:不解、抱怨、指责,还有堵塞。

接纳青春期的孩子，其实就是接纳他的成长。接纳因为成长而带来的一切好的方面或者不好的方面，并且为此而欣喜。

所以，如果你的孩子进入了青春期，别忘了送他一件礼物，并恭喜他："孩子，祝福你，因为你要迈向成年了！"

第二，青春期的一切，是正常的，又不是正常的。

因为青春期是儿童到成年的过渡期，所以，孩子在儿童期种下的一切种子，到了青春期，都会发芽长大。

也许你会发现你的孩子到了青春期彻底失控了，他不再听你的了。但其实，他也无法有效地驾驭自己。青春期的他就像一辆失控的车，偏离了方向，甚至冲出了跑道。

也许你会发现，你精心抚养了十几年的孩子，眼看快要长成了，他却长成了一个你不喜欢的人，懦弱、自卑、暴躁、不思进取、内向、自我封闭……他不像你想象的那样拼，那样有毅力，那样阳光，那样开朗，那样果断……

如果说这一切在孩子儿童期的时候，你就有所察觉，但却因为青春期的到来，一切都被放大了，而且似乎看不到矫正的希望了，我们来给你吃一颗定心丸：

青春期，
是你能影响孩子
的又一次机会。

当然，
也可能是最后一
次机会。

到了青春期，任何一个孩子的心智都在飞速发展，他们开始拥有一种理性思辨的能力，开始拥有深度理解问题的能力，他们不再像孩子一样循着你的路子，一步不错地紧跟着。

他们渴望思考，渴望理解，渴望对一切未知进行探索。

他们像水里的鱼，鼓着鱼鳃，想要呼吸。

这个时候，如果你能够给孩子支持，那么，他就可以消化给你看，不但消化，而且还会升华和提炼。

也就是说：

孩子到了青春期，迫切地需要精神食粮，迫切地需要一个人生的导师，一个人生的智者，告诉他：人，要这样活着。

这就是方向。

如果没有得到指引，他们就会像躁动的小兽，四处乱冲，把自己搞得疲惫不堪。他们在精神上离开了家，离开了父母，可是到外面一看，又不知道该往哪里去。

在青春期，父母要给的就是方向。

如果父母给不了方向，也要帮他找到一个人生导师，给他一个方向，给他一种选择，让他进行思考。

循着这样的方向，孩子的精力、时间、心思才能放在正道上，向未来奔跑。

· · · · · · ·

第三，尽我们所能，给孩子树立一个好榜样。

青春期的孩子，眼睛又"毒"，心又"刻薄"。

这样一个年龄，明白了一些事情，看到了一些事情，可是内心世界还很懵懂，对这个世界有着很理想化的想象和期待。

因为这种理想化，他们看什么都很"刻薄"，包括自己，包括父母，都逃不出他们"恶狠狠"的审视：

我的脸太大了，好难看！

我的身体太弱了，没有男子汉气魄，好自卑……

我妈妈太丢人了，穿的衣服好土呀！

我爸每天回家什么也不干，就是躺着看电视，挣钱又少，我才不要像他那样活着呢……

我太胖，腿太粗，长得真丑。

……

他们既空前地自卑，又空前地自负。

他们一边不屑地打量着这个世界，觉得自己可以创造一切；一边又自惭形秽，胆战心惊地不敢迈出一步。

作为父母，如果以前你的孩子因为太小，没有能力看见你，那么，到了青春期，也许你的一切缺点都逃不脱他的法眼。

怎么办呢？

所以我们一直在讲：**教育就是修身养性。**

你是一个什么样的人，是藏不住的，哪怕你再掩饰，真实的你也会原形毕露。

哪怕他现在还看不太清楚，但总有一天，他会回想起：在青春期时，父母给予了自己怎样的引领。

> 做好自己，给孩子一个离他最近的榜样。

说到这里，我（赵老师）想起了自己青春期的一段往事：

大约在初二左右，当时不知怎么回事，我心里就好像窝了一肚子火，每天看什么都不顺眼。

面对这么暴躁的我，一向厉害的母亲居然一派平和，每当我把火气撒到一个无辜的受害者身上时，母亲总是平静地笑笑：

"别理你姐，这段日子跟吃了枪药一样。"

然后就自顾自地忙去了。

也许身为农妇的她，未必能理解什么是青春期，什么是教育，但她却用她的宽厚与爱，给了我最好的缓冲，也给了我一个最好的榜样。

所以，在这样的平和以及见怪不怪的智慧中，我的"火"也就着了半年，就自动熄灭了。

青春期就是一阵风，它可能只是一阵微风，说过去就过去了。

你只需等待。

青春期也可能是一阵狂风，狂呼乱吼过后，一片狼藉。

那你一定是拱火了。

当然，青春期也可能是一阵春风，和风所至，播下爱的种子、宽厚的种子、智慧的种子，人生的春天由此起航。

那你一定是耕耘了。

身为孩子的父母,我们是有选择权的。

说句伤感的话:**帮孩子顺利度过青春期,其实是父母为孩子站的最后一班岗。**

青春期一过,孩子在精神上就成年了,他的性格、志趣、爱好、品行等就基本定型了,我们所能做的就微乎其微了。你虽然是这个孩子的父母,也很难从更深层面上影响他,帮助他了。

那个时候,才真是"由他去吧"的无奈。

所以,好好把握青春期这几年,趁着孩子还在你身边,你还可以帮到他,影响他,多给孩子一点帮助和指导,让他未来的人生之路,走得更顺遂一些。

目 录

自序

开篇语　孩子到了青春期，父母必须要懂的事

01

第一篇
令你困惑的
青春期

002　孩子青春期问题的根源是什么
019　为什么青春期孩子越来越疏远父母
035　青春期孩子为什么会叛逆
049　青春期孩子真正需要什么

02

第二篇
别做孩子叛逆的
"助推器"

068　不要少了"倾听"和"教导"
080　做反了，孩子越来越叛逆
093　压制孩子的叛逆，不如释放孩子的叛逆
108　莫让孩子毁在听话上
121　近朱者赤，近墨者黑

03

第三篇
这样做，再叛逆的孩子
也会改变

136　面对孩子的叛逆，父母该有的三个智慧
153　要帮青春期孩子完成三大转变
166　两条原则，让孩子开始改变
178　向下兼容，孩子会渐渐懂事
191　三招让孩子走出叛逆

第一篇

令你困惑的青春期

孩子青春期问题的根源是什么

一位妈妈来找我们咨询,非常具有代表性,在她的身上,每一位父母都可以学到三点:

第一,当一个孩子进入青春期后,他身上所有问题的根源究竟是什么?

第二,针对这种情况,家庭教育的重点应该放在哪里?

第三,解决这些问题的关键途径是什么?

我们来看一下这个孩子的基本情况:

这是一个男孩,中考的时候,他的成绩排那所高中600多名(全校高一学生1000多名)。

开学之后,学校要求所有的男生都剪短头发,他很抗拒,因为他觉得自己的脸长得长,额头上留一些刘海才会更帅气。可是,没多久,老师就强硬地带着他们这十几个"对抗分子"理了短发。

这是第一件事,他为此耿耿于怀。

高一这一年,就这样在匆忙间浑浑噩噩地过去了。这一点,我们几乎可以想象。因为高中知识的理解难度很大,知识量也非常大,学校进度一天天往前赶,大多数孩子都会麻木地被大部队裹挟着往前走,稍微愣个神,一学期就结束了。

更何况,这个孩子在这一年当中还经历了早恋。他和一个女孩子有暧昧的情愫,彼此会"老公""老婆"地称呼。可是,不久,这个女孩子就移情别恋了,让这小子难受了好久。

这是第二件事。

随着精力的分散，他的成绩不断下滑。从班级里面的中上游，下滑到几乎垫底，各科成绩都不及格。

从高二开始，孩子回归正常，他决定要努力学习了。可是，让他倍感困惑的是，好好学了一段时间，分数依然很不理想。数学满分150分，他只能得六七十分。这在初中时几乎是不可能的。那个时候，只要妈妈管一管，自己加把劲，分数蹭蹭就上去了。

他跟妈妈讲，他开始怀疑自己的智商了，感觉所做的努力都是徒劳。

我们再来看妈妈：

在这一年多的时间里，妈妈也没闲着，她锲而不舍地跟孩子身上不断冒出的一个又一个坏毛病做斗争，就像门神一般警觉地守在那里：

孩子玩电脑，她就把网断了。

孩子早恋了，她就围追堵截，让他了断。

孩子爱美，她看不惯，就一直絮叨。

……

但一切又似乎很徒劳。

想必读到这里时,你会从这对母子身上看到自己和孩子的一些影子。

那么,为什么会这样?应该如何解开这个死结呢?又或者,如果你的孩子年龄尚小,未来如何杜绝这种情况呢?

· · · · · · · ·

我们先要郑重地讲一句话,你要留心,那就是:

作为父母,我们其实并不了解青春期阶段的孩子,不知道他的内在正在经历着一些怎样的变化。

你看到的都是现象,或者说"症状":

孩子开始爱美了。

孩子开始情愫萌发了。

孩子在学习时神思涣散了,不专注了。

孩子开始不听话了,开始质疑你了,开始跟你对着干了。

内在是什么?

内在其实是,孩子在进入青春期的时候,他的精神发动了。

他开始有想法、有感受、有体验了,他像一个海绵一般,源源不断地吸收着这个世界的一切。进而,他开始拥有了丰富的精神世界。

可是,当孩子的内心在波涛汹涌时,父母在干什么呢?

我们在犯傻呢。

孩子在我们的眼皮底下长起来,我们自认为对他知根知底,对他很了解,以至于我们忘记了一个事实:

孩子在成长着,这个成长是无时无刻的,等他长到13岁、16岁这个年龄时,他的生活经验其实已经远远超出了我们的眼界。

孩子已经走向了远方，而我们还站在原地。

最可怕的是，我们不但站在原地，还企图把他拉回来，套上以前的小衣服，把他装扮或改造成那个我们曾经一贯熟悉的小乖宝。

这就是矛盾。

所以,我们跟这位妈妈讲:

从某种程度上来讲,这个孩子是一个很上进的孩子。他拥有丰富的精神世界,他青春、有活力、有冲劲,这非常棒!

然而,问题是,虽然他的精神体验很多,想法也很多,但他在心智上不够成熟,他的思想高度不够,不足以驾驭他这么多的精神体验。

所以,他就乱了。

当他在精神上混乱的时候,他的行为就会失控,他的精力就会涣散,他的学习必然会深受其害,即便他也知道自己应该好好学习。这就像一个酒驾的人,他在意识上也知道自己要好好开车,但是,他在精神上是混乱的,所以,身体就会失控。

那么,我们应该怎么办呢?

把他拉回来,对他说"孩子,你别长了,你还是做我的小乖宝吧"?

这是不现实的,孩子终将长大,终将要体验人生的一切,这是不可逆转的,长大是自然规律,倒退就是违背规律。

当然,你也可以强行对孩子进行精神控制,让他臣服在你的身边。不过,未来,也许仅仅不过十年,你将为自己把他培养成了一个什么都不懂、自卑放任,又事事仰仗你的"巨婴"而痛苦自责。

还有一个办法,就是像这位妈妈一样:就守着孩子,看着孩子,关注孩子的一举一动,一旦发现什么不好的苗头,就斩断它。

这个办法行吗?

不是不行,甚至这是常态。父母就像救火队长,哪里需要,就出现在哪里,哪怕是做一个恶人,也不能让孩子走上歧途,掉入陷阱。

但是,这只是一个辅助手段,并不能彻底地解决问题。

要知道，父母对于孩子的价值，不仅仅是起到看护作用，更重要的是要有教育的功能。

我们不能仅仅跟孩子的"恶"做斗争，更应该培植孩子的"善"；不仅仅要防止他误入歧途，走向弯路，更要引导他成长，这才是我们的最终目的。

孩子哪里需要成长？

四个字：心智成长！

教大家一个养育孩子的秘密，那就是：

成长中出现的问题，要用成长来解决。

把"狼"打跑不是目的，真正的目的是要培养孩子的自强与自律。唯有孩子的内在强大了，诱惑、艰难、歧途才不会伤害到他。

· · · · · · ·

回到这个孩子身上，父母应该怎么看？

孩子爱美是好事，说明他开始有审美意识，开始主动融入外在世界了。并且，他几乎是在拥抱外在世界，跃跃欲试地想要赢得这个世界对他的瞩目。

孩子跟老师因为理发发生矛盾了，是好事，因为他开始有主见了，并且试图去捍卫自己的主张。

孩子早恋也是好事，说明孩子开始懂得欣赏一个异性了，他开始学会爱，学会付出了。

大家想一想，这些经验，哪一样不影响着我们成年以后的人生品质？

所以，能否伤害到孩子，不取决于事情本身，而取决于他怎样看待这些事情，怎样驾驭自我；取决于他的思想是空洞还是充实，内在虚弱还是强大。

一个内在虚弱、思想空洞的孩子，对自我意识是没有控制的，他就会被欲望绑架，被诱惑裹挟，被艰难打败。

那些在班级名列前茅的孩子,他们身边也有漂亮的女同学,也有电子游戏,他们也爱美、有脾气,也会遭遇挫败。但是,他们的内在充实,思想成熟,知道应该如何看待人生,知道自己要的是什么。所以,精神才不会迷乱,行为才会自律。

· · · · · · · ·

所以,父母要做的是什么?

充实孩子的思想,增加他看问题的视角,壮大他的内在。

孟子说,吾善养吾浩然之气!

这才是教育的正道。

我们与其拿着显微镜、消毒液忙着灭病毒、灭细菌,不如固本培元,增强孩子的抵抗力、免疫力。更何况适度的细菌还有益于免疫力的增长。

我们常说四个字：**扶正祛邪**。

扶助孩子身体里的正气，这样，邪妄之气就不得入。

正气是什么？

正气就是健康的心智，就是昂扬的进取心，就是对美好未来的期待，就是良好的做事、做人品质，就是节节攀升的成绩，就是开阔的眼界、格局、胸襟，就是高层次的思维方式……

邪气是什么？

邪气就是薄弱的意志，就是消沉的心境，就是懒散的习性，就是肤浅、狭隘、极端的思维方式，就是好逸恶劳、短视浅薄……

如果父母在家庭教育中能够从这个层面去看待一个孩子的成长，看待一个孩子在青春期的种种问题，能够把关注点持续不断地放在"正"的层面，并且采取一系列的行动去引导他、扶持他，那么，我们可以肯定地告诉你，这个孩子的未来，你可以放心了。

你会越来越放心，因为孩子越长大，内在越充实壮阔。

你开始得越早，孩子在青春期的表现越好；你开始得越早，孩子到了青春期，成长就越顺利，越有长进！

· · · · · · · ·

这就回答了我们开头的那两个问题：

第一，青春期孩子身上所出现的一切问题的根源究竟是什么？

一句话：精神发动了，但心智不成熟。

第二，针对这种情况，家庭教育的重点应该放在哪里？

四个字：扶正祛邪。

看到这里，有些父母要急了："我的孩子已经青春期了，之前我们教育的硬伤已经在孩子身上体现出来了，孩子不但心智不成熟，做事品质不到位，而且学习状态也很低迷，我们该怎样办呢？"

这个时候，除了做好上面所讲的，我们还要给孩子一些最直接的帮助。

也就是第三个问题：解决这些问题的关键途径是什么？

首先，找一位好的老师。

人的培养，人的成长，是一切教育工作的灵魂所在。所以，才有一句话说：教师是人类灵魂的工程师。

可是，在现实生活中，因为学识、眼界、悟性、能力受限，很多教师的真实角色，其实只是充当了知识的搬运工，好一点的是教学能手，但都没有触及孩子灵魂的深处、精神的底层。

而很多父母，更因为专业受限、精力有限，也不具备引导孩子思想发展的能力。大多数父母对孩子的引导，只截止到初一，后续就变得有心无力了。

所以，孩子在进入青春期后，在这个最需要引导的年龄，实际上却处于一种失控或者自助的状态，就跟碰运气一般。

悟性好点、条件好的孩子会跌跌撞撞地自我摸索、自我教育；而运气不好的孩子，则会无序地叛逆，盲目地从众，最终泯然众人，徒留遗憾。

现在的孩子不是教育过剩，而是教育匮乏，管教过剩。

那种能够深入他们灵魂深处，能够在智识上给予他们启发和指点，能够在精神上、思想上给予他们充实和疏导，能够点燃他们的人生激情，传授他们为人处事和求学方法的高品质教育，很多孩子都无缘碰触。

"有人管，无人教"，就是我们俗话讲的"少教"。

少教，人品就不敦实厚重，对人生就不虔诚敬畏，为人处事和求学就轻佻，没有智慧，没有章法，缺少钻研探究。

所以，我们要塑造孩子的内在，激发他们思考，给予他们眼界、格局和价值观，指导他们为人处事和求学的章法。这是在给孩子的人生打底子。

其次，要通过有效的学习方法和思维方式的调整来解决孩子的分数问题。

父母要在知识学习上给予孩子最本质、最底层的帮助，通过这一系列扎实的工作，扶持起孩子的能力和信心，让他进入良性循环的轨道。

案例中的孩子，高二，学业紧迫，高考在即，而他又荒废了一年半的时间。即便初中三年他的成绩不错，也需要不断探索科学的学习方法，持续夯实做事的品质。

这位妈妈不断地问我们："老师，来得及吗？还来得及吗？"

我们想告诉所有父母的是：**来得及还是来不及，主要取决于你。**

取决于你是否从现在开始,就着手去做。也许你已经在错误的路上奔忙了很久,误了自己,更误了孩子。如果你从这一刻开始,就着手改变,一切皆有可能!如果你还是什么都不做,那么孩子积压的问题就会越来越多、越来越大。也许,一年之后,你会比现在更焦虑。

莫道君行早,更有早行人!

成功,就蕴藏在先人一步的行动中……

为什么青春期孩子
越来越疏远父母

做父母这么多年,不知道大家有没有发现这样一个趋势,那就是:

我们身边的这个小孩,由最开始黏你黏到心烦,变成跟你亲密无间、无话不谈,再变成躲着你、防着你,甚至嫌弃你。

渐渐地,孩子开始跟你无话可说,或者一讲话就生气,就狂吼,就摔门。

再往后,你们似乎成了最亲密的陌生人,或者冷漠客套的"室友"。

想来,随着这一笔一笔的描写,有些父母的眼泪已经忍不住在眼眶里打转了,因为这是很多家庭的现状。

想到这么多年,我们生儿育女的心酸艰难,我们为孩子吃的苦、受的累、操的心,结果,却落得这样一个下场,怎能不让人心酸、委屈?

就像一位妈妈讲的:

有一次,她在孩子面前好言相劝,让孩子努力上进,不要再沉迷于游戏,不要再无所事事,挥霍自己的青春,孩子居然把正在吃的一碗饭迎面砸过来,对她破口大骂。

那一刻,她感受到了一种深刻的耻辱与背叛。

还有一位妈妈讲:

有一次自己生病,挣扎着熬到下班,到家之后就躺在床上,一丝一毫的力气都没有了。可是,女儿回来后,却视而不见,甚至对她那么晚了还没有做晚饭而愤愤不平。

她哭着说:"我含辛茹苦把她养大,结果养出来的不是一个贴心的小棉袄,而是一个白眼狼。"

说实话,这些妈妈的感受都是真实的。

虽然有些残酷,但是,事实是,父母和子女之间,无论曾经多么亲密无间,有一天的确可能会变成陌路人,甚至,比陌路人还陌路。因为陌路人是两不相干的,而父母和子女之间的漠视里往往还会夹杂着恨意。

· · · · · · · ·

那究竟是什么,让那个不久之前一看见妈妈哭泣,就泪如雨下的小天使,变得这么冷漠,这么无动于衷?

一句话:**我们做父母久了,常常活着活着,就只剩下责任了,而忘了另外一个更重要的东西,那就是情感。**

而就在我们忘掉情感的那一刻,身上的人情味也就淡了。

可是，孩子是不一样的。他需要爱，需要情感。这情感和爱，就像土壤。情感越多，爱越多，土壤就越肥沃。

在这肥沃的土壤上，可以生长出一切，旺盛的生命力、强烈的好奇心、充沛的安全感、向上的欲望、开朗的性情、健全的心智、自律自强的信念、自信达观的精神……

抽离了爱与情感，孩子将如一株小草，迅疾地委顿下去。

孩子首先是一个情感动物，其次才能成长为一个拥有智识的高级生命。

而我们做父母的，在社会生活中，却常常首先是一个世俗生物，争名夺利，盲目而挣扎地谋生；其次是一个智识生命，有追求、有渴望、有思考；最后才是一个有血有肉的情感生命。

当把那个水晶般剔透的宝贝，和我们这些"物质生

物"放在一起的时候,就必然会产生一个巨大的错位,那就是:

当孩子渴求情感的时候,我们却给不出。
当孩子需要我们的时候,我们却不在。

这个"不在",不是说我们不在孩子身边,而是我们虽然每天都跟他在一起,却对他的情感需求视而不见,听而不闻。

我们虽同处一室,却似乎隔了万丈鸿沟,孩子使出了吃奶的劲儿向我们挥手、呐喊,我们却浑然不觉。

久而久之,孩子的情感之门就向我们封闭了。

· · · · · · · · ·

就像一个孩子曾经讲的:

老师,我妈特别害怕我早恋,可是,我还是早恋了。

她用各种恶毒的语言骂我，说我不要脸，又哭着求我，甚至向我跪下，让我断掉。

可是，我怎么可能断掉呢？他不仅仅是我的男朋友，还是我唯一的亲人，因为从来都没有人像他那样倾听过我、重视过我、包容过我。

我妈呢？她从来不关心我这个人。在她眼里，只有我爸的前途和我的成绩。我们是利益关系，不是亲人关系！

最后一句，她是咬着嘴唇，一句一顿讲出来的。

三口之家，爸爸一心扑在工作上，对她不闻不问，只会拿钱敷衍她，平时连面都见不着，即便见着面，也沉默寡言，说不上三句话，就走开了；妈妈空虚寂寞，又极其功利，一心只想着她的成绩，这个家，除了说教，就是沉默。

她感觉自己都快变成哑巴了，纵使心里翻江倒海，有千言万语，嘴上却讲不出一句。

这不是一个能让人畅所欲言的家。

这不是一个能让人倚靠在她身上安心地讲心里话，而不用担心被批判、被否定、被说教、被忽视的母亲。

孩子似乎变成了双面人，在外奔放热烈；一回家，就自动冷漠冰冷。

另一个男孩则是整个人怏怏的，蔫蔫的，内心不快乐。

虽然他非常优秀，每次都能考班级前三名，可是，他常常会去找一些"悲情和颓废"的书看，写的文字也多是忧郁和悲伤的。

初一那年，他迷上了网络游戏，成绩一落千丈。内向不善于表达的父母跟他发生了多次争吵和冲突，老师也不待见他了……

内忧外患之下，他主动提出转到一所封闭式学校，那里严控手机。他的成绩一下就上来了。

冲突、争吵与逼迫，虽然让他暂时回归了学习，但那是因为他乖，他自觉，他不愿意因为自己而让父母承受困扰，而不是因为他真正成熟了。

他的内心依然迷茫而压抑，无处倾诉，无法言说。人生的意义何在，他并不明晰，他迫切地希望找到答案，但依然一无所获。

他的情感没有得到满足，他的爱没有得到回应，他的尊严没有得到照顾，他的精神没有得到引导与支持，他的思考没有得到扶持与指点。

他的问题从来就没有得到解决，只是积压在那里了。所以，他虽然悟性极好，学习优秀，却孤立无援。

• • • • • • •

孩子，天然是有灵性的。但这灵性之花，需要充沛的情感来浇灌，天长日久，才会变得智慧和强大。否则，这灵性之花就会枯萎，甚至会走向自我毁灭。

遗憾的是，很多父母非但没有看到孩子的需求，反而跟外界一起给了孩子最深的打击与伤害。

作家王朔,号称"痞子作家",他小说中的人物常常叛逆放纵,油嘴滑舌,游戏人生,就像他一般。可是,这样玩世不恭的痞气背后,却是一片深情被辜负的苦痛。

年近五旬的他曾经跟母亲上过一档心理访谈节目,他执拗地问母亲:"你爱我吗?"

母亲答:"爱"。

王朔再问:"那如果有一天,我变成了坏人,你还爱我吗?"

母亲沉默良久,不作声。

王朔继续逼问:"如果有一天,我变成了十恶不赦的杀人犯、在逃犯,你还爱我吗?"

母亲答:"我会举报你"。

王朔自然不会杀人,不会变成坏人,他之所以这样执拗地一问再问,是因为他痛苦地意识到一个问题,那就是:父母对他的爱,是有条件的!

作为一个极为真诚，真诚到眼睛里容不得一粒沙子的人，这样一份势利凉薄的爱，还是深深地伤害了他。

谁能想到，油嘴滑舌、玩笑人生的王朔，是一个被父亲打到再也打不动的那一刻才停手的弱小孩子？

谁能想到，年逾不惑、作为"新京派"文学领军人物的作家王朔，在母亲晚年的病床前，潸然泪下：

"你需要我的爱时，我给你，但我需要你的爱时，你又在哪里？"

作为一个普通的人，王朔小时候所面临的不是被尊重，而是时时被侵犯。街头的流氓、严肃的老师、专横的父母，都可以对他造成侵犯。他无力回击这种侵犯，于是，他选择了调侃，这样既能化解对方的侮辱，又能勉强保护自身的尊严。

王朔的父母只懂得"要教育孩子别犯法，别给社会添麻烦，别给他们丢人"，而这些责任、体面和尊严，让他们忽略了爱，忽略了情感。

· · · · · · · · ·

而很多父母，也许并没有比王朔的父母进步多少。

我们用事无巨细的物质呵护、喋喋不休的说教、绵密不绝的关注，生生把孩子养成了一只"宠物"，任由我们装扮，任由我们投喂，任由我们调教。可是，孩子内心的真实需求，我们却从来没有看见。

我们关心的只是孩子的外在，关注的仅仅是他们的分数，看重的只是他们有没有按我们说的办。

这才是事实。

如果让孩子袒露心声，他会讲："妈妈，这样的爱不是我想要的。"

每一期集训结束的时候，我们都会跟父母们讲：

每一个孩子都是值得期待的。
每一个孩子的内心深处，都是向上的。

可是，还是有很多父母跑过来，忧心忡忡地问："老师，我的孩子就是不上进，怎么办？""老师，我的孩子就是不爱学习，怎么办？"

是吗？

不是，你以为是。因为你从来没有深入孩子的内心深处去，看到他真正的样子。孩子其实远远比你想象得更美好、更丰富、更上进，更充满爱、渴望、理想、善良和正义。

那为什么我们看不见呢？

因为我们活得不真实，因为我们活得太仓促，因为我们活得太粗糙。

其实，扪心自问，谁没有情感，谁不懂爱？更何况是面对我们自己的亲生骨肉。

我们都需要爱，都有情感，但是，我们的情感不属于白天，只属于深夜十一点后；我们的情感从来不敢拿出来，怕受伤，我们只愿躲在无人的角落，默默地自苦、自怜。

我们把自己的情感用水泥封上，假装自己是大人，成熟了。但其实，我们只是外表老了，而内心却从来没有长大，还是一个孩子——柔弱而卑微，紧张而怯懦。

所以，我们常常会崩溃，会痛哭流涕，会在打骂完孩子之后，像孩子一样号啕。

无情未必真豪杰，怜子如何不丈夫？

真正的强者，是能够正视自己软弱的人！

真正的强者，不是没有爱、没有情感、不会脆弱的人。恰恰相反，他们是拥有着充沛的人性、丰富的精神世界的人，是有爱、有情、有义，又有理、有节的人。

当我们敢于面对真实的自我时，当我们能够不回避、不遮掩自己的脆弱、无助、恐惧、懒散时，当我们能够正视自己的爱与情感时，我们就真正明白了，人与人，都是一样的。

在那一刻，眼前的孩子，我们就看得见了。既看见了他的阳光，也容得下他的阴影，还期待得了他的未来。

美国前第一夫人米歇尔说，**父母在家中最重要的责任是倾听，以及在需要时给予孩子鼓励。**

当她小时候对母亲抱怨学校里的老师时，她的母亲通常会平静地听着，偶尔插一句："哦，天哪！""哦，真的吗？"

"她并不纵容我的怒火，却会认真地对待我的沮丧。"

"她告诉我，你有权利不喜欢你的老师，只是，这位女士脑中的数学知识，你要掌握。"

成长，除了有喜悦，有欢愉，它还是一场阵痛，甚至是一场磨难。

当阵痛来临时，如果为人父母，为人师者，能够多一些看见，多一些包容，多一些倾听，和孩子一起站在雨中，紧紧挽起他的手，那么，风雨过后，他必然会变得更为达观、勇敢、智慧，他必然拥有更充沛而丰富的人生。

真实地面对人性，理解孩子的情感，你就是有力量的父母。

父母子女一场，生恩养恩都不是恩，这爱、这情感的深刻交融和体谅才是恩。去吧，好好疼疼你身边那个被忽视的孩子，他在等着你呢……

青春期孩子为什么会叛逆

很多家庭正默默发生着这一幕:

父母平时总在审视自己的孩子:他是这样的性格,他有这样的毛病,他的情绪模式是这样的,他为人处世是这样的……

甚至很多妈妈心细如发,常常拿着显微镜审视孩子的一举一动。但是,我们不知道的是,**孩子也在观察着我们。**

人与人之间的关系就是这样，我们在跟外人、陌生人相处时，还可以伪装自己，但是当我们跟亲密的人在一起时，便无法伪装了，因为他们对我们的本性是有判断的。

夫妻关系如此，亲子关系更是如此。因为我们在自己的家里，在孩子面前，是感觉最放松、最安全的时候，根本想不到要伪装。

所以，不爱读书的父母，一定不会想着在孩子面前假装读书；思想消极的父母，在老板面前也许还会假装积极，但是，在孩子面前一定会本色出演；至于自私自利、斤斤计较、暴躁易怒、懒散任性等性格特质，在日常生活中就更暴露得一览无余了，想伪装都无法伪装。

所以，从孩子很小的时候，我们的一言一行就落在了他们的眼里，刻在了他们的心里，虽然那时的他，还无法做出自己的评判。

看到这一点，是不是感觉很惊悚？但是这还没有结束呢。

当孩子看到真相后,他的反应决定了他一生的命运。

孩子每天看着自己的父母,小小的他,也开始有意无意地模仿。

然后,渐渐地,他长大了,开始接触外面的世界,见到更多的人。此时,怎样对待父母给自己的示范,不同的孩子会有不同的反应。

根据这些反应,我们可以将孩子分为三个层次。

第一个层次的孩子

这个层次的孩子几乎没有反思能力,面对外界的人、事、物,他们的内心没有触动,没有想法,只是茫然地活着。在他们的身上,忠实地再现了父母的样子,从外在的气质,到内在的思想,原版复制。

不仅如此,随着年龄的增长,他们会更加认同自己的父母,把他们当作一个标准,一个刻度,一个准绳……

父母之于他们，就像一面镜子，孩子根据这面镜子，整理自己的衣冠，调整自己的举止、想法。

他们变成了另外一个父母。

人生后续的教育、阅历对他们的意识没有太大的影响，相反，这些经历只会加深他们对父母的认同。

举个例子，一个出身贫苦的孩子，如果他的父母告诉他："世道险恶，人心叵测，这个社会处处都充满了不公平，我们的穷苦就是这些不公正造成的！"

那么，随后，即便在现实生活中，孩子接收到了很多来自他人的善意、尊重以及公正对待，他也会视而不见，而专门看到那些不公正、不美好的事，并把这些事情当作这个世界的全貌，进而证明自己父母的伟大。然后，他的内心将越来越阴暗，看上去越来越负面。

当他满怀恶意地打量这个世界时，世界也会慢慢地远离他，这个反馈又会让他更加固执地认定自己的想法。

但如果父母给他的是另外一套价值观：

虽然世界不是完美无缺的，人心也是善恶掺杂的，但是，依然有很多善意和美好值得你期待。要做一个能感受到别人善意，也能为他人分享自己善意的人。

那么，当孩子遇到善意时，他会感恩地接受；遇到恶意时，孩子会甩一甩头，忽略它。因此，善意会更加靠近他，而恶意会渐渐远离他。他的命运是不是就会完全不同？

所以，对于大多数孩子而言，父母的思想观念被孩子内化吸收后，就变成了他的命运。

如果父母给予的精神糟粕比较多，对于缺乏反思精神的孩子而言，简直是一场灾难！父母就成了他们背负一生的命运。

· · · · · · · ·

第二个层次的孩子

他们能看到父母的不足、缺陷，因而生气、叛逆，和父母对着干。

这种孩子有了一定的反思精神，但是，反思得不够深刻，眼界还不够开阔，人也不够成熟。于是，他们就容易走向偏激：开始怨恨自己的父母。

是的，就像父母对自己的孩子恨铁不成钢一样，这个层次的孩子也会对自己的父母因爱生恨：

- 你怎么就这么邋遢呢？你看看别人家的妈妈，总是打扮得那么光鲜，收拾得那么体面，你真给我丢脸呀！
- 为什么别人的爸爸就那么能干，我的爸爸却这么无能、懦弱？
- 我妈妈太落后了，她平时不读书、不看报，就知道打扫卫生、洗衣服、做饭。她什么都不知道，还想控制我，让我听她的话，我才不会像她那样窝窝囊囊地过完自己的一辈子呢！
  ……

很多孩子长到青春期，当他们看到了一个更大的世界，有了更多的想法之后，回到家里来，会用挑剔的眼光打量自己的父母，然后会失望地发现：

- 我的父母，原来只是一个平庸的人。
- 他们也有恐惧，也有自己无能为力的事，也要苦苦谋求出路。
- 他们也有自己的毛病，不能坚持、不能吃苦、不够聪明上进、不够自信、眼界很窄、思想很落后、很小气、很笨……
- 他们从来不是一个光芒闪闪的超人！

当父母渴望把孩子当作奖牌挂在自己的胸口炫耀时，孩子其实也渴望把父母当作奖牌挂在他的胸口炫耀。

孩子都希望自己最亲密的父母经得住自己的审视，成为自己的骄傲。如果事实不是如此，他们就会陷入莫大的失落中。

然后，选择叛逆。

叛逆的本质是：我不要成为我的父母，我要做一个跟他们完全不一样的人，走一条完全不同的路。

这其实是有志气、有想法的表现。

所以，这下你知道为什么孩子到了青春期，你讲的话越来越不灵了吗？为什么他离你越来越远了吗？

因为他渴望选择或者改变自己的命运。

· · · · · · ·

第三个层次的孩子

这个层次的孩子是境界最高的孩子，父母的各个方面：好的、不好的，优点、缺点，他们通通看得到。

自己的各个方面：好的、不好的，优点、缺点，他们也全都知晓。

他们还能看到大千世界以及生命的规律。

这就是我们常常讲的：

已经觉醒了的孩子，他们能够"见天地，见众生，见自己"。

这样的见识，让他们拥有了超然而达观，极具包容力，又极其强大的内心。他们在爱父母的同时，也能放下父母，坚定地走一条属于自己的路。

就像美国前总统克林顿，15岁时在高一优等生高级英语班上，写下了这样一段话：

我看见了他们，其中一些是我很亲的人，他们从来没有学会如何生活。

我希望并努力成为和他们不一样的人！

但常常，我和他们如出一辙……

一个早熟少年的爱、悲伤、勇敢、理性，还有一丝丝无奈，跃然纸上。

正因为如此，他在母亲和家暴、酗酒的疯狂继父离婚后，选择改成继父的姓氏，只是为了能减少自己同母异父的弟弟内心的伤痛，让他知道，他并不孤独。

15岁的他看到了自己的母亲，看到了她漂亮的外表下，对人生的懦弱和放任。可能这也影响了他的择偶观，最终选择了知性强大的希拉里。

在这样的孩子那里，父母可以是榜样，也可以是反面教材。这些父母用自己人生的困苦，教会孩子生活是何物，教会他们人生的陷阱在哪里。

看到这里，大家可以想一想，你是哪一种人呢？你的孩子又是哪一种人呢？

第一个层次的孩子：容易陷入盲目的模仿。
第二个层次的孩子：容易陷入盲目的叛逆。
第三个层次的孩子：理性、清醒而包容。他们把父母给予自己不好的示范，都变成了好的养分来灌溉自己的生命；把父母一切不堪的过往，都变成了养料，让自己变得更加强大。

当然，生活中的孩子，不都是这样泾渭分明的。更多的孩子是在漫长的人生中，慢慢地看清了父母，看清了自己。

就像我（赵老师）的一位朋友，她告诉我，因为一些事，第一次在父母身上看到了她自己13岁、15岁、18

岁和 20 岁时的思维方式、行事做派。然后，一向很能睡，从来不失眠的她，居然一夜无眠。

"说实话，有点沮丧。"因为她一直都以为，她和父母不一样。她一直都在努力远离自己那充满了悲剧色彩的原生家庭。

她说："但其实，曾经的我们居然那么像过。"

我们问："那后来又是怎么不一样了呢？"

她深思着说："我受过的教育、见过的人、走过的路、读过的每一本书、看过的每一部电影和纪录片、经历过的事，都把原来的我，一点一点敲碎，重新塑造了一个异常复杂却崭新的我。"

所以，要学会看见。

即便你跟你的父母很像，但是，从你看到他们、看到自己的那一刻，只要你愿意，你依然可以选择要活成什么样子，成为什么样的人。

即便你在孩子身上看到了自己，看到了自己诸多不好的东西对他的影响，但是，只要你愿意，你依然可以帮助他成为一个更好的人。

看不见的人是可悲的，因为他的人生必将陷入茫然和盲目，被父母、被环境捆绑；而看得见的人，并因此而有勇气去改变的人，是幸福的。

· · · · · · ·

怎样才能看得见呢？

起点是教育。

在古代，说到教育的价值，我们常常讲四个字：**读书明理**。可是今天，我们送孩子去学校读书，目的很功利，是为了学知识、考高分、找工作。

当知识的价值仅仅沦为了一个谋生的工具时，它怎么能够起到移情易性的作用？怎么能够让一个孩子从他原生的环境中，从他的父母那里抽离出来，看到这个世界上最文明的德行、最深邃的思考、最真诚的拷问？怎么能够让孩子用这些东西来武装自己的头脑，内化成自己的修养，驾驭自己的人生？

今天，教育的地位不是太高，而是太低了。

只看到考试，没看到人。当"人"都不被关注的时候，"考试"也就溃败了。因为支撑分数的，其实是一个孩子对人生的追求，对生命本质的思考，对万事万物的鉴别和把握。

教育是第三者视角，也是第三方力量，它像举在孩子眼前的一面镜子，让他在里面看到了自己的渺小、狭隘、封闭、无知，也看到了这个世界的辽阔、美丽、深邃，进而产生改变的渴望，找到自己生命的方向。

希望父母在家庭中，也不忘初心，做真正关注"人"的教育。这样的教育，一定不是自以为是、高高在上的，而是教学相长，跟孩子互相成就。

与其用刻薄的眼神打量孩子，不如常常用"第三者视角"欣赏孩子。

青春期孩子真正需要什么

我们现在看到的孩子,都是之前一切教育在这个孩子身上所呈现出的一个又一个结果。

- 孩子学习态度不好,一回家就玩手机,作业做完就万事大吉,多一点儿都不想学。
- 孩子好像患了情感饥渴症,拖沓、懒散、不守时,一玩儿就不知道回家,只要有人跟他玩,就黏糊地分不开。
- 孩子每天晚上有写不完的作业,要挑灯写到12点;

补课很多，但成绩依然不理想，熬得头发都开始掉了。
- 孩子有上进心，也还算努力，聪明，就是成绩卡在第五六名上不去……

究竟是怎样的父母，怎样的亲子互动模式，怎样的家庭风气，怎样的生活小气候，怎样的学校，怎样的老师，怎样偶发性的一点点小事，在起着作用？在一点点塑造着孩子的性情、认知、观念？在左右着孩子的人生？

每一片雪花，每一束阳光，每一场风雨，落在孩子心里，都不会了无痕迹。一点点痕迹，一点点对雪花、阳光的反应，最终塑造了我们眼前的这个孩子。

人，说白了，是自身和环境进行化学反应的产物。

经常有父母和孩子给我们留言，父母更多的是描述、求助，而孩子的求助很少，更多时候像是自言自语，有感而发，仿佛只是找一个可以安全倾诉的地方说说话而已。

这些发自肺腑的感想就像一扇扇窗户，为我们打开了千家万户的门，让我们看到了一个个家庭正在发生着什么。

也看到了在孩子的心里，曾经发生过什么？对于我们最爱的孩子，我们究竟做了什么？我们爱着的、怨着的这些孩子，究竟在想什么？

· · · · · · · · ·

第一，孩子需要你的时候，你在哪里？

曾经有位妈妈向我们咨询，有"情感饥渴症"的 15 岁孩子该怎么引导？

我们问她，孩子小的时候，是否有过什么特别的经历。这位妈妈娓娓道来。

孩子 3 岁之前经历坎坷，有时候她带，有时候寄养在别人家，有时候住在寄宿学校，但平时表现都不错，偶尔也犟。

小学一年级在学校寄宿了两个学期后，她才发现，孩子这三年来养成的好习惯都没了。她后悔极了，但晚了。从此孩子一直拖沓、懒散、不交作业；只要有人跟他玩，就黏糊地分不开，不知道回家……

管也管不了，但时好时坏。直到初三，开始抄别人作业，但又不想放弃学习。

习惯不好，成绩不好，没有独立人格，或者说情感饥渴，这是"果"，而"因"在哪里？

"因"就是6岁之前孩子的生存环境太过"动荡"，父母家、别人家、寄宿学校。上小学后，孩子也才6岁，就又"寄宿"了两个学期。

也就是说，这十几年来，从来没有人对这个孩子真正地负起责任来，并且耳濡目染地滋养他、教导他。

爱、陪伴以及稳定的生活环境，是一个孩子早期全部安全感与自我认可的源泉。

所以，看上去在幼儿期很乖，表现不错的孩子，到了青春期，童年的缺失就呈现出来了。

所以，孩子出现问题了，父母到底哪里做错了？

当孩子需要父母的时候，你在哪里？当孩子需要爱，需要陪伴，需要安全感，需要精神支持，需要教导的时候，你在哪里？当孩子遇到成长困境，需要父母引导的时候，你又在哪里？你在忙工作，忙自己，忙应酬，忙前途……

而当这位妈妈发现自己花三年时间给孩子培养的好习惯都没有了时，她却说："我后悔极了，但都晚了……"

当问题出现的时候，正是应该解决问题的时候，但这位妈妈却被自己的"悲观情绪"所绑架，觉得"都晚了"。

我们说"太晚"，说得太早了。

我们总是在跟孩子要结果，但却吝于**播种、除草、除虫、修剪、浇灌**……

我们做得不多，要得却不少。要不到了，还很委屈，觉得自己很倒霉。

现在的孩子，吃得丰富了，穿得好了，得到的爱和陪伴却少了，而父母们却误以为给孩子吃，给孩子喝，就是在爱孩子。

> 爱与吃、穿、住、钱，没有关系，爱是父母恒久的用心！

这样"自以为是"，或者"没有办法"的父母还有很多，这样无端受责难的孩子也有很多。

比如：

我家孩子上一年级，快把我累死了、烦死了。孩子学习不用心，动作慢，边学边玩，总是管不住自己，毛病一大堆。我天天教、天天说，但孩子就是不用心，怎么办？

说实话，生孩子，就是要耐得住烦。

你是他的父母，他怎么能不烦你？不烦你，他长大后怎么会感恩你？

父母带孩子为什么会累、会烦？八个字：耐心不足，私心太重。

怎样带孩子才会愉悦、快乐？一句话：把自己融入另外一个生命中，把自己交付给孩子，与时间为友，享受此刻，陪着孩子一点一点长大。在与他相处的点点滴滴中，学会欣赏生命的可贵。

享受这种烦,享受这种不成熟,享受这种累,享受这种除了父母别人都享受不到的烦的权利,你才会成长为一个真正的父母。

你才能以一种"长长的日子,闲闲的功夫"的心境,来带着孩子慢慢长。否则,你累,孩子也苦;否则,哪怕孩子的问题是一粒沙,你也容不下。

做父母,既要"任劳",也要"任怨",还要"任钱",要舍得用自己的生命来浇灌另外一个生命。

再比如:

我女儿上四年级了,上课的时候不认真听讲,老师说她也不管用。回家作业也完不成,成绩特别不好。这次我很生气,我叫她不要去上学了,后来想到她马上要考试了,就又把她送回了学校。

她从4岁起就去了私立学校,刚开始学习很好,到了二年级就不好了。我一发现她学习不如从前了,就想把她弄到老家来上学。她爸却说:"这里的教学质量怎么都比咱老家强,再说你哪有时间管她呀!"

我女儿上二年级的时候,我正好生二胎,老公在外地很少回家。我们家条件一般,她要是好好学习,我宁可不吃不穿也要供她。

"4岁就送去私立学校。"

"再说你哪有时间管她呀!"

"我女儿上二年级的时候,我正好生二胎。"

……

有多少孩子是在孤独中默默长大的?

记得有一位爸爸振振有词地给我们打来电话,投诉他的女儿,初三了不学习,跟他吵架,还要休学。

我们一问情况,爸爸常年在外,妈妈在女儿五年级的时候生育二胎,一晃三四年没时间管女儿。也就是说,这个孩子从 10 岁到 15 岁,没有得到父母的爱、体贴、陪伴、教导与监管,而父母只会向她伸手要分,只会教训她。

孩子在0~18岁，最需要的不是钱，不是好玩具、好衣服、好学校，而是来自父母的爱、陪伴以及悉心教导。

哪怕这样的爱，这样的陪伴，这样的教导，再笨拙、再朴实，都不怕。尤其是对12岁之前的孩子来说，爱是一片沃土，能够滋养他一生！

在这里，我们想分享给大家一句话：

别让孩子在需要你的时候找不到你！别等到孩子转身不需要你的时候，你却骂他不孝！

· · · · · · ·

第二，要想公道，打个颠倒！

一个人，无论在谁面前不自信，都很少在自己的孩子面前不自信。父母无论在外面混得怎么灰头土脸，都很少在自己的孩子面前灰头土脸。

在孩子面前，我们都活得太自负了。

很多父母在孩子面前要站得高高的，脖子要伸得长长的，架子要端得足足的。

> 蹲下来，你才能看见你的孩子。

于是，很多孩子跟我们这样抱怨：

"当你的父亲一耳光打在你的脸上,破口大骂你是笨蛋,让你去死,你却不断告诉自己他也是一个孩子……这感觉,你能体会吗?"

"大人们都不会站在我们的角度上去想。周一到周五,家和学校两点一线,周六周日排满了课外班,寒假暑假也都是课,有时候就连大年三十那天都有课,真的很累。"

我父母感情不好,家里不是打得鸡飞狗跳,就是冷战。他们在任何事情上面都有冲突,唯独在逼我学习这件事上出奇地一致。我总是很累,有时候有一种想要逃离的感觉……"

有一位妈妈带着不到 5 岁的孩子去商场逛街,正逢假日,人流汹涌。妈妈逛得正起劲,孩子却一个劲儿哭闹着要回家,妈妈很生气,感觉这孩子怎么一点儿都不懂事呢?

她蹲下身子,正要训斥孩子,却在那一瞬间,感受到了孩子的感受:

四面八方都是腿,一双双陌生的、拥挤的、粗壮的、步履匆匆的腿……孩子和成人哪怕同在一个地点，目之所及，体验到的，也是完全不同的光景。

作为父母，我们有多少自以为是的"懂得"呢？

当我们肆意挥霍着作为父母的权利时，可曾想过，那些被我们骂"笨"，骂"蠢"，骂"无可救药"，骂"烂泥扶不上墙"的孩子，心里落下了怎样的伤痕？

我们一直在讲，教育需要"**身同感受**"，而不讲，"感同身受"。顺序变了，意义可就大不同了。

孩子的世界，我们蹲下来，才能看得到。

蹲，是一种姿态。

· · · · · · ·

第三，成长本身，是一件很残酷的事。

有一个初三的孩子给我们留言，很长，很忧伤，也能看出她很懂事，这份懂事让我们动容。她是那种别人家的孩子，可是依然有很多自己的小苦恼。因为成长本身，就是残酷的。

我是一个初三的学生。

我对学习的兴趣已经消失殆尽，至于现在学习好，完全是因为父母和老师经常说"学不好你就对不起我们"之类的话。他们说，学习好了，我才有前途。

实际上，我对自己的前途没有概念，只是为了父母和老师而学，仅此而已。

比如上次考完试，紧张了一个星期的我们欢呼着准备回家放松一下，结果休息一天竟然发了十几张卷子，我们都怒了，还要回家熬夜赶作业吗？不能有一点放松？

老师却笑着说："孩子们，你们别忘了真正的中考还没来呢，不能放松啊……现在你们累，以后考上好的高中更累，这个世界比你想象的要残酷得多……"

感觉生活中似乎没有欢乐了，这样的话老师天天都说，考不上高中就没有好的生活，这就是老师和父母灌输给我的观念。那时，我的脑海里浮现出一幅画面：

一群考完试的鸟儿们正准备飞出笼子，然后班主任拽着那根系着鸟儿脚的绳子喊："都给我回来，你们还要继续努力飞往更高、更好看的笼子里去呢！"

很可笑吧，作为好学生，其实我不应该说这些看似叛逆的话，但我也是个正常的孩子，我也会累，我也会有很烦的时候。可他们从来没有在乎过我的感受，只会让我为了他们而努力学习。

考得差我也很难受，我也知道该找自己的错误，然后改正。但他们非要给我讲一些他们有多努力的话，大概是想让我有愧疚心理好好学吧。

实际上他们的辛苦我都知道，不然我也不会好好学。可他们说出来后，我不但不感到愧疚，反而只剩烦躁。他们只会说自己辛苦，却从来都不知道，我在学校半夜都挑灯做题，考差了我比他们更难受。

谁理解过我的感受？

老师，不好意思，可能我太激动了。我不该有这些想法的，我会尽量克制自己。他们确实不容易，现在学习对我来说，已经不是想做的了，而是该做的。离中考就剩四十几天了，我会努力调整自己的。

今天有些情绪化，平常我不这样的。不好意思老师，我该去学习了。

看完这个长篇留言，我们久久无法平静。这就是我们的孩子，这就是我们自认为"很懂"的孩子。

他们其实和我们一样，有感受、有情感、有思想、有观点，甚至比我们想象中更有人情味。

是时候换一种眼光来看待他们了，也是时候换一种方式来爱他们、引导他们了。

当你能够看到这一点，你就明白，你该去为孩子做些什么了。

哪怕那些在你眼里最不可救药的孩子，在他们的内心深处都是向上、向善的。

第二篇

别做孩子叛逆的『助推器』

不要少了"倾听"和"教导"

大家平时在家的时候,是怎样跟孩子互动的呢?

我想无非是:

- 每天晚上陪孩子做作业,一陪陪到 12 点,但他就是磨洋工!
- 卷子上的错题从来不知道改,盯着他改,他才能一道一道改过来,光嘴上说会了,却懒得动笔。
- 臭袜子扔得满地都是,从来不知道自己洗。

- 周末不叫他，他一觉能睡到中午，饭都顾不上吃。作业更别提了，得逼着他写！
- 道理讲了一箩筐，好赖话都讲了，就是不听，逆反，觉得我们什么都不懂。

······

总而言之，就是一句话：

"老师，你看，我为他做了多少？学习、生活样样要盯着，是他自己不成器呀！"

我们想说的是，哪怕父母为孩子做了10000件事，但是有两件事，父母如果没有做到，孩子也会叛逆、不成熟。

哪两件事呢？

第一，**倾听**。

第二，**教导**。

是不是感觉很简单？

也许正因为太简单了，我们才会忽略。就像在学习时，我们都知道读课本很重要，可是，很多孩子从来没有自己认真读过一遍课本，只是因为这个做法太简单了。

倾听和教导也是如此。在现实生活中，我们至少有 70% 的孩子在这两个方面，长期处于匮乏状态。

· · · · · · · ·

第一件事：倾听。

第一个事实是，很多父母已经很久没认认真真地听孩子讲话了。

为什么没有人听孩子讲话了呢？

在现代社会的家庭中，父亲没有了权威，却依然残守着自己的尊严，信守沉默是金，暗沉下脸，一语不发；母亲却变为女强人，在家里攻城略地，精明强干，伶牙俐齿。

于是，孩子只好喏喏地退后了。

他们的言谈无处可去，他们的精神就无法落地，他们的自我教育就无法开启，他们的自我就永远都无法建立。他们就会根基飘摇，放纵而自卑，叛逆而迷惘。

在这里我们想要讲的一个要点是，**在家庭中，一定要有一个角色，是用来倾听孩子的。**

无论是父亲还是母亲，这个倾听者一定要温厚宽广，如大地一般，可以承载青春的华彩与恣意，莽撞与叛逆。可以让孩子在他/她的面前，敢于畅所欲言；可以让孩子在他/她的面前，能够飞扬跳脱。

这份安全感与松弛感，对于一个孩子的成长而言，太重要了！

我们可以体味一下，每一个孩子，其实都是一个行走的感觉体。他们一边日夜不休地发育，一边无时无刻不在通过耳鼻口舌、每一寸皮肤，如饥似渴地观察、感受着外部的世界。这叫"入"。

因为有这样的"入",这样的刺激,孩子才能获得对这个世界的体验、印象,进而才有开启思考的可能性。

但是,光有"入"是不够的,还要有"出"。否则,就憋坏了,就不平衡了。

这个"出"的过程,就是清理,就是整理,就是思考。
清理好了,孩子就清爽了,就不会积下"毒素"。
整理好了,孩子就通透了,就不会混乱。

这个"出",除了沉静冥想,还有一个很重要的途径,就是有人倾听,可以自在地说出来。

在这种无意识的说的过程中,孩子就会对纷繁复杂的印象、意识进行整合,就会开始反观、思考和沉淀。而**反观、思考、沉淀,就是自我教育。**

我们常说,现在的孩子相比于过去的孩子,学得更多了,也更聪明了,可为什么就是"无心"呢?

无心就源于孩子"入"得多,"出"得少;积累很多,但是沉淀不够;学习很多,但是思考不够。所以,没有留下与自己的生命融合为一体的真东西。

所以,你一定要知道,当你静静地坐在那里,少言少语,不做评判地听孩子滔滔不绝、眉飞色舞,或者沉闷伤感地给你讲述他今天遇到的事、碰到的人时,你其实就已经给了孩子一个机会:

让他把满脑袋里那些乱七八糟、光怪陆离的感受、情绪、体验,去进行整合,进行反观,进行提炼。

我们一直强调,**知识都是自我生成的。**

思考和智慧又何尝不是自我生成的?所以,教育常常是无为的,教育也常常是无言的。

你喋喋不休10000句,无非是把2000句僵化的教条,再重复10000遍。除了往孩子不堪重负的小脑袋里又加进一份负担,又有何益处?

所以，此时，你的"笨"，你的"拙"，方是你的大智慧。

而且，能够倾听孩子，就这一个小小的行为本身，就体现出了父母对孩子最大的尊重。

我们总在讲赏识教育，要夸孩子，赞美孩子，鼓励孩子。结果，很多父母夸了半天，赞美了半天，孩子根本不买账，因为他看出了父母的虚伪和功利。

还有的父母不给孩子表达的机会，孩子一开口，父母早准备好100句话来反驳他了：

- 为什么老师光说你不说别人，一定是你没做好！
- 想要别人尊重你，你先考个第一试试！
- 题难大家都难，为什么人家照样考100分，你只考80分？
- 跟同学相处要大度，这么小心眼，谁都不跟你处了！
- ……

孩子经历了什么，你还没来得及听呢；孩子想到了什么，你还没来得及听呢；孩子准备怎么办，你还没来得及听呢……

他一张口，你就堵上。他除了暗自认定自己一无是处之外，那一口向上的元气，也消失殆尽了。

说实话，谁都希望别人认真听自己讲话。

我们不都是这样吗？在认真听我们说话的那个人面前，感觉自己无比厉害。

自信就是从这里来的，自律就是从这里来的，自爱就是从这里来的。

小时候被认真倾听过的孩子，不会走歪路，不会不自重，不会轻飘飘。他心里有谱，骨子里有志气，脸上有静气，胸中有丘壑。

只有破罐子才会破摔，上品瓷器，自己只会愈加小心、珍爱。

真正的赏识，是闭嘴、含笑、俯下身，听孩子说。

所以，记得，和孩子在一起，你 80% 的时间要：**听他说**。

· · · · · · ·

剩下 20% 的时间呢？
我们要拿来做第二件事，那就是：教导他。

古语有云："子不教，父之过。"用中国画来打个比方，如果倾听是留白，那么，教导就是作画。

孩子除了自我教育，一定需要长辈教导。这就是教育的"有为"，也叫"干预"。由着孩子疯长，不就长成野草了吗？

如果父母该教的没教，孩子在青春期就会不知所措。
如果父母该说的说了，但说服力不够，影响力不够，孩子就会迷茫。

所以，从小就接受高品质教导的孩子，通常都可以有一个美好的人生。而那些教导短缺或者接受的教导品质不高的孩子，只好由着自己乱闯乱碰。最后，醒悟醒悟，醒了，也误了，或者一辈子都无法醒悟。

有的父母说，"我也常说他，可他不听呀！"
主要有两个原因：
第一，你不倾听孩子说话，他就学不会聆听你说话。
第二，你讲的话，没有分量。

每个人都有品位，孩子也不例外。随着他们心智的成长，对教育者的水平必然会有越来越高的要求。
所以，在这里，我们要讲另外一个教育事实，那就是：

80%的孩子，在成长过程中，可能听父母讲了很多话，但从未被教导过。

就像我们曾经见过的一个女孩，她的父母告诉她，不能早恋，要好好学习。他们认为这就是教导，但其实，这只是要求，或者叫规矩、教条。

规矩、教条是硬性的,但教导是柔性的;规矩、教条让人生厌,而教导让人神往。

> 规矩和教条不是教导。

教导教导,教化引导,**它是一颗饱经沧桑的智慧的心灵,对另外一颗稚嫩的心灵在精神上的引领**。它是由神交到孩子行为上的自律。

比如,谈学习的重要性,如果只告诉孩子"学习好了,才能考个好大学,考上好大学,才能找到好工作",孩子依旧无法透彻理解学习的意义。

但如果从告诉孩子"为什么有的人学习很好,也没找到好工作,没有一份好收入"入手,循循善诱,带着他们一寸寸往深处走,往真理处挖,他们便能深刻地领悟到究竟什么才是真正的学习。

谁说孩子不懂事,他们更多的是在美好的年龄,在对知识、智慧如饥似渴的年龄,没有得到过高品质的教导。

做反了，孩子越来越叛逆

一个高三的女孩，娇小俏丽，内向中有一丝狡黠与顽皮。她抛出一个问题，看得出来，这个问题已经困扰她很久了。

她说："老师，我总是忍不住胡思乱想，一想就想好长时间，比如我正在看数学课本，看着看着，我就天马行空地开始想了，可是，这样很浪费时间，我想好好学习，怎样才能改掉它呢？"

这个问题很常见，很多青春期的孩子都深受其苦，尤其是那些聪慧、敏感、内心细腻的孩子。

另外一个是初二的孩子，成绩中等。

在她1岁的时候，父母因为重男轻女而离异。这么多年过去了，爸爸重新结了婚，也生了儿子。为了女儿，妈妈一直单身，含辛茹苦地抚养她，希望孩子能够好好学习，将来成为一个有出息、有文化的独立女性，别走自己的老路。

可是，这个孩子早恋了。

妈妈泣不成声，问我们该怎么办，才能制止孩子。

还有一个初一的男孩，虽然才上初一，但已经14岁了。

因为进入青春期，一向乖巧、听话的孩子叛逆得厉害，像变了一个人一样。

妈妈非常焦虑,给他报了我们的集训课。可是,上课前一天,孩子忽然跟她讲:"让我上也可以,不过你要把这三年的零花钱一次性给我,给我我就上,不给我我就不上!"

儿子很倔强,妈妈很为难。因为他们家的零花钱,一直都是一天一给,每天5元或10元,给多了,妈妈怕孩子乱花。而且,孩子以前都很乖,给钱都不要,说没用。

• • • • • • •

换作是你,你会怎样处理这三件事呢?

也许你会讲:"简单,胡思乱想的,告诉她少想点,多把心思用在学习上;早恋的,要坚决禁止,告诉她现在不是谈恋爱的年纪,每天上学送她,放学接她,不让他们有单独在一起的机会;叛逆的,就不给他零花钱……"

听上去很痛快,过了一把父母的权威瘾。

可能你每天都在讲这样的话，每天都在这样处理孩子的问题，但孩子成长了吗？他变得更好了吗？

没有。

面对孩子的问题，看上去我们一直都在解决，但是，事情似乎毫无进展，甚至越来越糟。然后就这样一天天拖着、耗着，耗到孩子18岁成年，你也就抛诸脑后，不想了，开始给他张罗买房、安家、找工作的事情。

而这个孩子的心性、能力，也许就永远都停留在了15岁。

教育，很多时候，就是不了了之。但其实，这些问题是可以解决的，孩子是可以成长的。怎样解决呢？

先来讲一个别人家的孩子。

有一个北京的孩子，准备上初三。他的父母是高级知识分子，颇有文化。妈妈思维周密，做事磊落，爸爸儒雅从容，睿智淡然。

这个孩子高高大大的，年龄虽小，做事却一点儿都不稚嫩冲动。

他眼界开阔，兴趣广泛，更难得的是修养极好，待人亲切、随和，又很有分寸，成绩也很不错。这样的男孩，仰慕他的女生自然不少，每天都会有好几个女孩围着他喊"天才"，他却依然亲切、有礼。

他的私蓄有10万元，都是逢年过节父母、亲戚给的红包，但是他只有一部用了多年的旧手机。有一天不小心摔坏了屏，他央求老师带他去修手机屏，花了60元，自己还心疼不已。他的钱，都用在了该花的地方。

显然，虽然他只有14岁，他的头脑却比很多18岁的孩子都拎得清。更难得的是，在这份成熟背后，他还保有一份纯真的赤子情怀。

有一天下午，他兴奋地跳到老师面前，手舞足蹈地说："老师，老师，你知道吗？50道题，我都会做，都做完了，要知道，这可不是别人教我的，都是我自己学会，凭自己做出来的！"

他一边欢跳，一边感慨，看到那样子，你才知道，他还是一个孩子。

看到这里,你也许要问,这样的孩子,人家父母是怎样培养出来的呢?

其实我们已经说过很多次了,那就是:
成长中出现的问题,要用成长来解决。

这才是解决孩子成长问题的根本,也是孩子走向成熟的唯一道路。

从这个角度讲,本节开头所举的那三个例子,我们在生活中遇到的其他形形色色的教育问题、成长问题,其核心解决办法,底层的处理逻辑,都是这句话。

怎样理解这句话呢?

这句话给了这些恼人的问题一个定性,那就是,它们都是因为孩子的成长而引发的问题。

重点在这里:**是成长,不是倒退。**

也就是说，这些问题虽然很恼人、很烦，但它们的出现，是因为孩子正在长大，而不是因为孩子没长大，生命倒退了。每一个生命都在往前走。

· · · · · · · ·

看到这里，你是不是长舒了一口气？并且想问，这难道还是一件好事？

当然是好事。

当你真正意识到这一点的时候，你就已经开始解决问题了，但如果你没有认识到这一点，很遗憾，你将会把问题越搞越糟，你会把水给搅浑了。

就像女孩子来例假，手忙脚乱，没经验，把裤子给弄脏了。

这个时候，作为妈妈，如果你一边给孩子洗裤子，一边训孩子："女孩子家，也不知道收拾利索，弄这么脏！"那么，这个孩子就会一边长大，一边羞耻，感觉难堪。她会因自己的性别而羞愧，并因此而羞愧于自己这个生命。这个时候，她就会变得畏畏缩缩，精神上不够自由舒展，气质上不够自信大方。

但是如果这个时候，你一下子抱住她，开开心心地讲一句："哎呀，我的小姑娘长大了，妈妈太自豪了！"然后欢欢乐乐地帮她处理好裤子，并且耐心地告诉她，这是怎样一回事，她的身体发生了什么可喜的成长，并且以后在经期要怎样保护自己，孩子就会平静而喜乐地接受身体的这一变化。

也许你要问，照这种说法，案例中的那三个孩子还有理了？

当然有理了。

胡思乱想是一种能力，是人之所以为人的真正所在，是生命的起航。人类一切的追求与努力，拼搏与奋斗，都源于胡思乱想。没有胡思乱想，就没有人类文明；没有胡思乱想，就没有一个人的觉醒。

所以，第一个女孩虽然娇小柔弱，却能写一手大气方正的字。一个孩子对字的控制，就是她心灵的呈现。

那个早恋的女孩，她只是在内心深处渴求一份家庭之外的、来自同伴的欣赏和接纳，这是她走向外部世界的一个勇气来源。

知道自己正在被欣赏着，被接纳着，这样的感觉，让她安心。

而那个想要零花钱的男孩，看似刁钻无赖，其实只不过是有一份渴望自己主导生命的诉求。

他真正想说的是："妈妈，我长大了，我想要独立。"

有梦想、融入外部世界、掌控自我人生，这是成长的三要素。

所以，作为父母，看到这些，我们非但不应该忧愁、焦躁、哭泣，相反，我们应该欢欣鼓舞！

这说明孩子想长大、要长大。这是不可遏制的冲动，是生命汹涌向前的力量。

就像孩子脚长了，鞋小了，脚就会把鞋子顶破。但这不是脚有问题，是提醒你该给孩子换鞋了。

这个时候，如果你用布把孩子的脚裹住，不让它长，脚就会畸形，你就是倒退。要把孩子的脚放开，给它空间，给它自由，它才能欢实澎湃地长。

那些青春期非但没有叛逆，反而贪婪吸吮生命营养的孩子，他们之所以没有内耗，而是源源不断地生发、成长，就是因为他们的父母时时在观照他们的成长，为他们着想，早早地给他们换上了合适的鞋子，换上了合适的衣服。

而有的父母非得等孩子把鞋子顶出一个洞，或者被衣物裹得窒息，急得大喊大叫，才听得到孩子的诉求。

听到了，还不以为意，觉得是孩子不懂事、不听话、不努力、叛逆了，要把他的头按回去，用尽力气把孩子的脚套进已经小了的鞋里。

每一次叛逆都是一个信号，都是一个方向。

只有你听到了，深思了，你才能够捕捉到这次契机，帮助孩子实现成长。

看到这里，也许你要问："那我就不管孩子，任孩子顺其自然地成长？"

你又错了。让他傻傻地长、野性地长，最后，他就会结出酸果。

我们要的是栋梁，是人才，是自尊、自信、独立、明智的、完整的人。所以，我们要用成长来解决成长中出现的问题，不让这些杂草荒没孩子的生命。

我们非但不能让孩子往回退，还要引着他往前走，再走一步，走得更远。

· · · · · · · · ·

所以，面对第一个孩子，我们不是要让她停止胡思乱想，而是要教会她怎样控制自己的意识，怎样通过做事来让自己的思考生根，让思考更有序、更深刻，帮助孩子往上跳一级，学会思考。

对于第二个女孩,我们要教会她如何追求爱与幸福,教会她怎样在一个群体中找到自己的位置和尊严。

对于第三个男孩,父母不但要给他钱,一次给一个月,或者一次给三个月,而且还要让他获得驾驭金钱、平衡欲望的能力,在开放中学会克制。

爱因斯坦说:**人生就如骑车,你要不断向前,才能保持平衡!**

成长,从来都不只是学习上的成长。

水涨船高,唯有人的底层获得了真正意义上的成长,学会爱、学会自尊、学会驾驭——不但会驾驭自己的意识,而且会驾驭自己的行为,最终学会如何驾驭自己的人生——才能创造一个美好的未来。

压制孩子的叛逆，
不如释放孩子的叛逆

先请大家思考两个问题：

第一个问题：你家的孩子乖不乖？

第二个问题：如果你家的孩子眼下很乖，那么，你认为这种乖又会持续多少年呢？

我们做父母的，望眼欲穿，也只能看二里远，甚至仅仅看到眼下。往后三个月，都充满迷茫，看不清楚。

养了孩子之后，才知道人是会变的，一年、两年、五年、十年……不但样貌会变，行为习惯会变，性情也会变。

做了教育，阅人无数后才发现，看一个孩子，要看到他的根本，看到他的内在。单单看表面，就会被迷惑。

一位妈妈对我们说：

我女儿上小学的时候可乖了，学习也好，我们特别放心，我从来也没想到她会变，变得我都不认识了。不仅如此，她的分数也在不断下滑，在学校的表现、性格、跟同学相处……好多好多，都不尽如人意。我没想到，我还以为她会一直好下去呢。

这让我们想起之前有位妈妈给我们打电话，电话一通，就哭，哭得撕心裂肺，为什么？

接受不了！

孩子之前太优秀了，这样的荣誉，那样的表彰，谁见谁夸，是父母挂在胸前的勋章。可是，一夜之间，孩子变了，早恋了，交不良朋友了，性格变得偏激、冲动，开始质疑学习的价值了。更听不得人劝，分数也噌噌往下掉……

我们要知道,社会生活是复杂的,万事万物皆处于变化当中。孩子的成长过程,更是充满了变数。所以,做父母的第一要素,便是淡定,宠辱不惊。

> 不要将一个点看成一条线,更不要将一条线看成一个面。

· · · · · · · ·

我们有一位朋友,26 岁。好大学毕业,青春正盛,文静端庄,做事认真细致,待人真诚。可是,她说她又要离职了。距离上次离职,也不过仅仅一年多。

我们很好奇,问她:"为什么离职呢?你下一步要干什么呢?"

她说:"我也许会去考研吧。"

我们猜这一定不是最要紧的那个原因,便问她:"真正的原因是什么呢?"

她说:"我想停一停。"

为什么要停一停呢?26 岁的年华,正是大干一场,在实践中锤炼自己的能力，为未来的事业铺就基石的关键时期。可是，她竟如此迷茫。她想要退回去，找一个休憩地，缓一缓，停一停。

可这茫然的、目标不明的一停就是好几年啊。复习、考研、上学，青春转瞬即逝，再回首，已到而立之年。就为了意义不明的一个感受、想法？

聊来聊去，还是回到我们的本职——教育上了：

离职、考研，更像是一场迟来的叛逆。

她一向都是一个很乖的女孩子，从很小的时候起就是。她的父亲性情温和，做事缓慢，而妈妈则雷厉风行，非常能干，既要下地干活，料理家务，又要养育儿女，辛苦疲惫，所以，性格也很火爆焦躁。

她则更像父亲，温暾、敏感、乖巧，总把内心感受藏起来，怕影响别人。她害怕冲突，人与人之间，哪怕有一丝不和谐，她都会惴惴不安。

后来上了学，她也很努力，功课一直都不错。每逢成绩下滑，自己就会加倍努力，追赶上去，丝毫不用父母操心，就这样一路走到大学。

这么多年，她总感觉自己活得很累，似乎一直都活在别人的期望中，从来没有为自己活过。

妈妈打电话给她，问她："你现在能挣多少钱呀？有你弟弟挣得多吗？"

虽然这个问题并没有什么攻击性，但她还是平添了一丝不自在。仿佛自己站在赛场上，要一直跟别人比下去。这种被动的竞争，再加上年龄到了，亲人开始关心她的个人问题，让她不堪重负。

她说："有的时候，我真想做出几件出格的事来。"

我们笑她："可是，你也没做呀！一迷茫，就离个职、考个研，或者旅个游、看看远方，你跟其他的年轻人也没有什么区别呀。"

"是的"，她无奈地笑笑，"**好像是为了叛逆而叛逆。**"

成年以后，才叛逆。

而且，这种叛逆的背后，其实理性的思考甚少，更多源于感性的冲动，甚至有些怯懦。

叛逆有真叛逆和假叛逆之分。

真叛逆，要嘉奖，要激赏，因为是个体意识的觉醒，是理性的萌芽，是意志的彰显，是生命走向成熟的必经之路。

而假叛逆，则往往是随波逐流的，是情绪化的、感性的、冲动的、无序的、混乱的、迷茫的。

这件事给了我们很大的触动。以前接触更多的是青春期叛逆，从来没料到，对于业已成年的人而言，叛逆也并不稀奇。而且，将在更大程度上，以一种更为隐秘的方式，影响他们的人生。

一个女孩，小的时候，父亲管教她异常严格。每次作业做完，他都横挑鼻子竖挑眼，找出一堆问题。不是少了一个标点符号，就是字写得不好，要么就是做得太少，要额外加点工。父亲训斥喝骂，要她改正。

她无力反抗，于是，就自行养成了一个习惯——慢慢地做作业，一直拖，拖到深夜。到了那个时候，她很疲累，父亲也很无奈，就可以逃过一劫。

可是，成年后，这样的习惯却害惨了她。

因为公司管理严格，领导权威像父亲权威一般不可撼动，她下意识地就会用小时候对付父亲的办法来跟领导周旋。工作不到最后一刻不完工，表面态度很好，实则内心抵触。

于是，常年得不到晋升，在哪家单位都不受领导器重。恋爱、婚姻也极其被动，生活平庸乏味。

她也不知道自己这是怎么了。

这又何尝不是一种叛逆呢？而且是隐形叛逆，杀伤力极强，连自己都懵懂不觉。让她改，又从何改起？她的心里有着"心魔"，若隐若现，左右她的行为，成为人生中的一大障碍。

所以，从这些案例中我们对人性又获得了新的领悟：

一个人，无论多么弱势，无论多么乖巧顺从，都没法做到对自己的感受无动于衷！

我们每一个人，都无比忠实于自己的感受。我们可以强迫一个小孩听话，但我们永远也不能消灭他的个人感受。

> 叛逆，在某种程度上来说，就是身处弱势的人，对自己感受的一种坚持。

这些独属于他的、隐秘的、真实的感受不会凭空消失，如果没有被正确地对待，就会被压制下去。就像休眠的火山一般，凝聚成一股力量，虽然外表平静，但内心波涛汹涌，无时无刻不在找出口、找契机、找缝隙，想要喷涌流淌。

曾见过一个初二的女孩，在家里排行老二，因为已经有一个姐姐了，重男轻女的爸爸对她视而不见，她则从小就学会了压抑自己，来配合别人。

5岁时，爸爸下班回家，她就晓得踩着凳子，给他做饭；如果跟姐姐喜欢同一样东西，她一定让给姐姐；她不会争辩，没有主见，她以其他人的立场为立场。

姐姐阳光、坦率、好胜心强，学业很好，是学霸；她则是那道光背后的影子，隐忍、无奈、纠结、消沉、压抑……

青春期来临之后，内心的矛盾激化，她渐渐开始焦躁，纠结更甚。她总是不能安下心来做事，总是过多地关注环境，过于在意同学、老师、父母的态度，可是，又怨恨着他们，提防着他们。她就像一只受惊的小动物，时刻保持警觉，不得松弛，学业也一落千丈。

作为父母，我们总是希望孩子听话，希望他没有情绪，不叛逆，可是，我们却忽视了，作为一个正常人，是不可能没有自己的想法的。孩子的情绪感受可能显得稚嫩、不成熟，但一定是真实的。

所以，真正智慧的父母，一定会允许孩子时不时地作一作，时不时地任性一下，时不时地发发脾气，时不时地叛逆一下。

我们都知道，经常有点小矛盾、小争执的夫妻，不会走到离婚那一步；经常叛逆一下、任性一下、发发脾气的孩子，不会走到离家不归的那一步；从小倔强难管，让父母操心的孩子，长大后，往往可能是最孝顺的那一个。

人与人的关系，处久了、处深了，就会有压力。

有压力，是因为我们都希望在这段关系中，既能找到温暖和安全，同时又能保持自我，感受到自己被尊重、被看见、被肯定。

用生活中无处不在的小叛逆，换得大叛逆的销声匿迹。

用当下一个一个的小叛逆，化解十年后、二十年后更大的精神危机。

找到空间和自由,让自己变得松弛、自在、有尊严,此时,我们的理性才能生长出来,成熟从容的思想才能生长出来,对自己的意识和行为才会有控制,才会自律。

在严苛强势的关系中,只会产生盲目的顺从,或者冲动的反抗。这种线性的为了听话而听话,为了叛逆而叛逆的状态,何谈理性,何谈成熟?

矛盾、争吵、叛逆,就是撒娇,就是释放压力,就是发现问题,让问题浮出水面,并且让我们有机会去面对它、解决它。

这才是良性健康的亲子关系。

它也许没有那么完美,那么理想化,它充满了变数、动荡、瑕疵,但它是可持续的,是可以成就彼此的。

· · · · · · ·

当一个孩子可以泪流满面地跟你倾诉时,你就赢了。

当一个孩子在外面受了气,心里受了伤,可以在你面前摔摔门、发发火，而不必小心翼翼地顾及你的反应时，他就是幸福的。

当一个孩子考砸了、没学好，依然可以挺着脖子跟你傲娇地说："妈，你看着，下次我一定考个第一给你看！"这妈你就当好了。

当事关家庭和自己的前途时，一个孩子可以自信坦然地表达自己的观点，并且敢于正视批评，坚持自我，不畏惧与你不同时，你这个家庭就是养人的。

让孩子成为他自己，让孩子找到他自己，让孩子安然地做自己，满怀自信地成就自己，这就是父母需要做的。有了这第一步，父母才有机会指点他去升华自己，超越自我。

所以，各位父母，不要再恐惧孩子的叛逆了，不要再削掉他的棱角了。

对付叛逆，最好的办法，就是接纳他的叛逆，笑对他的叛逆，并让他释放叛逆！

不要要求孩子乖，人人都会有棱角。

这样,在一次次小小的叛逆中,孩子才能学到把握人生的方法,拥有自我成就的力量。

莫让孩子毁在听话上

孩子马上中考了,他每天都在学习,作业特别多。他也在拼命地完成老师布置的作业,每天都睡得很晚,可是他的成绩却在下降。

孩子还说:"妈,我越做越糊涂,好多题都还不会,我好担心!"

这是离中考只剩下一个多月的时候,一位妈妈发给我们的。

孩子此时原本应该养精蓄锐，按照自己的复习策略，按部就班地进行最后的冲刺，他居然还在被作业裹缠，睡得很晚，而且越缠越乱，成绩每况愈下。

于是，我们赶忙回复：

这个时候了，不妨把作业放一下，集中精力去解决真正的问题。舍得舍得，有舍才能有得。很明显孩子目前的复习思路是有问题的，我们可以帮他进行全盘调整，力求短期之内，分数就有突破。

谁知，第二天早上，这位妈妈这样回复：

明白您的意思，可是老师们布置的作业怎么办？做不完会挨罚挨训，好矛盾！

关键时刻，这样缩手缩脚、瞻前顾后的妈妈常有。不过，我们还是要讲出自己的观点：

前途是自己的，终究要对自己负责。考不上好高中，哪位老师都不会负这个责任的。越是这种时候，父母越应该教会孩子如何主宰自己的命运。这里面需要勇气和明智的决策。

这样循规蹈矩，这样犹疑徘徊，怎么能开辟出一个崭新的局面呢？

说实话，看着这条信息，我们甚至会想："哪怕把作业停掉，每天早点睡觉也好呀！"

养足了精神，第二天神清气爽地听课，精力充沛地应考，说不准最后的考试分数比脑袋昏昏地做作业，精疲力尽地听课、考试，要更高呢。

这位糊涂的妈妈居然把对作业和老师的不满，跟中考放在一杆秤上称！

可是，她为什么这么怕老师？她的儿子为什么在"每天拼命做作业"，做到"越做越糊涂"，分数还不断地往下掉的情况下，也不愿意停下来，认真想一想，这一切，价值何在？

· · · · · · ·

是的,少有人,少有孩子,停下脚来,为真正有价值的事情做一下深度思考。

问题究竟出在哪里?

我们在长期"要听话"的教育观下,已经丧失了自我意识。因为缺失了自我意识,所以,在面对具体的问题时,就丧失了独立的判断,人云亦云,随波逐流。

所以,如果这位妈妈当初听取了我们的建议,停掉了作业,想必母子二人晚上坐在书桌前,也会彷徨若失,不知所措:

不做作业,干什么呢?

不听老师的话,那听谁的话呢?

必须要有一个人的话要听啊。

必须要有一个被安排的任务要完成啊。

当没有老师,没有作业,没有来自老师的管理、监督、安排。布置，时间统统都交给我们自主支配的时候，我们反倒不知道该做什么了。

因为我们早已习惯于听话，习惯于服从，习惯于被安排。我们会让任务填满自己的一整天，也会让父母安排我们的人生、学业。甚至何时洗澡，何时刷牙，何时打球，何时睡觉，何时谈恋爱，何时结婚，我们都要听父母的。

这就是很多孩子的一生。

正是这样的"听话教育"，长此以往，导致了孩子自我意识的丧失，扼杀掉了他们的独立意志与思考，让他们在人生的大事小情上，习惯性地盲从。

那我们应该怎样办呢？

一句话：**丢掉"听话教育"，在每一件事情上启迪和引发孩子思考，让他们形成自己独立的判断和意志。**

讲一件我们自己家里的教育故事：

六月中下旬,临近学期期末,有一天早上,我(赵老师)准备送大儿子上学。在门口换鞋时,儿子问我:"妈妈,是不是期末考试考不好,就不让我们升三年级了?"

我说:"不是呀。"

儿子明显松了一口气。

他笑笑说:"那我们老师为什么这么讲呀?原来是骗我们的。"

我反问他:"让妈妈猜一猜吧,讲这个话的,一定是一位年龄比较大的女老师。我要没猜错的话,应该是你们的思想课老师吧?"

"嗯,是的。妈妈你怎么猜到的?她说的可严重了,我们班同学都被吓住了。"

我笑了笑说:"老师的出发点是好的,她想吓唬你们一下,让你们好好学习,认真考试。不过,这样的方式是不对的,你们虽然小,但是也不能被糊弄欺骗。还记得妈妈跟你讲过的一句话吗?一个人的职业和地位,跟他的品质和能力是没有关系的。所以,即便是你的老师,也会犯错。凡事都要自己动脑,敢于去想,去质疑,才能鉴别出是非对错。"

不知道会不会有父母,在此刻跟老师不谋而合,甚至推波助澜,让孩子在恐惧和胆怯中,努力学习,拿到高分。

但是,靠欺骗、控制和恐惧,可能会让孩子暂时得到一个满意的分数,但失去的却是一个完整的人。所以,即便孩子真的因此取得了不错的成绩,这也不是孩子成功的开始,而注定会是他一生平庸的起点。

因为靠思想控制,是不能真正成就一个人才的。

德国哲学家雅思贝尔斯说:**教育,就是一棵树摇动另一棵树,一朵云推动另一朵云,一个灵魂唤醒另一个灵魂。**

讲得多美,意境悠远。

可是,很多父母、师者,却不屑于耐下性子来,认真培育孩子的真、善、美、理、智、信。他们太着急了,所以，草草动手，只希望迅速把自己手中的孩子，捏成一个成功人士的坯子。

所以，说来滑稽，我们不停地要求孩子听话，其实，只不过是我们在教育上急功近利，贪图省事。

所以，我们把启迪，代之以要求；我们把独立思考，代之以听话；我们不允许孩子胡思乱想，只希望他在数学题目上绞尽脑汁；我们不希望等待，只愿速成，立刻，马上。仿佛孩子只要听话，就算懂事了。

可惜，随着时光的流逝，我们曾经的粗糙、功利一点一点地显现出了它不堪的本色。

· · · · · · ·

常常有妈妈哭诉：

老师，我的孩子以前可听话了，为什么上了初中，就跟脱了缰的野马一般，由着自己来呢？

因为，他曾经的听话，只是形式上的听话，是碍于你的权威和身份，他并没有生发出自己的思想和判断来，所以，他现在就乱了。

也常常有妈妈抱怨：

老师，我的孩子以前可懂事了，可是，现在她好自卑，说自己太丑了，还嫌家里穷，同学说什么就是什么，自己没有一点主见，这是怎么回事？

因为，她曾经的懂事，是源于环境的单纯和年龄的幼稚，现在，她的环境复杂了，但她的独立思考能力并没有随之提升，所以，她迷惑了。

这样的孩子数不胜数，就在你我的身边，也许，就是你我的孩子。

孩子才3岁，父母就教他，要听妈妈的话，妈妈是为了你好；进了学校，又教他，要听老师的话，老师是为了你好；进了社会，我们又教他，要听领导的话，领导最喜欢听话的员工。女孩子结婚后，还要再加一条：要听丈夫的话，男人都喜欢柔顺的女人。

然而，事实却是：

父母并不喜欢听话的孩子，喜欢的是有出息的孩子。

老师也并不喜欢听话的孩子，喜欢的是成绩好的孩子。

领导也不喜欢听话的员工，他喜欢能为他创造价值的员工。

而真正有品位的男人，他最懂得欣赏女性的智慧。

所以，**我们要欢迎孩子的真叛逆！因为唯有真叛逆，才能塑造出一个完整的，有着自己独立思想、意志、见解，可以真正掌控自己人生的成熟的人。**

这样的孩子，未来将会是我们这个国家的栋梁！

但生活中，只有不到 4 成的孩子属于真叛逆；而超出 6 成的孩子，虽然看上去行为乖张，胡思乱想，其实都是假叛逆，他们是没有思考的，随波逐流，人云亦云。

他们从小被要求、被鼓励听话，听了十几年话，而没有养成独立思考的能力。

到了青春期，世界大了，朋友多了，听的多了，看的多了，就眼花缭乱了。可是，内心还是那样简单，大脑还是空空如也。于是，心就乱了，行为就散了。

. . . .

所以，作为父母，我们必须明白：

听话，还是不听话，其实从来都不是一个问题。

关键是要拨开迷雾，带孩子看到事实，引导他去思考、去辨别、去判断、去主张，并按照客观规律办事，这才是我们真正要做的。

播种下"盲从"，你收获的将是一个混乱、内心空虚的孩子。

播种下"听话"，你收获的将是一个保守、内心脆弱的孩子。

唯有播种下思考，你收获的才会是一个精神自由、内心强大的孩子。

这样的孩子，才是你真正想要的孩子。

所以，不聪明的父母，在面对孩子不听话的时候，会恼怒；而聪明的父母，在孩子不听话的时候，会停下来，认真听一听他有怎样的"歪理"，怎样讲动自己。

> 在孩子的不听话里，常常蕴藏着让我们惊呼的思考。

我们 6 岁的小儿子也给我们上了一堂课：

有一天中午吃饭的时候，我们才知道他没吃早饭。问他为什么没吃早饭，他认真地跟我们讲："因为我早上没睡好，可是你们却把我叫醒了。这种感觉很不好，就像一只小羊还没长好，背后就有一头恶狼要吃掉它；也像一颗种子埋在土里，还没发芽，你们就拨开土，把它拿出来了。"

一段话,道出了教育的真谛。

教育,就蕴藏在"慢"中。

各位父母,请不要再赶鸭子上架,用听话来"速成"孩子了。

真正精神自由、内心强大的孩子,都是父母、师者,在漫长的光阴中,用智慧、爱与忍耐,用对"不听话"的包容、欣赏与启迪,成就出来的。

所以,请做一位与"不听话"的孩子共处的父母吧,这是对自己最好的褒奖!

近朱者赤,近墨者黑

有一段时间,两个儿子不知从哪里学来了一个小毛病,就是每逢开心、撒娇、耍横、生气的时候,总会把下巴往外一伸,伸得长长的,然后上下两排牙咬在一起,做表情。有的时候,伸得急了,下面的牙齿还会把上面一排牙齿包在里面。

刚开始觉得没什么,但后来发现,大儿子在换牙期,因为这个表情,他的四颗门牙开始往里走了,临近的两颗小牙又被挤出来,像两颗小虎牙一般挂在外边。最要紧的是，再这样下去，会改变他的脸型。

于是，当务之急，就是找牙医来帮忙。其次，就是要行动起来，时时提醒他。比如，他一这样，我（赵老师）就提醒一句，或者摸一下他的下巴，他就收回去了。

不过，心中也在暗怒：这孩子从哪里学来的臭毛病？

有一天，我们在一起打闹，我把老大按在床上，正装模作样凶他时，猛然发现，自己正在做他们的同款表情。一瞬间，我的心被照亮了，原来这个表情是我的惯用表情，每每和他们在一起玩得开心时，或者装坏人凶他们时，就会做这个表情。

元凶原来是我！他们是跟我学的，可是，我还在抱怨他们学了坏毛病。

因为我是小龅牙，所以下巴随便伸，也够不着门牙。可是，他们还小，一伸就伸过头了。

人往往看得清别人，却看不见自己。

各位父母，这样的错误，你们是不是每天也在犯？

我们每天擦亮眼睛，盯着孩子身上的每一个小毛病，可是，却忘了，这些毛病，这些小问题，80% 都源于我们自己。

是我们把虱子传给了孩子，却骂孩子染上虱子，连累了自己。

• • • • • •

再讲一个有趣的故事，这个故事更如镜子一般，照出了我们每一位父母的一举一动对孩子的影响有多大。

有个孩子升初一的时候，以全校前 40 名的成绩，考入了省重点中学。不过，妈妈想让孩子上区重点中学，因为区重点中学在中考时有机会被推荐上最好的高中，而且离家也近。可是爸爸不这样想，他认为，既然孩子考上了省重点，他有能力上更好的学校，为什么不去呢？于是孩子就上了省重点。

妈妈却并没有心安，一直在纠结，是不是上区重点更好呀？受她影响，孩子也有一些动摇，常常会有情绪反复。

一次考试，因为1分之差，孩子被甩出了精英班，掉到了普通班，于是，他的状态更加低迷了。他常常抱怨普通班的氛围不好，同学们讨论的都不是学习，而是游戏，或者其他兴趣爱好，但他什么都不懂，跟他们谈不来，也没有朋友。

妈妈说，那要不咱们回来吧，回区重点吧。然而这件事也不是一蹴而就的，费了很大波折才办成。因为他们担心以后会后悔，回不去省重点，所以，暂时以请假的形式离开，保留名额。

回到区重点，老师们都非常热心，积极帮孩子补课。很快，下一次考试他就考到了全班第一。本来挺开心的，可是，孩子又闷闷不乐了。因为区重点学校小，抓得严，每天作业都很多，周末也不能休息。虽然离家近，但中午也不能回家，晚自习要上到很晚才结束。孩子跟妈妈说，还是以前的学校好，以前的学校重视素质教育，校风宽松，在这儿太累了。

妈妈就又犹豫了，说那要不就回省重点吧。可是，省重点没回去几天，孩子又后悔了，说省重点虽然是以素质教育为主，可是，老师几乎一下课就走了，想问问题都找不着人，或者就以各种理由推辞，不会给他讲很多题，所以，还是回区重点吧。

妈妈又纠结了，不知道该怎么办。

妈妈最后说，为了这件事，自己都快抑郁了。留在省重点，可能会对孩子的素质培养更好，孩子有更多可支配的时间，可是，又怕管得松，被耽误了；回区重点，又怕把孩子给累着。就这样左思右想，这个还是那个，那个还是这个，难以取舍。

孩子也颇受干扰，他的内心很不安定，没有办法专注在学习上。他现在已经完全不拿主意了，说"随便吧，你们说哪个就哪个"。

现在，孩子每次看见他们，就牢骚特别多，情绪也特别大。

就像两个儿子的毛病和问题都源于我们一样，这个孩子从省重点前40名，到后来没有办法专注于学习，他的游移不定、牢骚满腹，其根源也来自于他的妈妈。

所以，父母才是始作俑者，孩子只不过是我们在水中的倒影！

所谓家教，其实只是八个字：**近朱者赤，近墨者黑。**

我们与其每天瞪大眼睛，在孩子身上找问题，按着他的脑袋要他改，还不如反求诸己，回归自我，去改变自己。试想，如果每位父母都能够做到这一点，教育是不是就简单多了？

看到孩子不求上进，先问问自己："是不是我也是这个样子？是不是因为年龄渐长，就放弃了对自我的要求，让孩子看到了我的懒惰？"

看到孩子凡事不爱动脑筋，也先问问自己："是不是我也这样，总是稀里糊涂，活在生活的表面，不求甚解？"

看到孩子脾气暴躁，不够包容体贴，下次生气骂他的时候，也留意一下自己，是不是也跟他一样，青筋暴起，口不择言？

说起来，我们的毛病比孩子的多得多，而且深入骨髓，已然变成了一种性情和生活方式。孩子的毛病，只不过是浮在水上的叶片，虽然清晰可见，却很快可以被捞起。

所以，我们常常讲，父母进步 1 厘米，孩子就可以往前走 100 米。这不是夸大其词，而是真实的生活。

我们曾经发起过一项活动，叫"21 天早起朗读计划"，本来是希望父母经由自己的早起朗读行动，振作起来，给孩子营造一个振奋的家庭氛围。

可是，很多父母积习难改，把任何学习行为都寄托于孩子。自己才坚持了两天，就恼怒孩子不跟上，甚至发生亲子矛盾。我们便为此专门录制了一期 30 分钟的讲座，告诉父母，"榜样不是作秀，管不好自己，就影响不了孩子"。

其中，有一位妈妈很不一般，她很听话，只管自己做，也不要求孩子。孩子却耳濡目染，一直到现在，每天早上 6 点起床,自己对着太阳大声朗读,母女俩精神气质都焕然一新。

看到这里,也许你会着急:"我年龄大了,能改的自然尽量改,但是,更多的,也许我就意识不到了,或者即便意识到了,也很难改正。那我的孩子岂不是就要被我耽误了?"

事情永远不是绝对的。

集训时,孩子们常常问我们这样一个问题:

"老师,我妈每天都在我耳朵边唠叨要好好学习,真的好烦!每当这时,我就特想跟她吵一架,实在是碍于她是我妈,不好发作。但是,心里总是很憋屈,怎么办呢?"

每逢这时,我们就会这样讲:

"下一次再发生这样的事,如果你这样做,你的妈妈一定不会再唠叨。"

听完这句话，孩子们往往会很急，催促道："怎么做呢？老师你快跟我们说说。"

"下次，再有类似的事情出现时，你要慢慢抬起头，堆起满脸的笑容，跟妈妈说两个字：呵呵。当然，你也可以再加一句：**妈妈好可爱**。"

妈妈这个人好有意思，一看见我就开始唠叨。尤其是面对我的学习时，一看见我不学习就开启唠叨模式。这种表情瞬间转换大法已经修炼到了炉火纯青的地步，太有意思，太可爱了，嗯，真是太可爱了。

"说完可爱，希望大家在此基础上，在自己的心里，要深入地想一层，在心里讲一句：**妈妈好可怜**。"

是啊，妈妈40多岁了，我也长大了，她原本可以拿出大把的时间去做她年轻时想做而没有做的事，可以去更好地享受生活，而不再需要像我小时候那样照顾我了。

可是，她的世界里好像只有我和我的前途，每天都在为我焦虑：吃好了吗？喝好了吗？睡得怎样？最近听课跟不跟得上？最近情绪怎么样？跟老师、同学相处得好不好？下次考试能不能考好一点？

除了我，她似乎对自己的一切都漠不关心，所以，妈妈好可怜……

"当你嘴上说完：呵呵，妈妈好可爱。在心里说完：妈妈好可怜……之后，你的妈妈一定会尴尬地站在那里，这个时候，我还希望你能跟妈妈温柔地说一句：**妈妈，你去忙吧，我这就要开工啦。**"

每次孩子们听完，会眼睛一亮，若有所思。

这个回答好就好在，赋予了孩子一种**超越**的意识。

当一个孩子能够以这样一种姿态，这样一种思维，去解读和父母的矛盾时，他其实就已经在人生的境界上超越了父母。

我不求你的理解,反而看到了你的不容易。
我不反感你的干涉,反而看到了你的用心。

当一个孩子带着这样的觉悟面对自己的父母时,何来叛逆?只有家和。当他长大了,能带着这样的觉悟面对这个世界时,何愁不顺?只有成功。

因为,这是一种担当的意识,一种超越的意识,一种成熟的意识。

· · · · · · ·

看到这里,你一定明白我们的用意了:

孩子虽然源于父母,但他完全可以超越父母,开辟出一条与父母完全不同的人生大道。

教育和见识,可以让一个孩子拥有超越父母人生的可能性。

我们从出生起,就处于不同的家庭环境,拥有不同的社会资源和起点,从一开始。我们就跟其他人不在同一条起跑线上。这是真相，却不是全部的真相。从起点的你，到终点的你，这之间的奋斗与奇迹，需要教育和见识的成就！

这才是青出于蓝而胜于蓝。

就像如果父亲聪明勤劳，是一名能干的农夫，而他的儿子如果有机会接受更好的教育，眼界与见识更宽广，未来就可能成为一名优秀的农业科学家。

所以，你做不到的，未必你的孩子做不到；你走不过去的，可以先努力走一程，剩下的，让你的孩子接着走下去。

为人父母，首先就是要努力走好自己的这段路，然后，托举起孩子，让他看到更广阔的天地，更长远的路。你走不过去的天高海阔，教育会引导孩子走过去。

孩子就像向日葵一般，永远向着太阳的方向。即便偶尔蒙尘，也能抖抖身子，轻装上路。

所以，亲爱的父母，当孩子遇到成长困境，一定记住这两句话：

家教，就是近朱者赤，近墨者黑，让我们修己内省，做更好的自己。

教育，就是青出于蓝而胜于蓝，让优秀的师长和高品质的教育，照亮每一个孩子的生命！

第三篇
这样做,再叛逆的孩子也会改变

面对孩子的叛逆，
父母该有的三个智慧

孩子进入青春期之后，父母就要有点智慧了。换句话说，就要拥有一点跟他"斗争"的策略了。

什么意思呢？

孩子在十岁之前，对自己的父母其实是全然接纳的。想到这里，是不是非常感动？有一个小天使，他有一颗钻石一般晶莹剔透的心，无论你是贫穷还是富有，疾病还是健康，平庸还是独特……他都毫无保留地依恋着你，爱着你,视你为超人。并且,有样学样,举手投足间俨然一个小小的你。

可是,当他进入青春期后,就睁开眼睛看到这个世界了。此时,他眼前的你,身上的光环开始褪去,渐渐呈现出你本来的样子。也许,他还没有足够的社会经验和思维能力来对你进行审视、评判,但是,他已经开始有感觉了:原来我的父母也不过如此。

所以,叛逆就开始了。
我为什么要听你的?
我要彰显我的意志!
显性的叛逆不行,那就来隐性的叛逆。

而父母呢?
还在傻傻地指望孩子年长几岁,能更加成熟懂事。没想到,盼来的却是逆反,是故意跟你作对!
变故面前,我们的反应是这样迟钝。我们目瞪口呆、手足无措，我们被愤怒冲昏了头，胡乱出招。

结果是，孩子的青春期一眨眼就过去了，然后，我们才发现，这几年的时间，除了消耗彼此的争斗，什么都没有留下。

所以，要提醒大家两句话：

第一句：青春期的主题，不是叛逆，而是成长。

青春期是一个孩子在心智层面上的一次大飞跃，经历了这次飞跃之后，孩子将会走向成熟。

第二句：青春期是父母助力孩子心灵成长的最后一个阶段。

过了这个阶段，孩子将走出家门，经历社会的考验，从社会和生活这个大课堂中独自学习。

所以，父母要抓住这个机会。

那么，父母究竟要怎样做，才能让孩子在叛逆的心境下，依然能够在心智上获得启发，收获成长呢？

三点青春期孩子的父母应该拥有的智慧送给大家。

第一个智慧，要学会以柔克刚。

孩子进入青春期，无论男孩还是女孩都朝气蓬勃，他们的人生在走上坡路。而父母呢？人到中年，开始进入生命的下半场，家庭、事业的压力，让我们开始力不从心。

想想看，父母和孩子是不是发生了置换？以前父母强、孩子弱，现在父母弱、孩子强。

当孩子开始感受到自己的力量后，他对这个世界的态度，就有了一丝咄咄逼人的味道，就有了一丝不愿意谦卑受教的味道。

如果这个时候，父母还固守过去的那一套，放不下自己的姿态，习惯性地跟孩子正面硬刚，换来的结果必然是：

父母越强势，孩子越叛逆。

而且，这种叛逆会让孩子失去理性，越来越失控。最后演变成意气用事。

当孩子开始叛逆时，很多父母所做的不是熄火，让孩子松弛下来，冷静下来；而是在拱火，仿佛嫌孩子叛逆得还不够，要火上浇油，让叛逆之火烧得更旺一点。

比如，一看到孩子没有早起，没有按计划开始学习，有的父母简直就气得要咬碎钢牙。先是冲进房间，掀起被子扔在地上，接着对着孩子一顿谩骂，像撕扯一个动物一样把他拽起来。

结果呢？非但没有叫起孩子，相反，身强力壮的孩子感受到了人格上的侮辱，更加不愿意起床了。

原本一件小小的事情，演变成了尊严之战、人格之战。

父母必须清醒地意识到，孩子长大了，不再是那个任你摆布的小毛头了，他开始变得强大了。在体力上，在精神意志上，他血气方刚，不怕跟你斗了。

这个世界的规律是：以硬碰硬，两败俱伤。

你希望在你强大的威逼之下，挫伤孩子阳刚的志气，让他变成顺服的小猫，让他自卑、压抑、恐惧、无力吗？

这不是我们想要看到的一个"听话"的结果。

所以，既要规范孩子，又要不伤他的精气神，我们就要以柔克刚。

我们要把自己的姿态放下来，承认孩子很厉害。等孩子长大了，还要承认孩子很先进。不仅承认，还要欣喜："不得了，当我冒犯你时，你能奋起捍卫自己！"

当我们摆出这个姿态时，**孩子就会放松下来。**

当孩子放松下来时，我们的话语才能像春风化雨一般，沁入他的心田。

不要小看"春风化雨",春天的风很柔和、很温暖,但是万物生发;春天的雨是绵绵细雨,但淅淅沥沥,不绝如缕,润泽万物。

> 严冬凛冽,寸草不生;春天温和,生发万物。

所以,跟孩子在一起的时候,我们要审视一下自己:

- 自己的眼神是不是在刻薄地审视孩子?自己的声音是不是在呵斥、谩骂?自己的脖子是不是总挺得很直?自己的脑袋是不是总高高地昂起?
- 自己的语言里是不是充满了简单粗暴的指令和要求?
- 自己的行为里是不是充满了说一不二的霸道作风?
- 自己在家时,这个家的氛围是温馨、美好、放松的,还是冷漠、生硬的,让人紧张、局促不安。
- 自己是说一不二的,还是开放、包容的?自己是否承认,在很多方面都很无知,孩子也给予自己很多启发。

父母也是人，普通平凡的人，所以，我们凡事好商量。

我们把自己的阅历和经验分享给孩子，孩子也可以把他的视角分享给我们，我们一起往前走。这才能展现出父母的格局与胸襟。

这个时候，孩子还会叛逆，跟父母正面刚吗？他也会展现出一副凡事好商量的胸襟。

· · · · · · ·

第二个智慧，要学会以退为进。

父母一定要晓得，**退就是进。**

比如一个男孩和一个女孩谈恋爱，这个女孩就爱这个男孩，爱得不得了。每天都会查他的手机，盯他的行程，把他的生活看得"水泄不通"，还时时刻刻暗示他"你要娶我"！

这个男孩会有怎样的反应？

不用问，连连后退。他也许很渴望女孩的爱，但是，这样带有攻击性、侵略性的爱，谁能消受得了？

同样，很多父母在孩子的事情上，常常也表现得过于积极，过于热烈，过于主动了。

比如，给孩子讲一个道理，慢慢讲就可以了，但很多父母非要像往洗衣机里塞衣服一般，把这个道理狠狠地塞进去：

"儿子，你听进去了没有？你听进去了没有！你得记住呀！"

"妈妈这辈子就吃了没读书的苦，你可得记住这个教训呀！妈妈实在不敢想象有一天，你要是……"

"你要再不长记性，再这样自甘堕落，你就不要做我的孩子了，我就不认你了！"

"你给我跪下，把我刚才说的再重复一遍！"

人与人之间，再亲再近，也要有分寸，有边界。

攻城略地的爱，会粗暴地侵占对方的私人空间，让对方喘不过气来。

说的时候，还眼泪鼻涕一大把，近乎歇斯底里。此情此景，这样激烈的情感，孩子唯一的愿望，不是听话，而是："我要逃开，远远地逃开。"

如果你步步紧逼，把孩子逼到墙角，唯你是从，那么孩子能做的就是推开你，逃走，或者哄骗你，"好好好，没问题"，但神游物外。

父母必须看清一个事实：

你讲的道理再对，也得经过孩子的头脑，被孩子认同之后，才能作用于他。然而，人们总是天然地对别人特别主动和热情的行为产生戒备心理。

所以，跟孩子在一起的时候，不要那么急不可耐，你可以微微退两步，等他来找你。

比如，这次期末考试没考好，与其你找他谈，不如等他主动来找你谈。谈的时候，你还要再退两步，听听他的看法。深思熟虑之后再发声，孩子反而更能听进去。

不要怕孩子不来找你，只要你温和开放，得到了孩子的信赖，他遇到困惑，一定第一个就找你。因为不管是从人生阅历，还是从情感角度来讲，孩子总是更依赖父母，也更重视父母的意见。

所以，你要稳稳的，要沉得住气，即便你的建议孩子还没有听进去，也不要急，要给他消化的时间。

如果一个道理超出了一个人的认知和经验，任何人都不可能听完一下子就能懂，就照着去做了。

比如你的女儿喜欢上了一个男孩，你一看那个男孩就觉得很平庸，只是外表很炫酷，这时你可以平静地讲出你的看法。讲完之后，她当时没听进去也没关系。**只要你的观点给了，就会在她的头脑中留下痕迹。**

两个星期后，学校举办一个活动，男孩上台发言。她站得远远的，再次审视他，就会忽然发现，确实如此，徒有其表，内在空虚。

回到家,她也许就会跟你讲,"妈妈,我觉得你的判断是对的,你看人很准。"

以退为进,是给对方尊严、体面,给对方回顾反思、内化吸收的空间,更是在心理上让孩子独立思考的必须之举。

否则,你的孩子永远都不可能真正在精神上独立起来,更不可能真正担当起自己的人生。

· · · · · · ·

第三个智慧,学会长线思维。

有句俗语说,放长线,钓大鱼。这句话用在孩子的教育上,也非常适用。

一个孩子在 12~26 岁这 14 年间,要经历青春期、两次大考、上大学、走向社会。无论是身体的发育,心智的成长,还是社会角色的转变,都要在这短短的 14 年间完成。想一想,是不是挑战特别大?

是的，我们总认为，孩子很轻松。但是回首往事，我们自己青春年少时，在面对学习、友谊、爱情、事业、婚姻等问题时，是不是也曾有过迷茫无助？

我们也曾像孩子今天所遭遇的一般，努力穿越自己风雨迷茫的青春。然后，就像小船泊港一般，进入生命成熟的阶段。

想明白了这一点，我们就知道，**在孩子的事情上，不能操之过急。**

我们才能更明确地知道，自己应该给予孩子什么？

应该给予什么呢？

品质心性

思维能力

高效与便捷的学习方式

这三大底层素养的培养不是一朝一夕的事，要着眼未来，目光长远。

我们要有长线思维。

站在明天看今天,你才不会被今天的一些蝇头小利所诱惑,也不会被当下孩子的状况和表现所牵制。

可惜，很多父母做的都是眼下的工作：抓作业、抓错题、抓考试、抓成绩……心情常常随着分数上下起伏。

但你要知道，孩子的底层素养没有养成，今天分数提高了，明天还会掉下来。而且，随着知识难度的增加，你抓得越紧，能握在手里的就越少，就像流沙一样。

因为，**分数背后的基石是底层素养**。

孩子如果心性不成熟、不达观、不开放、不坚韧，随着年龄的增长，他就会被世俗影响，变得狭隘、偏激、充满成见，他就会躲进舒适区，患得患失，情绪化，不敢挑战自我。

孩子没有方法意识，就没有习得的觉悟。遇到学习和人生的问题，他就不懂得去寻求优秀的前辈指点，只会闭门造车，凭着本能去做事。

孩子没有良好的思维方式，他就无法用更好的视角去观察和理解外在的世界，找到面对和解决问题的突破口。他会变得固执而愚钝，拿着一把不变的改锥，幻想能拧下所有的螺丝。

父母放宽眼界，孩子的未来之路才能开阔高远。

方向永远比方法重要，方向对了，即便用最笨的方法，一点一点去做，也能到达目标。但是，如果一开始方向就错了，方法技能越好，离目标越远。

要帮青春期孩子完成三大转变

我们都知道，12~18岁是青春期阶段，青春期的孩子是最难管理的。

但是，当一些父母还在为孩子的叛逆、不成熟而头疼时，当一些父母还在为孩子的成绩久久无法突破而发愁时，有一些孩子却在静静地发生着改变。

这些改变和成长的速度是如此之快，以至于父母都非常惊讶，难以置信。

其实，这才是真正的青春期。

它可以很堕落，也可以很奋进；它可以很激情，也可以很颓废；它可以很理性，也可以很感性；它可以很混乱，也可以很镇定……

青春期几乎奠定了孩子一生的走向。向左走，还是向右走，取决于孩子在青春期有没有完成三大转变。

· · · · · · · ·

第一大转变：思想要从幼稚转向成熟

一提到青春期阶段的学习，孩子一定深有体会：

科目多，知识庞杂，理解难度越来越大，学习进度又很快，三天两头考试……常常有种疲于奔命、顾头不顾尾的感觉。有的孩子稍不留神，回过头再来看课本，老师刚刚讲的东西就很陌生了。

高中之前，只要孩子的心还在学习上，稍稍勤奋点，是很难不及格的。但是上高中之后，可能一不留神，就下及格线了。

当孩子的学习出现问题时,父母通常会采取一个简单的办法——哪儿落下了,补哪儿!

两个字:补课。

四个字:查缺补漏。

可惜,补来补去,效果并不明显。

其实,在这里,我们有一个误区,那就是理所当然地认为,孩子生活在一片净土中。这片净土就是学习。

基于这个认识,如果孩子的成绩出了问题,那么我们便认为一定是学习出了问题,那就一定要补课。

但是,**我们没有看到的是,在年龄增长、知识增长的同时,孩子还有另外一个东西也在慢慢成长,只不过这个成长是长好了,还是没有长好,没有专门的考试来考核。**

它是什么呢?

它就是孩子在思想上的成熟度。

知识越来越难,学习压力越来越大,要想驾驭好知识，驾驭好学习，把握好考试，就要求孩子具备成熟的思想。

因为是思想决定了哪些事我们要去做，要坚决去做，哪些事不能做，或者坚决不可以做。

是思想决定了我们怎样看待人生，怎样看待学习，怎样看待周围环境、冲突与矛盾；是思想决定了在十字路口是选择向左走，还是向右走。

正常来讲，到了 13~14 岁这个年龄段，就到了**基本价值观**确立的时候。而到了 16~17 岁这个年龄段，就到了**心智该成熟**的时候了。

可惜，这是理想状态，在现实生活中，很少有孩子有这样的状态。

大多数孩子还是人云亦云，稀里糊涂，他们缺乏来自身边有着丰富人生经验的长辈的指点，他们的人生观是混乱而不稳固的，大多数时候受环境、同伴，或者时尚杂志、玄幻小说、偶像剧的影响。

拥有这样经不起推敲的价值观，就好像我们要上战场了，可是手头上只有一支杂牌军一样，稍一遇挫，就四散逃逸。

比如，一个高二的男孩，语文不错，但数学只能考到 80 多分。

高中语文可以学得很好，说明他的基本能力是没有硬伤的，也就是说他原本是有能力学好数学的，但为什么就落下了？

这说明了一个问题，他的心性是不成熟的。

孩子的妈妈连声说"是"，说孩子喜欢哪一科的老师就学哪一科，不喜欢哪个老师，连带那一科也不学了。

随心所欲，这种行为应该是一个 7~8 岁，或者 12~13 岁孩子的表现。对于一个 17 岁左右的孩子来说，其实不太应该有这个问题了。

好好学，刻苦学，甚至有的孩子拼了命一般地去学，还未必能学好，更何况挑三拣四地学，随心所欲地学。单靠小聪明，是不长久的。

所以说，相比成绩，孩子首先应该提升的是心性的成熟度。

心性成熟的孩子是什么样的呢？

一个高二女孩的妈妈说，之前与女儿发生冲突的时候，哪怕是她做错了，她也坚决不认错。现在，她看到妈妈伤心，会主动过来说"妈妈，我错了，这件事怎样怎样"。当妈妈确实做错了，说错了的时候，她也会坦率地讲："妈妈，你错了，老师说了，不能盲目练题，我好不容易走出来，你又要拉我回去啦。"

这种关系就很健康。

还有一个高一的男孩，讲起他自己的变化，说："与周围人相处得更加融洽了，矛盾通常不可避免，但自己的怒气有所消减，开始主动面对解决，并且与人交往时会不由自主地产生亲切感，并习惯以微笑相待。喜欢跟我交朋友的人也变多了，但我仍会认真筛选……我变得能够读懂他人、理解他人了。"

我们一直在讲：**人对了，学习就对了。**

再多的知识，再难的题，也不会自动走进大脑中去，也没有办法把它们装进大脑中去，它们是需要"人"去吸收的。

有的孩子矫情、任性，遇到一点挫折、矛盾和不如意就罢工了。有的孩子很努力，但功利心过重，韧性不够。

有的孩子姿态太高，不愿意做单调、机械、乏味、枯燥和重复的工作。

有的孩子心胸狭隘，一点儿矛盾都容不下。

有的孩子呆板、机械，不能宏观地看待问题。

有的孩子自恃聪明，不够谦卑。

有的孩子每天伤春悲秋，活在虚无和小我中。

当学习的主体"人"出现问题时，学习就必然会有问题。

所以，**从"人"入手，从"人的思想"入手才是解决问题的根本之道。**

补课，不如补人；补人，重在补心。

从第 30 名到第 5 名的跨越，本质上成长的是人，是面对生活、面对人生、面对学业的态度的转变。

我们常说：

事上磨人。

心中无敌，方能无敌于天下。

卑微到尘埃中，方能看到真正的自己。

· · · · · · · · ·

第二大转变：要从随意、本能地做事转向有章法、有策略地解决问题。

当孩子处于儿童期时，他做事会很随性，甚至会出于本能去解决问题。

但是，仅仅这样是不够的，孩子到了青春期，必须要从随意、本能地做事转变成有章法、有策略地解决问题。

因为到了青春期，孩子要面对的问题会越来越复杂。这个时候，如果孩子还是本能地去处理问题，就好比只拿着一把钥匙，幻想打开所有的门，这是不可能的。

孩子必须学习做事的方法论。

所有的成功人士之所以成功，就在于他所建立的一整套方法论，让他做事的能力很强，解决问题的能力很强。他知道事物发展的规律，也知道如何对资源进行整合，进而解决问题。他能够在变化中把握规律和趋势，进而实现自己的目标。

学习也是在做事，考试也是在做事。

可惜的是，很少有孩子学习过如何正确地做事。

因为我们关注的是知识学习，而不是如何学会学习这件事。

在很多人的观念中，所谓做事，不就是撸起袖子干活吗？

在很多父母的眼中，所谓学习，不就是背书、刷题吗？

然而，正是我们这种**粗率的态度**，把孩子给带偏了。很多孩子努力背书，勤奋刷题，但成绩依然不理想时，他们会转而怀疑自己的智商。

其实，即便一个人智商高，他的做事能力也未必就强，只不过表明了他的硬件过关而已。

记住：如何做事是需要学习的；方法论是需要学习的。

就像前面提到的那个女孩，就是在成长中知道应该怎样做事的。比如在妈妈催促她练题的时候，她告诉妈妈不能盲目练题；在和妈妈发生矛盾的时候，也知道放低姿态，开诚布公地和妈妈沟通达成共识了。

而那个男孩，总结了自己在方法论上的精进、待人处事的方法以及对这个世界的思考，我们可以看到这个孩子学会了在做事时"换位思考"，学会了"感觉其规律，预测其趋势"了，学会了"用理论来驾驭现实"，这就是良好的做事和思考问题的习惯。

只有这样，孩子才能做到不动的时候"静如处子"，去思考、去感受、去研究；而一旦开动，就"动若脱兔"。所谓"谋定而后动"，讲的就是做事的方式。

所以，孩子不是不会动脑筋，不能坚持，没有韧性，或者没有悟性，而是从来没有一个人告诉他，这个世界上万事万物是怎样运行的，怎样做事才能事半功倍。

· · · · · · ·

第三大转变：人生状态要从虚幻转为现实，要学会务实。

每一个处于青春期的孩子，都会有一个极其冲动的渴望，那就是进入现实、驾驭现实，而不仅仅是活在梦幻中，玩玩游戏、做做梦。

但父母要注意，孩子在冲动、渴望的同时，他也非常恐惧，害怕进入现实。因为现实在他们眼里，远远比玩玩游戏、做做白日梦艰难得多、苦得多。

　　正因为如此，孩子在青春期必须完成的第三大转变就是，一定要开始进入现实世界了。

　　否则，错过了这个节点，孩子可能会成为一个软弱、胆小的巨婴，不敢去挑战自我，经历真正的人生。

　　否则，他们将胆怯自卑，无法拥有落地的自信。

　　否则，他们将浮夸轻飘，学不会踏实用力地生活。

　　否则，在残酷的现实面前，他们学会的将是逃避，而不是直面。而逃兵，是永远没有机会成功的。

　　人生一世，草木一秋，不是让我们来做梦的，而是要我们来经历的，经历真正的、鲜活的人生。唯有如此，我们人格的饱满、尊严，才能在现实中淬炼而成。

· · · · · · · ·

青春期是带着任务来的！

一个孩子在青春期：

能否在思想上完成从幼稚到成熟的转变，决定了这个孩子以后能否**小成**。

能否在做事上完成从随意、本能到有章法、有策略的转变，并能主动提炼规律，学会提升方法论，决定了他以后能否**中成**。

能否在人生状态上完成从虚幻到现实的转变，并拥有务实的精神，决定了这个孩子以后能否**大成**！

青春期，是一个孩子一生中第二次快速成长的机会，是在给自己的一生打底子。错过这个阶段，没有完成这三大转变，那么，之后他再想要转变就会难上加难。

但是，这三大转变，不是自然而然完成的，不是孩子一个人能够完成的，它需要良师益友的启迪，需要智慧父母的助推。

就像一棵树，要有阳光、雨露、土壤、园丁，才会茁壮成长。

两条原则，让孩子开始改变

父母牢记这两条原则，孩子才会开始改变。

第一，不要被孩子的情绪牵制。
第二，坚定不移地推动他去做事。

不知道各位父母有没有发现，每当我们鼓足勇气想要让孩子发生一些有益的改变时，往往我们总是在同一个地方止步，那就是**孩子的情绪**。

常常有父母跟我们诉苦：

"老师，我儿子的成绩一直在下滑，每天回家也不见他着急，我一说他，他就摆手不要我说！"

"老师，我一跟孩子提学习，他就生气、发脾气，跟我讲，他的事不用我管，他自己能搞好！"

……

听到这里，我们总要反问一句："然后呢？接下来你又做了什么？"

父母们会叹口气，然后无奈地讲：

"哎呀老师，不是我不想让他改变，可他就是不配合我呀！我也没有办法呀……"

其实，当你这样想的时候，你就已经犯了一个错误，因为你的判断已经被孩子的情绪所牵制了。

改变是一件非常难的事情。我们身上的很多毛病、问题，当年一定有人怀着美好的愿望，或呵斥或语重心长地给我们指出过。但是到了今天，我们又真正改掉了多少呢？

很少，很少。

但是，正因为改变如此之难，改变的价值才如此之大。

对于青春期的孩子而言，他们正处于价值观、人生态度、行为习惯、思维方式建立的一个崭新阶段，这个时候的改变，无异于在改命。

所以，这种改变非常值得。

对于父母而言，想要开启孩子的改变，首先需要做到的就是，**不被孩子的情绪所牵制、绑架，让自己从孩子的情绪中超脱出来，这样你才能做出正确的判断。**

简而言之，八个字："柔软心肠，霹雳手段。"

柔软心肠，是看得见的心，就是理解孩子一切的痛苦、纠结、恐惧，甚至惰性，理解改变对他而言的艰难，理解他的不容易。

霹雳手段，是看不见的手，就是既要理解孩子，又要告诉孩子，人生有很多事，很多关键的节点，必须要把握，必须要做出抉择。否则，我们的一生将因此而困。

这是事实，每一位父母都有责任告诉孩子一些真相——社会的真相、成长的真相以及生命的真相，从而让他少走一些弯路，少吃一些亏。

因为有些弯路，绕过的是一生；有些亏，亏掉的是一辈子。

我们经常会见到一些父母发出这样的悔恨：

老师，我现在年过半百，有时候就想，为什么我小的时候，我的父母不坚持让我去读书呢？否则我的生活过得应该比现在更好……

言语中，透露出往事不可追的怅惘。

与小的时候怪父母管自己多相比，长大以后，更多的人在怪父母当时没管自己。

有一个高三的孩子，和我们聊起他初中时候的事情。

孩子说自己初中时，每天都和父母吵架。自己把学校发的书烧了，他的妈妈问他："你的书呢？"他就理直气壮地说烧了，然后他的妈妈马上就甩了他一巴掌。

他说："当时我认为我这辈子都不可能去学习了，感觉自己要是学了，就输了，在家里就没脸待下去了。"

"学了，我就输了。"这就是他当时的情绪和认知。

后来因为家里条件还算好，跌跌撞撞地上了一所重点高中。他的初中同学，有的上了普通高中，有的干脆不上学了。

孩子上了重点高中之后看看身边的同学，再看看没上高中的初中同学，他忽然有点害怕了，明白了如果当时自己没上重点中学，就会和他们一样只会抽烟、喝酒、吹牛、上网、谈恋爱。一想到自己差一点就会那么低俗地过一辈子，他就感觉后怕。

这是他后来的情绪和认知。

中间相差不过两年，但对同一件事的认识就已经天壤之别了。人是会变的，孩子也是一点一点成熟的。

父母现在想要孩子去做对的事，他不愿意，不代表他以后也不愿意。但是，我们不能等到他愿意了、懂得了之后才去做，因为到那个时候，一切就都晚了。

所以，我们经常跟一些父母讲，盲目地顺从孩子，任由他放飞自我，而不加规劝、指引，就是父母的失职。

教育就是在孩子还没有意识到的时候，父母就要动手去做，去搭建万丈高楼。

也许孩子现在还太小，不能理解父母所做的这一切，甚至会有情绪。我们要在乎孩子的情绪，因为在当下那个瞬间，它是真实的。但是，父母一定要记住：

要在乎孩子的情绪和感受，但不要被他的情绪和感受绑架，要坚持去做对的事。

什么是对的事?

好好学习,天天向上,一定是对的事。

未来社会与 50 年前、100 年前的社会相比,有着质的改变,那就是:没有文化,孩子真的将会寸步难行。

在不久的将来,人工智能将取代一切低端、机械性的工作。要想让孩子在未来社会搭上快车,有尊严地活着,那么,现在他就一定要武装自己的头脑。教育,决定了一个孩子的未来,自私一点讲,也决定了父母的晚年。

做对的事情,孩子在未来的某一天,会因此而感恩你。

这个事实就好比你和孩子一起爬山,你先行一步,爬到了顶峰,他还在山腰上蠕动。

此时,你跟他喊:"喂,你看,那边有一片湖,好蓝好漂亮的湖!"他就会说:"没有呀,我怎么看不到呢?"

看不到就对了,因为高度不够,等他也攀上顶峰,就一目了然了。

所以，年少时叛逆得一塌糊涂的孩子，现在再问他，人生最后悔的事是什么？他会回答："最后悔的事是，当年没有好好读书！"

平台不一样，眼界、格局、资源就不一样，这是一件要命的事。所以，想要孩子发生改变，我们就要学着做大度、成熟、有幽默感的父母。

所谓大度，就是包容得下孩子的坏脾气，闹闹脾气嘛，谁还没有情绪？一笑而过。

所谓成熟，就是容得下孩子的不成熟，推动他从不成熟走向成熟。如果你自己都不成熟，怎么能要求孩子成熟？

· · · · · · ·

当我们学会不被孩子的情绪所左右时，我们仅仅迈出了帮助孩子改变的第一步。还有第二步，那就是，我们一定要学会**坚定不移地推动孩子去做事。**

人都是有惰性的，孩子往往又是不自信的。

他们幼稚的心灵，往往既容易自负，又容易自卑；既容易奋起，又容易放弃。

自负的时候，觉得自己能上天入地，既能上九天揽月，又能下五洋捉鳖。

自卑的时候，觉得天空都是灰色的，人人都在嘲弄他，自己幻想出一大片一大片的枯枝败叶，恨不能找个地方藏起来。

所以，年龄增长有一个好处，那就是历经世事的我们，脸皮越来越厚了，心也越来越糙了。

宠辱不惊。

我们知道，只要翻过这道山，就可以看到怎样的风景；我们也知道，翻过这道山，还有无数道山在那里。

人生就是如此。

我们这双手虽然粗糙，布满老茧，但是能稳稳地拉住孩子的手，带着他往前走。哪怕他怀疑、犹豫，甚或有点难受，我们也要坚定不移地往前走，因为熬过这段最难走的路，孩子会看到一片开阔的天地。

记得，这个时候，**一定是推动，而不是逼迫**。

因为想要走远路、爬陡坡，熬过最难走的一段路，孩子需要的是支持、支撑，而不是挤压。

对于年幼的孩子而言，这种来自长者的，来自过来人的推动，非常重要。

很多时候，父母往往会被孩子的表象所迷惑，比如孩子吼几嗓子，就觉得他不想学了；他哭哭啼啼了几下，就觉得他自暴自弃，绝望了……

其实，拨开层层云雾，你会发现，每一个孩子的内心深处，都是想要成长自己，想要追求美好，想要改变自我的。并且，他发自肺腑地希望父母能够以过来人的身份，站在他的身边、支持他、推动他。

推动，意味着意志，意志代表了方向，也代表了力量。

意志就是"虽千万人吾往矣"的不动摇。有了你这样一棵老树的庇护，新枝嫩叶般的孩子，是不是能多一点勇气去经历风雨？

有的父母说自己影响不了孩子，你为什么影响不了你的孩子？

因为你是在用嗓门去吼他，而不是用意志去引领他。

想要把一个情绪化的孩子从坏情绪中解脱出来，最好的办法，也许不是沟通，而是**感染他**，推动他去做事，哪怕开始只是缓慢地推动。

这种推动，不单是意志层面上的，也是方法论层面上的。

谁也不推动孩子去做事，只是站在那里吼几嗓子，就期待孩子能自己发生改变，这是不现实的。

不但要推动孩子去做事，而且要一遍两遍三四遍，五遍六遍七八遍，不断地推动，持之以恒地渗透。因为让一个人从一个层次进入另外一个层次，不这样反复地渗透，怎能深入骨髓？

对孩子的塑造和改变，是需要时间和恒心的。

所以，与其说改变是在考验孩子，不如说是在考验父母的意志和恒心。

在开始之前，你一定要问自己一个问题：我是真的想要帮助孩子改变现状吗？

如果你仅仅想要一蹴而就，那么，就真要看孩子的造化了。

但如果你已经下定决心，那一定是，**得道多助，心想事成。**

改变就在一念之间！

向下兼容，孩子会渐渐懂事

我和李波老师一起生活了十几年，才想起一个问题：为什么我们在一起时，总是我在教育他，而他从来不教育我？

不要小瞧这个问题，这是一个很关键的问题！

早些年的时候，我一生气就巴拉巴拉地教育他，过两三个小时后，他一定会拿来一张纸，上面写着他想出来的对策、解决办法以及反思。

态度谦卑而真诚，让我无话可说。

这些年虽然我脾气好了很多，道理也少了很多，但是，依然是我说他，他从来不说我。偶尔我良心发现，逼问他我的缺点是什么，他也总是笑笑说："你挺好的呀！要是没有你，哪有我的今天呢？"

态度照例谦卑而真诚，让我无话可说。

所以，自从我意识到这个现象后，有一段时间备受困扰，反复琢磨：难道都是人家的问题，就我自己白璧无瑕，完美无缺，一点问题都没有吗？

我身上的问题，他一定也看得很明白，就像我看他一般，可他为什么从来不说一句呢？

若换了年轻时候，我也许会这样安慰自己："我本来就是一个很自觉的人呀！"这是事实。我确实是一个很自觉、很爱自省的人，但是，若因为这样，我就一点问题都没有，也不符合客观规律啊。

那为什么他不说我呢?

后来,我看到了一个词,瞬间击中了我:**向下兼容**。

当你发现有一个人,你说什么他都能理解,沟通很顺畅,你也很享受那个过程,好像找到了灵魂伴侣,99%的可能性是你遇到了一个情商、智商都比你高的人,在对你进行向下兼容。

我跑去问他,他以一贯的幽默和不置可否的态度,眨眨眼说:"要不然呢?"

是的,在一起十几年,我岂能不知,他的智商和情商都远在我之上,但是,回到具体生活中,我却不停地教训人家。

奇怪的是,似乎也正因为如此,我才变得越来越舒展,越来越自律,越来越好,也越来越依赖他:

所有的话,都攒着讲给他听;读了一本书,就急不可耐、乐不可支地跟他分享;总是在意自己在他心目中的形象,做人的底线越来越高;以前的跋扈也不知从何时起不见了，换了一副和善相。连两个儿子都吃他的醋，因为妈妈在爸爸面前，总是容光焕发，有讲不完的笑话。

· · · · · · · · ·

回想我青春期叛逆闹得最凶的时候，我母亲对我使用的也是**向下兼容**。

我七八岁的时候，坐在家里的床上，一坐一天，靠着墙，连哭带说，痛斥父母重男轻女。

小学三年级时，有一次忘带作业，老师罚站，跟那些没有完成作业的同学一起，我悲愤异常，觉得自己遭受了莫大的不公正待遇。然后，就整整哭了两节课，旁若无人。老师无奈，挥挥手："坐下吧，赵帅同学，我是怕了你了……"

不夸张地讲，我就是那种高需求的兰花型宝宝，对环境极为挑剔，一点小事儿都会上纲上线。

而且，因为学习好、读书多、道理知道得多，内心的反叛更有实力加持，常常怼得人无言以对。

这样的孩子，青春期到来后，动静自然小不了。

初二时，在学校发的生理课本上，我第一次知道了"青春期"这三个字，也模模糊糊地感觉到了，这将是一段不受控制的狂飙岁月。

叛逆真正到来的时候，是初三第二学期。主要表现就是每天都很愤怒，看什么都不顺眼，就想骂，每天内心都波涛汹涌，毫不平静。

但这次叛逆，只有三个月就寿终正寝了。终结的那一天，那一瞬间，我到现在都记得很清楚。

那是夏日的一个下午，四点多钟，阳光刺眼，我跟我妈、弟弟妹妹一起下地收白菜花。在满地的白菜花里，不知道因为什么，我又发了无名之火，急赤白脸地教训我妹。

妹妹向我妈告状。我呢？则像一个好斗的小兽，毛都炸起来了，准备以最强的火力跟她拼。

然后，就在那一瞬间，我妈回过头来用一种很平常的样子，缓慢而从容地看看我，笑笑说："你姐这段日子也不知道怎么了，吃了枪药一样，你不理她就好了。"

然后，她转回圆圆胖胖的身体，弯下腰，又继续忙去了。而我的躁动、不安、愤怒，忽然就熄了火，取而代之的是内心一片宁静。

从那一刻开始，我狂躁的青春期过去了。我恢复了正常，重新开始野心勃勃地为我的未来忙碌。

后来，我曾无数次地回忆起当时的那一幕，并试图挖掘出这背后左右我心境改变的神秘力量，最终得出了一个结论：

我的怒火败给了妈妈的平常心。

看到她那平平常常的样子的一瞬间，我仿佛忽然进入了她的身体，用她的眼睛，第一次清晰地看到了自己。就像猛然间，照到了一个无比清亮的镜子，看到了一个无理取闹的、滑稽疯狂的形象……

是的，天没崩，地没裂，太阳很好，白菜花长得很旺，日子照旧过，我这是怎么了？

真没意思。一瞬间，就好了。

现在想来，只有小学文化程度的母亲在那一刻，也对我进行了一次完美的"向下兼容"。

她那个家常的样子，似乎在说："没关系，你到底怎么了，妈也不太懂，但是，你可以宣泄，我们会受着。"

这种从容里，又似乎有一种笃定：**会过去的，暴风雨过去后，一切又会恢复宁静。**

在我过完 39 岁生日时，常常会不自主地回忆往事。忽然发现，自己这一路走来，很幸运地遇到了很多人，承接着我的不成熟、我的怒火、我无端的暴躁。他们像接力者一般，一个接一个，绵延出了我的人生，浇灌起了我内心中的善。

我就像哪吒一样：暴戾、极端、情绪化、任性、矫情、作……却又脆弱、善良。母亲看到了，挚友看到了，先生看到了，他们选择了欣赏和接纳。就像把一个在风雨中跑荡的野丫头招呼到屋檐下，递给我一杯温水，让我暖暖身子。

快 40 岁了，才一点一点懂事，即便在外人眼中，我一直是成熟稳重、知书达理，甚至颇有智慧的老师。

成年人尚且如此。

· · · · · · ·

如果我们肯俯下头，以第三者的视角，冷静地审视一下自己，一定也会如我一般惶惶不安：我也没有那么好……

不要小看这一点良心发现，因为有了这一点点觉知，才让我们在养育孩子时，在跟孩子相处的日常里，能够看到另外一条出路。那是一条"向下兼容"的路。

因为父母是先觉知者，是先行者，而孩子是后知后觉者，是后来者，所以，向下兼容这件事，一定是由父母开始的。这是一位长者对一个后辈的关照。而这样的关照，对他日后的成长和人生选择，会有非常大的影响。

你对自己的孩子有过"向下兼容"吗？还是像斗兽一般地纠缠争斗，要拼个你错我对？又或者，你们家真理的椅子上只能坐一个人，一定要把孩子挤下去？

很多父母都缺乏自知之明，所以，受此所累，我们就缺乏了知人之智。

在家庭生活中，我们往往既不能体贴孩子的内心——因为缺乏生活经验而胆怯、恐惧、犹疑徘徊；又感受不到他的无助——因缺乏指引而茫然失措；更看不到他真正的渴望——对自我、对未来无限的想象和不甘落后的追求。

我们暴躁而易怒，总是期待孩子懂自己，就像他是 7 岁，我们是 8 岁一样。我们常常因为付出而觉得委屈，就像他亏欠了我们多少，就像他应该对我们困窘的人生负责一样。

却唯独忘记了，首先要做到宽容仁慈的，不应该是懵懂的孩子，而应该是经历漫长岁月和世事锤炼的我们。

"向下兼容"特别强调，**能够对你进行向下兼容的人，都是情商和智商远高于你的人。**

智商高的标志，就是能看见。能看见孩子是一个鲜活的人，他是一个孩子；能看见孩子区别于我们的性情和环境，并且能懂他。

情商高的标志，就是能体贴，能容得，懂得以退为进；能默默地、坚毅地、不动声色地陪伴在他的身边，让他成为更好的自己。

向下兼容是一种能力，也是一种胸怀，更是一种气度。而被兼容的经历，对于成长中的孩子而言，尤为关键。

· · · · · · ·

第一，向下兼容，可以兼容出活泼的大脑，自信的性情。

小时候的自信，一定是盲目的。正因为有自信，弱小无知的孩子才能在这个庞大得令人望而生畏的世界里生猛地成长起来。

无知者，才能无畏。

如果孩子面对的是不能向下兼容的父母，每天戳破他的自信，嘲笑他的笨拙，彰显自己的英明神武，那么，父母高大了，孩子就委顿了。

英明的父母，80%的时间一定是关闭自己审视的眼，闭上自己挑剔的嘴，这时，孩子的嘴才能张得开，脑子才能活起来。

童言敢于无忌，才是成长的起点。

第二，向下兼容，可以兼容出一个能听得进父母话，有着开放胸怀的孩子。

父母的教育能否被孩子接纳，父母讲的话，孩子能否听进去，有一个非常关键的前提，那就是：

他是不是喜欢父母。

他是不是发自肺腑地喜欢父母。

爱屋及乌，因为爱你这个人，一并在意你的话。

就像我的先生，他话很少，但是，一句顶我的一万句。因为如果真心喜欢一个人，他的意见，你一定不会清清淡淡地忽视。

第三，向下兼容，能让孩子幸福。

不管风雨有多大，身后都要有一个安稳的洞，可以无条件地接纳孩子。试想一下，孩子内心的底气和元气该有多旺，才能在遇到困境后稍事休息，就可以重新出发向前冲。

被爱过的人，也都会爱人。

你给孩子的,终有一天,他会回馈给你。

年幼的时候你兼容他,年长之后他兼容你。

三招让孩子走出叛逆

"老师,有先见之明是好事,但孩子会听吗?"

"老师,孩子迷上了手机,一有时间就玩,学习也落下很多,我是好赖话说尽,都不管用。怎么办?"

其实,这两个问题是一个问题,无非是我们希望孩子往东走,孩子却偏偏往西走。明摆着西面有坑,可他似乎就是铁了心,义无反顾,怎么拉都拉不回来。

父母如果这时绷不住,用比较极端的方式去处理这个问题，可能会使亲子关系全面崩盘，对孩子造成永久性的伤害。孩子可能因此再也不信任父母，索性破罐子破摔。

一位妈妈说，女儿23岁了，特别任性叛逆。从初二起就开始厌学，初中到高中有五六年的时间，都是在和爸爸的反复冲突中度过的。

现在女儿专科毕业了，不和父母交流，不尊重父母，工作也是断断续续的，干几个月就辞职在家，唯一的爱好就是玩手机。

看着她颓废的样子，父母都很绝望，爸爸已经不管她了。夫妻俩沉默无语，但内心真的是非常焦虑无助。

厌学、网瘾、早恋这些问题越在早期进行干预，效果越好，错过小学、初中这个节点，到了高中，解决难度至少要翻倍。如果到了23岁这个年龄，解决起来会格外棘手，因为年龄越大，心思越杂，回旋的难度越大。

看到这里，你可能会说："老师，我又何尝不知道这些道理，可是不知道该怎么做呀！"

下面我们带给大家一套"组合拳"。为什么要"组合拳"？因为一个招数不够。一个小小的毛病，背后往往有着复杂的原因纵横交错。要想解决它，就要从多维因素入手，综合治理，才能让孩子彻底恢复生机。

· · · · · · ·

第一拳：亮明立场。

亮明你的立场。身为父母，一定要**勇敢**。

当孩子遭遇是非考验、世俗诱惑，混沌迷茫时，父母敢于亮明自己的观点、立场、原则、底线，并且能够顶着压力坚持去做正确的事，敢于管教，这便是勇敢。

为什么父母的勇敢很重要？

因为孩子在成长的过程中，身边的环境会越来越复杂。往小了说，家里有老人、亲戚、朋友；往大了说，学校有老师、同学；电视、网络里有明星、综艺节目、电视剧……

各种各样的人、媒介无时无刻不在散播观念。有些观念错误、狭隘、偏激、肤浅，经不住推敲，但对于年幼无知、缺少社会阅历和鉴别能力的孩子而言，却很有蛊惑力，很能动摇他们的心神。

比如，一个高二的女孩曾提出她的困惑：

老师，班级上有一些混得很好的女生，可能家里也有钱，总是对我说读书无用，学习好也不如她们混得好。而且她们每天和男生一起风风光光地出去玩，我也感觉确实不如她们。

我想问一下，即使我努力学习，考个好大学，未来也不如她们的物质条件好吗？感觉这么多年我一直用功读书，好像还真的不如那些同学。读书真的能给我带来光明的前途吗？我不想待在社会底层。可我的表哥、邻居都说，我一个女生，要那么高的社会地位干吗？挣钱干吗？

我有点困惑，读书真的不能让我过上更好的生活吗？

短短一席话，这个 16 岁少女头脑中经历的"天人交战"就淋漓尽致地呈现在我们面前：

一边是渴望通过自身的努力，改变命运的自我意识。

一边是同学灌输给她的学习无用论，学得好不如混得好。

一边又是身边的表哥、邻居对她的洗脑，学得好不如嫁得好，女孩子那么要强干吗？

在他人的摇唇鼓舌下，虽然她仍然很勤奋地学习，但内心的飘摇、疑惑、斗争，会消耗她的精力，会一点一点地瓦解她的信念，让她很难毫无保留、全力以赴地投入到学习中去。

最终的学习结果一定会打折扣。

所以，在强大的社会偏见、误区面前，父母就是孩子身上最后一道盔甲。

在他未谙世事，还没有形成牢固的正确观念之前，我们可以通过鲜明的立场，为他飘摇的意识注入一股力量，让他拥有定力，能够在艰难和诱惑面前守住心神。

懦弱、无主见、无原则的父母，常常坑娃于无形。

就像上面提到的那位妈妈，她在反思自己的问题时，曾这样表达道："我是一个失败的、焦虑的妈妈，性格懦弱、没原则且急躁易怒……"

太精准了！

性格懦弱，所以不敢坚持正确的事。

没原则，所以底线一退再退，最终归零。

这两点共同决定了她一定会暴躁易怒，因为每一个妥协懦弱、没有立场的人，必然会放任出一个叛逆到覆水难收的孩子，局面会越来越失控，情绪又怎能安然呢？

这份摇摆、软弱的背后是对世俗压力的妥协。妥协是一种习惯。一次妥协，终生妥协。

在丈夫面前妥协，在公婆面前妥协，在父母兄弟面前妥协，在外人面前妥协。最终，在孩子面前妥协：

"好了，算了吧，妈妈也不指望你考上什么大学，只要你肯好好学就好。"

大学被妥协了。

"好了,算了吧,妈妈也不指望你非要考多少分,只要你健健康康的就好。"

分数被妥协了。

"好了,算了吧,只要你能每天去上课,多少能听点就行。"

听课被妥协了。

"学多少无所谓,只要你开心就好。"

学习被妥协了。

底线不断下滑,孩子的行为就会失去约束。

我们常常夸奖一个孩子,说这个孩子很有家教,做什么都有章法、有节制。

这个家教,就是父母给予他的立场、原则、底线。是在是非面前、诱惑面前、艰难面前决定一个孩子行为的定海神针。

父母是为孩子托底的。要让孩子明白什么可以做，什么不可以做，什么要坚持做下去，什么是信念，非做不可。

它们就像指路的明灯，如果父母不亮出来，孩子就会迷失。就像走在一片混沌的荒原上，四处是闪烁不明的灯光，东走走，西走走，最终失去人生的方向。

社会很复杂，就像风，不断地吹，从四面八方而来，无时无刻不在动摇孩子的心神。能守护他的就是内心深处的那份笃定，对"何为正确"的笃定。

父母拥有旗帜鲜明的立场，孩子即便在成长的路上稍走弯路，也会像大风过后的树一般，迅速复归原位，而且，因为经过历练，会更加茁壮向上。

所以，当孩子出现问题时，千万别做噤声的寒蝉，要亮出你的立场。

· · · · · · ·

第二拳：走进孩子的内心。

很多父母跟孩子在一起年长日久，就变成了彼此最熟悉的陌生人。

你了解他的每一个喜好，每一个行为，每一个神情意味着什么。但是，他的内心，你却从来没有进入过，因为你以为自己了解。

但是，若你肯放低姿态，像他身边的一个朋友一般，不带任何评判地跟他一起谈天说地，你一定会惊讶地发现：

原来他的内心有这么多渴望。

原来他的内心有这么多困扰。

原来他并不喜欢这样挥霍光阴，仅仅因为自卑和软弱，在现实世界没有存在感，才会投入游戏。

原来大声批判应试教育的他，内心也渴望自己跟那些优等生一样侃侃而谈，渴望自己有朝一日拿到一个漂亮的分数，渴望老师和同学也对自己投来羡慕的眼神，渴望在真实的世界中，拥有自己的一席之地。

年龄越大，孩子对父母的戒备心就越重，因为他渴望来自父母的引导，但不希望被父母无情地否定，似乎自己一无是处。

> 任何一个孩子都不会被一个自己不信任的人改变。

他需要的是被肯定，被理解，是在被认真聆听之后的引领——父母温柔地牵起他们的手，坚定地告诉他哪里是险滩激流，哪里是高山峻岭。

随风潜入夜，润物细无声。

缓缓地走进孩子的内心，让他能够对你畅所欲言。
这时，你的畅所欲言，才能够被他庄重以待。

而这一切都有赖于你能否意识到孩子是一个有别于你的生命体。他和你一样，也有千般感受，万般思绪，需要被倾听、被尊重、被体贴。当他的心有了归宿，当他的心在你面前能够放松下来，呈现开放的姿态，那么，就相当于把信任之手伸向了你，何愁你引导他不听？

· · · · · · ·

第三拳：扶正祛邪。

这一点，我们在前面也提到过。当孩子的人生走入一个误区，就像我们的身体被风寒侵蚀一样。要想痊愈，往往不是跟邪气斗争。因为那样的结果一定是伤敌一千，自损八百。

我们应该扶正祛邪，培植浩然正气，这样邪气自然祛除。

一个沉迷于游戏的孩子，和一个哪怕手上有五六部手机，都视若无物的孩子，区别在哪里？

生活的丰富程度和内心的丰饶程度。

爱运动、爱自然、爱读书、爱思考、爱观察、爱交流的孩子，爱他人，也被人爱着的孩子，对外在的自然世界和内在的精神世界都充满着蓬勃的好奇心的孩子，游戏的世界，对他而言，太乏味和单一了。

沉迷于游戏的孩子，往往在现实世界中无所事事。

所以，当孩子出现问题的时候，父母要审视一下自己，审视一下这个家：

第一，是不是虽然爱一直都在，但爱的表达很克制，很压抑，让孩子感觉不到。

第二，是不是生活波澜不惊，一潭死水，让孩子感受不到浪漫和激情。

第三，是不是对孩子的要求太过单一，只是学习，而没有培养他多方面的兴趣爱好，让孩子的生活乏味枯燥。

第四，是不是孩子在学习上找不到乐趣和成就感，让他失去了在现实世界中应对困难的力量和信念。

只盯着孩子的毛病、问题看，孩子的毛病就越多，问题就越大。挪开你的眼睛，**发展他在人生各方面积极的兴趣，那些问题就会自动瓦解。**

· · · · · · ·

最后，给孩子一个能看得见的活法。

面对前面提到的那位 23 岁女孩的母亲，我们想讲最后一个撒手锏：

身为父母,当孩子走弯路、陷入误区时,你要"拿得起",还须"放得下"。

"拿得起"是勇于面对,担当起为人父母应该担当的责任。

上面三点,就是担当。

既不抱怨、不推脱、不妥协,也不简单粗暴、纠缠不清,勇敢面对,亮明立场,走进孩子的内心,扶正祛邪,才能引领孩子走出阴霾,迈向春暖花开。

这才是孩子靠得住的后盾。

但是,仅仅如此还不够,还需具备"放得下"的境界。

"拿得起"是勇气,是明知不可为而为之,是人生的大积极,是在绝望当中培植希望的微光。

而"放得下"是境界,是智慧,是知道一件事的成功与否非一己之力所能定,而须孩子的参与。

"放得下"，不是撒手不管，而是相信孩子。相信他能看得到，能想得到，相信他也拥有不虚此生的渴望。这时，你就能安于做自己了。

无论孩子现在的状况糟糕与否，你都能把眼睛从他身上移出来，不仅看到他，还能看到自己；不仅看到今天，还看得到未来。于是，便能释然一笑，云淡风轻，乐观积极地过好自己的日子了。

身边有这样一位把日子过得花团锦簇的父母，孩子身处其间，目之所见，耳之所闻，感受如此温馨、积极、宁静的生命气息，天长日久，他一定会被感染，有所触动。

人非草木，孰能无情。

与其在错误的原地焦虑、痛哭、暴躁、谩骂、抱怨、绝望，让负能量充斥整个家，腐蚀每个人的心灵，不如让祥和、积极的气息，如丝如缕，弥漫在整个家里。

即便疾风苦雨，也不忘欢歌。因为欲动其人，先动其心。

这样做了，你以为了无希望，你以为看不到尽头。

但也许三天、五天，三个月、五个月，就能露出希望的微光。

一年、两年，孩子就神清气爽，大变样了。

青春期为什么总是对着干

从对抗到对话

赵帅 李波 著

机械工业出版社
CHINA MACHINE PRESS

本套书共分为三册，选取了青春期孩子最常见的三大问题——叛逆、沟通不畅、没有学习动力，为父母提供了一个读懂青春期孩子、正确引导青春期孩子、真正帮助青春期孩子的实用指南。青春期叛逆一开始，最先受到冲击的就是亲子关系，父母最感到困惑的就是亲子沟通。作为本套书的第二册，本册书主要为父母解决青春期亲子关系和亲子沟通的问题，告诉父母究竟应该怎样和青春期的孩子相处，怎样引导正处于迷茫中的孩子，抚平他的心境，理顺他混乱的思绪，启迪他的思想，让孩子真正走向成熟。

图书在版编目（CIP）数据

青春期为什么总是对着干. 从对抗到对话 / 赵帅，李波著. -- 北京：机械工业出版社，2025.4. -- ISBN 978-7-111-77766-3

Ⅰ. G782

中国国家版本馆CIP数据核字第2025WQ7444号

机械工业出版社（北京市百万庄大街22号　邮政编码100037）

策划编辑：刘春晨　　　　　责任编辑：刘春晨
责任校对：韩佳欣　宋　安　责任印制：常天培
北京联兴盛业印刷股份有限公司印刷
2025年5月第1版第1次印刷
145mm×210mm・7.25印张・102千字
标准书号：ISBN 978-7-111-77766-3
定价：168.00元（3册+附加册）

电话服务　　　　　　　　　网络服务
客服电话：010-88361066　　机　工　官　网：www.cmpbook.com
　　　　　010-88379833　　机　工　官　博：weibo.com/cmp1952
　　　　　010-68326294　　金　书　网：www.golden-book.com
封底无防伪标均为盗版　　　机工教育服务网：www.cmpedu.com

开篇语
双向交流才是沟通

有一位妈妈,是一位一线教师,所以对儿子的要求比较严格,对他的教育也很关注。但是,孩子 17 岁,高二了,成绩却没有起色,状态也越来越低迷。妈妈特别着急,可是,无论她怎样劝导,孩子就是听不进去。

这位妈妈讲了一个和孩子相处时非常有意思的细节:

说这个孩子心智不成熟吧,但是,有的时候听他讲出来的话,又觉得他长大了一样……

随着谈话的深入,这位妈妈拨开了一层一层的迷雾,开始看到了平时因焦虑而被自己忽略了的地方。她说:

我跟孩子爸爸的关系这么多年一直都不太好，几乎到了要离婚的地步。但是，我的儿子好像一直都懵懵懂懂的，不是很在乎这些。

可是有一天，儿子忽然入情入理地跟我讲了一番话，看上去很认真，他说："妈妈，你如果跟爸爸过得不好，就离婚算了，不用在乎我，我没问题。不过，离了婚之后，你一定要过好自己的日子，每天都开开心心的，不要再把心思全都放在我身上了。你这个样子，我的压力很大。你要知道，我已经长大了，我自己的事情自己会处理好的。"

说实话，听到这里，我们都被孩子的一片真情打动了。妈妈的痛苦和不容易，原来他一直都看在眼里；父母的生活，原来他一直都放在心里，细细思考过。

他对这个家庭的氛围是不满意的，他对妈妈的心情是能够理解的。更重要的是，他希望妈妈快乐，希望自己和妈妈都能够从这种压抑、痛苦中解脱出来。他其实早已做好了对自己人生负责的准备。

· · · · · · · · ·

我（赵老师）不由得回想起了自己的 16 岁。

那两年，我父母也吵得不可开交，似乎婚姻中多年的矛盾已经积累到完全搂不住的地步了，整个家正走向崩溃。

我清晰地记得，有一天中午我参加完数学竞赛，坐着公交车从太原回家。外面下着绵绵细雨，我一想到一个小时后就要走进那个一片狼藉，充斥着谩骂、打斗的院子，心情就像湿漉漉的棉花一般沉重。

可是，当时无知的我，绝不可能像那个男孩一样跟父母讲出这样一番话。

20 世纪 80 年代出生的我们，没有那么多的见识和勇气去干涉父母的生活。我们只知道乖乖听话，默默承受。面对阅历、年龄、地位都远高于我的父母，我还能说什么呢？

可是，今天的孩子不一样了。社会生活的多样化，文化环境的丰富，让他们更早地参与到成人的世界中，更早地去思考怎样把握幸福。

但也正因为如此，他们背负了比我们那一代人更沉重的心理负担。

我们那一代人潜意识里明白，父母的事自己管不了，还是先管自己吧。

但这一代孩子不同，父母对他们的爱沉甸甸的，他们跟父母之间的牵绊也千丝万缕，因为他们的生活中除了父母，连兄弟姐妹都鲜有。

家变小了，所以，家就变重了。似乎整个家，都在孩子的肩上。

想一想都替他们心累。所以，我们做父母的真应该与时俱进，体会到孩子的心境。

可惜这位妈妈对孩子的这番话没有任何感觉，她所有的注意力都被孩子学习这件事牵制住了。她觉得这是一个绝好的机会，趁孩子真情流露的时候，刚好可以给他做做思想工作。于是，她就着孩子的话，开启了一大篇演讲：

儿子呀，妈妈也想放下心来过自己的生活，可是你现在高二了呀，马上就要高三了，现在学习成绩这么不好，妈妈怎么能不管呢？

不过，妈妈对你有信心，妈妈知道，只要你自己努力，把精力都放在学习上，全力以赴，你一定能够把学习搞好，要努力呀！

妈妈的事你就不要操心了，妈妈自己会安排好，你要真想帮妈妈的忙，就把你的学习搞好，只要你的成绩上去了，妈妈的这颗心才能放下来。

现在最重要的就是你的学习，其他的事情都好办。妈妈最操心的也是这个，儿子呀，你之前的学习习惯不是很好，妈妈很担心……

妈妈这番车轱辘话讲了一卡车，结果呢？逼得大小伙子双手抱着头，痛苦地说：

妈妈，你怎么就听不懂我的话呢？

这位妈妈的大脑完全被自己的所思所想攫取住了，她的眼睛里只有学习、学习、学习，成绩、成绩、成绩……其他的都看不见。

就像一个守财奴，哪怕桌子上摆满了最美丽的画、最有智慧的书、最优雅的服装、最实用的器具，他依然只能看见放在角落里的钱。

所以，孩子抱着脑袋，痛心疾首讲出来的这一句话，她也没听进去，讲了也是白讲。

如果你现在能够设身处地地站在孩子的立场上，全身心地体会他的心情，你是不是也会生出这样的痛苦：窒息、压抑、暴躁、想呐喊，然后感受到消极、绝望、无力。

难怪孩子总也提不起劲，难怪孩子不爱说话、不爱沟通，父母一跟他沟通，他就走……

很多妈妈抱怨，跟孩子说话，就像一拳打在了棉花上，没有任何回应。其实，孩子也有这样的感觉呀！

当一个人用尽力气喊出了心声，却听不到回音时，这是何等的痛苦？

还有一位妈妈向我们求助。

她忧心地说:"老师,我女儿总是把房门关上,你说她在里面做什么呢?"

我们反问:"能做什么呢?"

她说:"我就是想知道呀!我就是不放心呀!可是,我女儿说,'妈妈,求求你,你能不能给我一点点信任,一点点自由,你能不能让我自己一个人待一会儿?我快被你逼疯了……'可是,老师,我还是想知道呀!"

我们又问:"你了解你的女儿吗?"

她说:"她很优秀,学习也很认真,可是,我就是不放心。"

孩子是不是快被逼疯了?换作是我们,也要窒息了。

我常常想,幸亏我生活在20世纪80年代的农村,家里姐弟三人,父母忙于生计,教育方式粗放,所以,我的童年时光、青少年时光都充满着自由!

暑假的中午,父母午睡,十一二岁的我就带着弟弟、妹妹满村子撒欢。那个时候,整个村子都睡着了,到处都安静得没有一个人影。我们走来走去、跑来跑去,玩玩水、摘摘花、斗斗虫,过得好不自在。

父母也顾不过来,所以,我们的生活是完全自主的。

可是今天的孩子呢?跟父母快成连体婴儿了。

我们听说过,父亲回到家,还要把十三四岁的女儿抱在腿上,亲密地爱抚,说:"我这么辛苦赚钱,不就是为了女儿过得舒服点吗?"

他不明白,这不是爱护孩子,而是在圈养孩子,把孩子当成了宠物。他其实不关心自己的女儿内心自由不自由,他只关心自己的爱够不够浓厚,有没有让女儿享福。

还有的妈妈,女儿已经上高中了,还要在一张床上睡,坐卧起居像闺中密友一般。

这样的亲近，最后的结果是什么呢？

最后的结果就是：

父母把孩子当成了自己，关照他、爱护他，就像在关照自己一样。然后，父母就忘了孩子是一个有思想、有人格的独立的人，孩子内心的声音父母也就听不见了。

于是，孩子在父母面前集体失声了。

就像隔着火车的车窗玻璃，无论你怎样拍打窗户，怎样声嘶力竭地叫喊，窗外的那个人都听不见。孩子就有这样的痛苦：**声音发不出来、行动不能自主、个人意志无法实现。**

你知道为什么今天的孩子会抑郁，容易暴躁、情绪失控吗？

当一个人感觉自己用尽了力气都无法撼动现实的时候，他就会这样。

人不是小猫小狗，人的感受力是超级强的，人的自主意识是超级强的。就像古人说的：匹夫不可夺志也。

再卑微的人,你也不能剥夺他的意志。

所以,父母要意识到,沟通是一件两个人的事。

既然沟通是两个人的事,就要你听听我的,我听听你的。无论是谁讲,对方都要认真听,从对方的语言里,听到对方的心声。

如果我们不认真听,我们就无法了解孩子的内心。无法了解孩子的内心,我们还怎么跟孩子谈心呢?

· · · · · · · ·

比如开头的例子,如果换作是我,儿子说完那些话,我会热泪盈眶,我会非常感动。

我会感觉到我的儿子长大了,知道心疼妈妈、体贴妈妈了。他是这样的为他人着想,他没有因为父母糟糕的关系带给他很多痛苦而责怪、抱怨我们。相反,他还开解我,给我想一条开阔的路。他的心意,我懂了。

然后，我会伸手抱抱我的儿子，感谢他对我的关心，并告诉他：

妈妈听懂了，妈妈很抱歉没有给你一个温暖的家，妈妈以后一定会处理好跟爸爸的关系。无论离婚与否，我都会做一个幸福的人，不让我的儿子因为我而痛苦。

这是真正要做到的事，不是说说而已，因为孩子也是父母的老师。

至于学习的事，我会这么谈：

妈妈知道你长大了，自己心中有数，妈妈相信你，不过，如果有什么需要妈妈帮助的，一定要讲出来，毕竟妈妈有经济条件、有资源、有阅历，可以帮你参谋参谋。

话到此，就够了。

这叫沟通：你讲的，我听进去了；我讲的，我相信你也听进去了。

和谐的交流，一定是对彼此智力、情感、人格的尊重。

按照这样的方式,每一次沟通都是一次学习,也是一次对孩子的教育。能让孩子明白,在这个世界上,他是有力量的,他讲的话很好,改变了妈妈的心情。

也让他明白,妈妈永远都能认真听他讲话,他可以放心。以后孤独寂寞了,还可以向妈妈敞开心扉,谈天说地。

更让他明白,妈妈信任他。

所以,知道我们日常跟孩子沟通时犯的错了吗?

闭上眼睛,堵住耳朵,只顾自己叨叨叨,只知道自己的需求,而不去聆听孩子的心声,不尊重孩子的感受和思想。

最后,还要再提醒大家一句:

如果你一直用一种教育方式,教了孩子十几年,孩子没有越变越好,相反,越变越糟糕了,你一定要换一条路。坚持下去没有前途,改弦易辙才能迎来转机。

双向交流才是沟通。

单向交流是命令，是要求。

目 录

开篇语 双向交流才是沟通

01

第一篇
良好的亲子关系，
是孩子愿意听话的前提

002 亲子关系要亲密，但也要有分寸
016 情感绑架要不得
030 三个养育错误，不但伤己，更伤孩子
042 要学会把伤痛酿成智慧送给孩子

02

第二篇
父母的话正在
无形中塑造着孩子

056 父母是怎样影响孩子的
069 期待什么样的孩子，就讲什么样的话
081 真诚的赞美，让孩子充满力量
095 父母讲道理，孩子才能更智慧
111 嘲讽让孩子敏感自卑

03

第三篇
做好这些,和青春期的孩子沟通更顺畅

124　怎样才能让孩子把话听进心里
140　真正理解孩子,孩子才会重视父母的话
153　与青春期孩子顺利沟通的三大法则
169　跟孩子沟通时不可缺少"正式感"
183　这样批评孩子,他的进步最惊人

附录
给青春期孩子的一封信

第一篇

良好的亲子关系，
是孩子愿意听话的前提

亲子关系要亲密,但也要有分寸

一位妈妈给我们打来电话。刚开始我们还很疑惑,她的女儿刚考上大学,不久就要远赴成都,此时母女俩不是应该一边如释重负地享受大学前的假期,一边满怀激情地展望未来吗?怎么会给我们打电话呢?

原来这位妈妈又开始反思了。因为我们之前几乎见证了她女儿的整个高中生活,彼此之间太熟悉了,所以,我们把这种反思称作:**陷入教育焦虑。**

每隔一段时间,这位妈妈就会陷入教育焦虑,检讨孩子的行为，或者检讨自己的行为，就像拿着一把显微镜，端庄而严谨。这次的起因是一场亲子讲座。

在主持人的鼓励下，孩子走向讲台，讲述了自己这么多年来"被教育"的心路历程，期间是多么挣扎和痛苦。因此，妈妈"被迫"上台回应。

讲座结束后，母女俩在家又开启了一场对话。

虽然类似的对话，她们时常会有，但是女儿这次依旧酣畅淋漓地把自己对母亲的看法倾倒了出来。比如，她讲到一个细节，妈妈高兴的时候，对她又搂又抱，可是，生起气来，就狠狠地推她、骂她。

显然，这场对话让妈妈很震撼。她感慨地讲："老师，看来最需要成长的还是父母呀！以前我把孩子送到你们那里，希望教会她怎样学习，如何处世，可是，却忽略了自己的成长。李老师给我们讲了很多话，当时没有意识到它们的重要性，现在很后悔，伤了孩子……"

她情真意切，我们也不由得沉默。

世界就是这样，有摊开两手，完全不管孩子的父母；

也有理直气壮，觉得自己永远正确的父母；还有经常反思，哪怕孩子已经考上大学，还生怕自己做错了什么，并因此而陷入深深焦虑的父母。

不过，这个反思还不够深刻，停留在此是不够的。我们想问题要不断地往深处挖，就像打井一般，不到一定深度，就出不了水。出不了水，所有的反思，最后都会不了了之。

· · · · · · · ·

有很多妈妈，她们每天喊着要改变，要学习，要孩子改，要丈夫变。可是，喊来喊去，只成了口号，并没有实在的变化。

原因就在于，根本的点，没抓住。

究竟要在哪个点上改，在哪个点上下功夫，她们没找到那个根本。就像掉落在井里的

> 顺藤才能摸瓜，藤就是解决问题的支点。

人,伸手向空气中抓挠,只能是白费力气。

就像这位妈妈,她和女儿之间的关系问题以及孩子的成长问题,根本的点在哪里呢?其实就三个字:**分寸感**。

她们太亲密了。妈妈的这颗心,就像长在了孩子身上;孩子的小世界里,也几乎全是妈妈。

这个世界上哪怕是最亲密的闺蜜,也不如她们亲近。除了女儿上学,她们几乎形影不离。这十几年来,妈妈都是陪着女儿睡觉的,即便女儿已经上了高中。

殊不知,这就犯了一个错误:

亲子关系要亲密,但也要有分寸。

不亲密,孩子就会没有安全感,没有归宿感,就会不自信,没有根;但是太过亲密了,过犹不及,反而会妨害孩子的健康成长。

记得小时候,我们家院子里有六棵椿树,一棵枣树。

枣树长得很好，其中四棵椿树也长得很好，尤其是门前、院后的那两棵，亭亭如冠盖，高大直挺健硕，漂亮极了。

唯独院子中央的两棵椿树，一直长得不好。一棵高点，一棵矮点，但都瘦小扭曲，营养不良。爸爸说，因为它们挨得太近了，只有砍掉一棵，另一棵才会长好。

挨得太近，就会内耗。

充分享受风、雨、阳光、土壤，树木才会自然舒展地生长；旁边没有遮挡挤压，树木才会向着天空生长。

在地里间苗也是这样。撒下白菜种子，过几天，出苗了，我们就要蹲在地里，把多余的苗去掉。留出余地来，剩下的那些苗才能充分生长。如果挤在一起，哪棵苗都长不好。

父母和子女之间也是同样的道理。

孩子最终是要走向未来、走向世界的，是要长成参天大树的。**既然这样，父母就要给他挪地儿，留空间，留余地。**如果父母一个劲儿地把孩子箍在自己身边，身体亲近，心理上也亲近，近得密不透气，就像一个根上长了两棵树，孩子怎么能长好？

很多父母以为的负责任，不过是挤压而已。他们总想不断地挨近孩子，往前挪一尺，往前挪一寸，往前挪一厘米，以为挨孩子越近，对孩子越负责任，事实上却适得其反。

一个孩子的成长，不是父母可以包办的，而是需要家庭教育、学校教育、高人指点、社会教育和自我教育，这五个教育，缺一不可。

家庭教育太苛刻，亲子关系太近，就会把这个孩子其他四个教育的空间给挤压掉。针插不进，水泼不进，孩子超越原生家庭的可能性就会大大降低。

其实，所谓成才，就是孩子青出于蓝而胜于蓝，超越原生家庭。

所以，我们要学会腾地儿，学会给孩子"断奶"。

孩子一岁多的时候，我们给他断奶，让他吃饭，他才会长大。在孩子慢慢长大的过程中，我们还要慢慢断掉

孩子的独立,
是从与父母在心
理上"断奶"
开始的。

心理上的奶,甚至精神上的奶。因为这奶水已经稀薄寡淡,营养不足。

我们要打开大门,推孩子出去,去寻找新的养料。

· · · · · · · ·

所以,我们对这位妈妈讲:

18岁,考上大学的孩子,她应该开始展望世界了,而不应该再把头埋在和母亲的那一点点事情上了。天下没有十全十美的父母,孩子知道了,才会释然而独立;你知道了,才会豁达而开放。

这位妈妈已经做得很好了,唯一没有学会的是,**放下**。国画唯有留白,才会美;**教育唯有给孩子留白,才会有空间,他才能够从天地间吸收浩然、充沛之气。**

所谓人才,其一,一定是学会独立,能够独立去面对这个世界,不独立,怎能发展出自我的思想和事业?其二,一定是开放,唯有开放,方能博采众家之长,长能耐、开阔眼界。

一个真正成熟的孩子，其实既能与自己的父母保持情感上的亲密关系，同时，又可以在精神上超脱出来，能够理性地看待父母与自我的关系。

把父母放下，放下恩，也放下怨，只留下情。这就像孩子虽然离开家，远行了，但又牵挂着家，随时可以回家一样。

要达到这样的境界，父母就要有退后一步的意识。父母退后一步，孩子才能前进一步，才能真正成人，担当起自己的生命。

· · · · · · ·

那么，和孩子相处的分寸在哪里？

我们常说四个字：**身近心远！**

身近，是情；**心远**，是理。

身近，是亲密；**心远**，是尊重。

身近，是主观；**心远**，是客观。

讲一个我（赵老师）带儿子的感悟：

我有两个儿子，小儿子6岁。我在家做了五年家庭主妇，这个孩子，我亲自带到3岁才出来工作。从十月怀胎，到生下粉嘟嘟、肉墩墩的一个小人儿，一把屎一把尿地养到这么大，从未假手于人。我们简直太亲密了，讲爱如珍宝不为过。

别人说他丑，我看不见，怎么丑？帅得很嘛。学说话时，别人说他口齿不清，哪有的事？我听得明明白白！

直到前段日子翻出他小时候的照片、视频、录音，才发现，他那时确实丑丑的，讲的话，我也听不懂。

但那个时候，我看到他就跟看见黑珍珠一般欢喜，听他的声音就跟听到天籁之音一般心颤。堂堂一个30岁的妇人，跟他的小迷妹一般着魔。

他三四岁时，我总觉得他只有1岁半；他五六岁时，我又只觉得是3岁。他跟别的小朋友站在一起，高高大大的，才意识到，哦，原来我的儿子好大了。

这就是人性，我也不例外。只不过因为我从事教育这份工作，比大家多一点觉知而已。所以，我常常有意识地要求自己退后一步，再远一点，站在五米之外的地方，远远地看他。因为只有这样，才会看得见他，看得清他。

这就是**心远**。

你知道他是一个独立的人，他做你的儿子，只是他生命中的一小部分而已。未来，他还将是别人的丈夫、别人的父亲、集体的支柱、社会的一员。

最重要的，他还是他自己。

明白了这一点，做妈妈的就不会那么自私了，就能够把自己摆到一个合适的位置上，给孩子合适的关照和爱护了。否则，你就会伤到他。

· · · · · · ·

就像开头的那位妈妈，为什么她开心的时候，会对女儿又搂又抱，恨起来却又推又骂？

因为她没把女儿当外人，她把女儿当成自己的，也把自己当成女儿的。不见外，就会把自己的不堪、脆弱、无助都给女儿看。

女儿呢？在这种痛苦的亲密关系中，也被搞得无所适从。因为她太小了，还没有足够的阅历和经验来对这段关系进行正确的解读。

于是，她要么以为是自己的错，要么以为是母亲的错。其实，都没错，只是她们都没有从这段关系中超脱出来，看透它。

这有点像走迷宫，身处其中，你绕来绕去，也找不到出口。但如果你跳到迷宫之上，俯视它，很容易就能找到出口了。

母亲有苦楚，很正常，因为母亲也是人。她自己消化不了，无处宣泄，跟女儿太近，就把这份苦楚给她了，她以为是女儿的错。

女儿正值青春期，她有纠结，也很正常。她自己消化不了，跟母亲太近，又把这份痛苦交给母亲，以为是母亲的错。

其实，彼此都没有错，错的是这种"共生"的关系。

每个人看上去都在解决对方的问题，为对方着想，但是，只不过是把自己的问题放在对方的头上而已。这种封闭、不自由、彼此不独立的关系，对双方都是折磨。倒不如，都退回来，安顿好自己。

· · · · · · · ·

一位妈妈曾给我们发来信息：

老师，我真搞不懂我的女儿。集训课前几天，家里空调坏了，她热得满头大汗，也坐在那里听课，没有放弃。可是，她就是不连麦提问，你看别的孩子，个个都那么主动。我都搞不懂她心里在想什么了，你帮我分析分析。

看完后我们哭笑不得。热得满头大汗，还坚持那么久，这不是决心是什么？这不是投入是什么？

不连麦提问又能怎样？也许她心里已经默默连麦了

千百次。孩子心底被默默触动的，才是真的值得我们珍视的成长。

心太近了，反而容易眼花。

所以，我们也对父母们提出了批评："如果你们要旁听，请把关注点放在我们身上，别放在孩子身上。"

这就是正式感，这就是尊重，这就是心远。

所以，最后我们跟这位妈妈讲：

这次上大学是一件好事，离家千里，孩子的未来里，有爱情、有友谊、有前程；你的未来里，也有家庭、有事业、有自己的兴趣爱好，以及年轻时想做还没来得及做的事，想过而没来得及过的日子。都走出去，欢欢喜喜地过起来吧。

不要再挤在一个屋子里，你戳我一下，我戳你一下了。毕竟，妈妈不仅仅是为孩子而活的，孩子也不仅仅是为妈妈而活的。

记得"身近心远"，过好自己，成全彼此。

情感绑架要不得

在很多家庭中，无处不在的情感勒索、情感绑架，正在摧毁父母与孩子之间的关系，正在让父母对孩子束手无策，让孩子对父母无言以对。

孩子对父母的情感绑架

有几位妈妈向我们咨询，比如这位妈妈：

妈妈：我女儿都高二了，可是，每天早晨都得我叫她起床。关键是叫一次还叫不起,得叫好几遍她才能起。每天我们都因为这个事情闹得不愉快,真是让我心力交瘁。

我们:你让她自己定个闹钟嘛。

妈妈:我试过,是真的叫不醒她,她睡得太沉了。

我们:那你就狠下心来别管她,她都那么大了,还没懂事吗?我看她就是依赖你依赖惯了。

妈妈:老师,我又何尝不知道?可是,我要是不叫她,她就真能不起,不去上学了。这耽误了学习可怎么办啊,毕竟都高二了,不敢耽误了……

再比如这位:

老师,我儿子今年初二了。以前我跟他说点什么,他都还听,现在动不动就怼我,很不耐烦的样子。有时候还说,要是再这么管他,他就跳楼去(说到这里,妈妈开始哽咽)。

老师,你说,他是不是来真的呢?我真怕他跟网上说的那些小孩一样（悲伤堵住了声道，眼泪已经涌出了眼眶）。

现在我说句话，都要看他的脸色，老师，你说，他该不会真有这个想法吧？

还有这位：

老师，我女儿特别情绪化，我俩在一起，说别的还好，能跟我有说有笑的。可是，只要我一提学习，她就板起脸，冲我大喊大叫，就像踩了她的尾巴一样。然后就不做作业、不学习了，说我影响了她的情绪。

可是，我觉得我说话是有分寸的，况且，做父母的总不能不关心她的学习吧？所以现在，我每天说话都小心翼翼的，生怕哪句话人家不爱听，一甩手不干了。

不知道各位父母看下来，是否有同感，那就是：

如今的父母，被孩子掐住了死穴，被孩子情感绑架了。也因此，父母很难真正地影响到孩子，更难给予孩子有力量、有方向的引导。

所以，我们才常常看到这些现象：

- 爸爸是农民工，一个月工资才 3000 块钱，女儿却非要买最新款的手机。还说自己的爸爸穷，让自己在同学面前没有面子。
- 女儿每天好吃懒做，没钱了就跑来找妈妈要，妈妈掏不出，她就在大庭广众之下踢打自己的母亲。
- 十几岁的男孩逛商场，非要妈妈给他买最新款的球鞋，父母觉得太贵，他就躺倒在地上，撒泼打滚。

为什么会发生这些事情？背后的原因其实很简单：
第一，父母把儿女看得太重了。
第二，父母把儿女的学习看得太重了。

看得越重，越会受制于人。

这就像一对情侣，被偏爱的那个一定有恃无恐，用情深的那个一定为情所困。但情侣至少还可以分手，一拍两散，就可以两不相欠，相忘于江湖。

但父母和子女之间的这种血亲是很难割舍的,尤其是孩子十八岁之前,无论在经济上、生活上,还是情感上、思想上,都对父母有着极深的依赖。

这个时候,父母往往会养成一种惯性,就是不停地想要对孩子负责任,总觉得自己做得不够。

尤其是做母亲的,动不动就觉得自己亏欠孩子了,动不动就觉得自己做得还不够,没有给足孩子这个或者那个……总怕因为自己的缘故,耽误了孩子的前途。

这样的执念,就像掉进了"钱眼"里一般,患上了"一孔之见"的病。

· · · · · · · ·

什么叫"一孔之见"?

就是人的见识被自己的欲念限制了,所以,钻进了一个小小的窟窿里,看不见别的了。

只知道爱孩子；

只知道为孩子付出；

只知道为孩子操心；

只知道担心孩子的前途；

只知道盯着孩子的分数看；

只知道关心孩子的学习：今天有没有做作业，错题有没有改，上课有没有认真听讲，不会的题目有没有弄懂，早上有没有把英语单词再复习一遍……

父母这"爱的小孔"越来越小，像针尖一样，然后就被孩子利用了。

就像上面妈妈们讲的：

我要是搞得他生气了，他就不起床了。
我要是说她，她烦了就不学习了。
我要是管他，他会不会跳楼去呀！

孩子用生气、不学习、跳楼，就可以指挥父母，就可以让父母乖乖听话。因为他们知道，父母比他们自己还在乎他们的生命，父母比他们自己还关心他们的前途，关心他们的学习和分数。

那他还用得着自己操心吗？

当孩子一旦发现父母比自己还关心自己的时候，他对自己的关心就淡了。

这就是此消彼长的缘故。而父母越看到孩子不关心自己的学习时，就越想扑上去对他负责，然后就形成了恶性循环，似乎没有止境。

被宠坏的孩子们，甚至还会利用这些来要挟父母：

- 你让我玩两个小时游戏吧，要不我就不学习了！
- 你给我买一双网红球鞋吧，要不我就不去上学了！
- 你必须满足我的一切心愿，要不我就毁了自己！反正我不是自己的，我是你的，你要不对我负责任，后果你自负。

看看，怕不怕？父母的一片真心，就这样被孩子拿来利用，这要怪谁？这一板子还是要打在父母的身上：**谁让父母只关心孩子的成绩，而不关心他的品质心性？**

父母若关心孩子的品质心性甚于成绩，那么当孩子对自己得寸进尺地进行要挟时，一定会坚守自己的底线原则。

但有的父母因太过于宠爱孩子，而忘了再小的孩子也是一个独立的人，也终将长大，他自己的事情，要学会自己面对。

上学迟到了，老师骂，自己受着。

作业不做，老师骂，自己受着。

成绩掉下来了，在同学面前抬不起头，自己受着。

家里不足以承担他买昂贵的球鞋、买昂贵的手机、买奢侈品的爱好，自己受着。

在这里说一句冰冷的话：**无论父母还是子女，都要记住，每个人都要承担自己的责任，我们可以互相帮助，但谁都替不了谁。**

孩子若学不会面对，他便永远都无法独立。

想让孩子学会独立，不是你要求他，而是你要放手，让他经历他该经历的，承担自己该承担的。

所以，当子女看到父母在泥里水里挣生活时，可以心疼，但无须过度自责，因为即便没有你，你的父母也不会因此而活得轻松，他们还要面对自己的人生难题。

父母也无须让孩子记住自己为了他付出了什么，因为你那样努力，只不过是在承担你应该承担的责任。既然是应该的，还有什么好抱怨、好自我感动的呢？

而当父母看到孩子为了学习挑灯夜战，或者看到孩子遭受物质上、精神上的考验时，可以心疼，但也没有必要过度自责，因为即便孩子是王子，是公主，也有自己的命运要承担着。在这些担当中，孩子会渐渐成熟，变得强大，有智慧。

这样看是不是就可以两袖清风了？是不是彼此之间的关系就不黏滞了？是不是就成了两个独立的个体了？这个时候，谁还需要要挟谁呢？

父母对孩子的情感绑架

孩子在利用父母对他的情感,对他成绩的关心,绑架、要挟父母的同时,生活中还存在第二个现象,那就是:

父母也在利用孩子对自己的情感,利用孝道来要挟孩子依附于自己、顺从于自己,而放弃自己独立的思想和独立的人生,这非常可怕。

因为你是我的孩子,你就必须顺从于我,否则你就是忘恩负义。所以,我们常常听到这样的言论:

- 儿子,你就这么忍心看着妈妈痛苦吗?儿子,妈妈求求你了,赶紧好好学习吧,不要浪费你的人生,不要让妈妈天天为你伤心了。妈妈为了生你养你累了一身病,妈妈为了你的前途天天悬着一颗心,妈妈再也经受不起了。

- 你要再不听我的话，我就不要你了！别人家的孩子都在为父母争光，我怎么就生了你，一点儿都不懂得感恩，就知道自私自利。
- 孩子，你要记住，在这个世界上，最爱你的人就是父母，父母是不会错的，都是为了你好。所以，你一定要听妈妈的话呀！

我见过很多在跟父母的博弈中，被孝道捆绑、被父母的爱束缚的孩子。他们想的是，"算了吧，我就从了吧"，然后掐灭了自己对人生的热情，行尸走肉般地听命于父母权威。

往往爱越深，越想控制。我们都有爱和被爱的情感需要，但是在思想上很少有人懂得何为爱，所以，常常错把伤害当成了爱。

真正的爱，是一种能量的输出，是用自己的能量来滋养对方，成就对方。

而我们的爱呢？因为爱的双方都不成熟、不独立，都渴望在对方的身上吸取能量，让对方给自己信心，于是就出现了：妈妈要孩子努力学习，这样自己才能看到活着的希望；孩子要父母给自己买奢侈品，买房子、娶媳妇，这样他才能立足于社会。

父母之所以会被孩子勒索，是因为父母自己都还不独立，都不知道自己这一生要干什么。离了孩子，都找不到自己的位置。所以，只好被利用、被索取，甚至还享受这种感觉。

> 情感勒索的背后是互相依赖。

就像一位妈妈讲的，"孩子就是我的命，离了他，我不知道自己还能干什么。"

就像一个孩子讲的，"反正我也不知道我这辈子要干什么，不如就听我父母的，他们终归是为了我好。"

父母和子女的关系就像一团乱麻，剪不断，理还乱。彼此依赖，又彼此抱怨；彼此厌倦，又脱离不开。最后，毁了两代人的生活。

父母从来没有为自己活过一天，孩子也从来没有想明白自己努力究竟是为了什么。

所以，父母们要好好想一想，为了自己的人生，你准备做点什么？为了孩子的独立，你又准备做些什么呢？你渴望将你们的关系培育成什么样子呢？

三个养育错误，
不但伤己，更伤孩子

美国抽象表现主义绘画大师波洛克讲过一句话："所有母亲皆巨人！"可是，这个巨人并不强大，常常是疲于奔命，咬牙硬撑，尤其是单亲妈妈和丧偶式育儿的妈妈。

说起妈妈们的育儿状态，无非有三种：

第一种，单亲妈妈

一个人带着孩子，不再婚，也不交男朋友，牺牲自己，一切为了孩子。

就像一位妈妈跟我们讲的，她离婚那年，25 岁，女儿才 1 岁。现在 16 年过去了，女儿长成了一个大姑娘，她也从一个美丽柔弱的年轻女性，变成了一位饱经风雨的坚强妇女。这一路走来，很多心酸，却从来无悔。

第二种，丧偶式育儿的妈妈

自己虽然有丈夫，也类似于没有；孩子虽然有父亲，也类似于没有。

波洛克的母亲斯特拉生育了 5 个孩子，她能单手横抱孩子于腰间，大步穿过农用机器和鸡群，打理家务和农活；而他的父亲勒罗伊，却生性敏感，逃避现实生活，嗜酒如命，在家庭中完全没有存在感，几乎没有参与过 5 个孩子的成长。

传统意识认为，孩子就是女人的，带孩子天经地义，这就是女人的活儿；大老爷们儿，看孩子、教育孩子，很没面子！女人就是要守家的，男人都是干大事的。

结果，很多男人大事也没干成，小事还不屑于干，就成了家里那个最无用的"大爷"，要妻子、孩子敬着。或者稍微有点成就，就跟自己当了皇帝一般，在家里说一不二，呼风唤雨。

很多男人，从孩子落地到长大，从来没沾过手。孩子教不好是妻子的责任，孩子学不好，是他自己不成器。

就像一位丈夫跟妻子叫嚣："你儿子就是烂泥扶不上墙，别费劲了！"说这话时，他还是初中物理教学骨干。会教知识，却没有一丝一毫教育的意识。

第三种，和丈夫互相扶持、互相成就的妈妈

婚姻，就是互相扶持、互相成就。可惜，懂这一点的人太少了。所以，很多家庭，家不像家，两个人在一起比一个人还冷，还孤独。冷战、争吵、打闹，空气中弥漫的怨气、恨意，把夫妻之间的情分都耗尽了。

有工作、会赚钱，不代表一个人成熟了，只能说明

他有工作能力了；有家庭、会经营、夫妻和睦、子女成才、幸福圆满，才意味着一个人真正长大了。

因为真正的担当，不是能力上的担当，而是精神上的担当，情感上的担当。

经营好一个家，你所惠及的不仅仅是自己的爱人、父母，更有你的下一代。

就像刚才讲的波洛克，虽然后来成为美国艺术界大师级的人物，但是，在他的童年里，强势的母亲让他望而生畏，缺席的父亲，让他终生软弱。

最后，画得再好，地位再高，也活成了自己父亲的样子。稍有挫折，就酗酒、逃避、妄自菲薄。他在精神上一直动荡不安，才44岁就死于醉酒驾驶。

这个世人眼里放荡不羁，有着强悍体魄的西部牛仔一般的男人，内心其实一直都住着一个自卑、孤独、敏感的小男孩。这个小男孩终其一生都没有找到一个安放心灵的温暖归宿。他的悲剧人生，是必然的。

家庭是孩子成长的根。

根坏了,茎叶鲜有健康的。

讲到这里，也许有人要问："离婚，或者丧偶式育儿，有丈夫跟没丈夫一个样，是不是孩子就一定会受到影响？"

其实不是。

孩子左边有父，右边有母，这是圆满。父母相爱、有礼，更是锦上添花，这是最好。

但是，**最重要的是父母有没有觉知。**

也就是说，**孩子的父母，其实只要其中一个有父性或者母性，有一个觉知了、醒悟了，这个孩子就是幸运的。**

如果父母双方都没有觉知、醒悟，对孩子而言，也许就是双倍的痛苦。

所以，如果你现在全凭自己在照顾孩子，那么要给你打三颗星，你已经是一个好妈妈、好爸爸了。

不过，想要打到五颗星，你还需要有觉知和醒悟，要发现父性或母性，要看到、想到、感受到孩子的情感与内心，这样才能成为真正合格的父母。

· · · · · · · ·

下面，给这些妈妈们几点建议：

第一，请不要再自怨自艾了。

没有一个孩子会对母亲的痛苦无动于衷。他们会把自己深埋在这份痛苦中，即便窒息，也会陪着母亲。

我（赵老师）怀孕的时候，曾看到这样一句话：胎儿在母亲的身体内，是一件很神奇的事，一个身体，两个心跳，一体两命，所以，母亲的喜怒哀乐，孩子是第一个感知到的。

后来我发现，即便孩子生下来，与母亲的感知也是息息相通的。妈妈开心了，这个家就欢歌笑语；妈妈伤心了，这个家就黯淡无光。妈妈在，这个家就是家；哪一天妈妈不在了，这个家也就散了。

所以，亲爱的妈妈们，无论多么艰难，要知道，这个世界上，永远有一个人——你的孩子，跟你在一起。

虽然他现在还帮不了你什么，甚至还很幼稚，不懂事，但是，他是在拿自己的整个生命来陪伴你。

你不是孤独的，你无须哀伤。相反，你要用你的快乐，点燃他的童年和少年，让他元气满满地面对这一生风雨；你要用你的强大告诉孩子，虽然人生总有遗憾，但是，此刻的幸福是我们可以把握的。

你要记得：离婚不是你的错，你不需要对孩子抱歉，这只是一种生活方式。

你要记得：婚姻不幸福不代表你不好、你没有价值。尽早看清这一点，放下执念，珍惜眼前的好日子，你会因此而强大起来。

就像印度电影《神秘巨星》中，惨遭家暴的妈妈，为了小儿子不离开无情的丈夫，这是她的选择，她认了。但是，这不意味着她会悲悲切切。丈夫不在家的时候，是她最快乐、最自由的时刻，她会把握好每一寸时光，与女儿、儿子一起欢乐，并支持他们的梦想。

谁能说，这样的母亲不是另外一种强大呢？她的强大，超越了她的丈夫，因为她庇护了孩子们的精神与未来，而她的丈夫，只提供给了孩子衣食和恐惧。

· · · · · · · ·

第二，问问自己，究竟什么是人生中最重要的？

有一位单亲妈妈，女儿上初三，参加了我们的集训，效果非常棒，单数学一科就提升了30多分，班级名次也遥遥领先。可是，后来却开始下滑。

妈妈暗中一调查，发现女儿早恋了。她给我们打来电话，哭得一塌糊涂。

她抱怨女儿不懂事，不体谅自己一个人带大她有多么不容易、多么艰难。她希望女儿能够为她争一口气，在亲戚、朋友、同事、前夫那里赢得面子。

我们问她："你理解的幸福是什么样子呢？"

她愕然，她似乎从来没有想过这个问题，她早已习惯于做悲惨者了。

我们接着问她："你觉得分数高、事业好，就是人生的成功吗？"

她这时似有所悟。

我们又问她："作为一个女人，你希望你的女儿在婚姻上走你的老路吗？"

好的婚姻关系，可以成就一个人，它为我们带来的人生支持、启迪和帮助，甚至远远大于父母，会影响我们一生的生命质量。

所以，学会爱什么样的人，学会怎样与自己所爱的人共度一生，是摆在每个孩子面前的一个很大的课题。

这个课题比函数、英语难多了。函数学一个月，就可以学得很棒；英语好好记记，就可以脱口而出。可是，如何把握幸福，即便是世界上最聪明、最会赚钱的人，也不敢说自己懂得了全部的奥秘。

有很多单亲妈妈，或者在家庭中不被丈夫尊重的妈妈，有时候真的是急于让孩子替自己争口气。但是，一叶障目，不见森林。

放下这片叶子，放下这份执念，才能看到对于孩子的一生而言，最重要的事情是什么。

我们的孩子，不但要有知识，还要有文化、有思想、有爱的能力，这样才能经营好一生。

· · · · · · · ·

第三，不要把自己的命都给了孩子。

单亲妈妈总是把自己的一切都奉献给孩子；婚姻不幸福的妈妈，也会将所有的爱都寄托于孩子。但是，极度的爱，往往是自私的，会带来极端的掌控。最后，两败俱伤。

父母之爱子，则为之计深远。

所以，对于单亲妈妈，或者婚姻不幸福的妈妈，我们想说：人生苦短，不要虚度，一定要大胆地去创造属于自己的幸福！因为适度自私、关爱自己、潇洒去活，才是你给孩子上过的最好的一课。

教育，真的可以点亮每一个生命！就像一位妈妈讲的，如果 30 年前有人给她讲了今天的一半，她就会成为另外一个自己！

要学会把伤痛酿成智慧送给孩子

与父母对孩子的期待相对应的,是孩子对父母的期待。每一位父母都望女成凤,望子成龙。每一个子女,其实也都期待自己的父母,其人、其所行、其所思,是值得让自己骄傲的。

但事实上却并非如此。

我们费尽心力成就的孩子,也许就只是千万普通孩子中的一员;而孩子日夜审视的父母,也只不过是忙碌、平凡的普通人。

期望越高，失望越重。失望的不只父母，更有孩子。

一个孩子给我们留言，说："我的父母有的时候会让我去死。"

因为字数有限制，我们揣摩良久，给他回复了这样一段话：

作为一个过来人，送你一句我们的感悟：父母其实也是身不由己的普通人，不能对他们要求过高。人这一生能够主宰的只有自己。当你能够意识到这一点的时候，你的觉悟就已经高于你的父母了。父母可以影响孩子的一生，但不是绝对的，做好自己，才是真正的强者。

如果不受字数限制，我们还会加上这几个字：活在对父母的怨恨中，这是很幼稚的行为。

其实，我真正想要表达的是：

孩子，有一句话讲，可怜之人必有可恨之处！反过来讲，可恨之人，也必有可怜之处！你的父母，其实很可怜。

当你能够看到这一点时,你就会知道,有时候让你去死的父母,他们也许从未感受过什么叫爱,什么叫尊重。

他们自己伤痕累累,而且以他们的能力,消化不了这伤痕。所以,满身的伤痕像尖刺一样,不仅在刺伤着自己,也在伤害着你。但也许他们并不自知,或者,虽然自知,却经常无能为力。

· · · · · · · ·

我们经常见到满怀自责的父母:

- 老师,我对不起我的孩子,这么好的孩子,放到别人手里一定很优秀,但在我们家,就把孩子给耽误了。
- 老师,我们也不懂教育,没有文化,平时也不知道该和孩子说什么,一说他就烦,可能哪里讲得都不对。
……

讲着这样话的父母,一面陷入深深的自责,一面在孩子面前束手无策;或者一面自责着,一面又继续施暴。

每当这时，我们总想对他们讲这样一句话："**各位父母，检讨自己的时候，别忘了心疼自己！**"

为什么？

每一个成年人一开始都不是让孩子厌烦的成年人，回到 30 年前，也许我们和同龄的孩子能成为无话不谈的朋友。

但是，我们在人生的路上先行一步，吃风喝土，历经坎坷，被世俗和磨难打磨，最后风尘仆仆，变成了现在这样：焦头烂额，疲于应付。

有的妈妈，在家里得不到丈夫的疼爱和理解，甚至连最起码的尊重都没有。

有的夫妻常年两地分居，妻子连见丈夫这个人的日子都要论天计。

有的夫妻虽然每天见面，但妻子形同守寡，在外面意气风发、幽默热情的丈夫，回到家就变身颐指气使、冷漠自私的"大丈夫"。

有的丈夫把家当作安乐窝，一回家诸事不理，只放一颗心在自己的兴趣爱好上。

这些妈妈们，原本也是花儿一样的人，爱打扮、懂情趣、有热情、上进乐观、讨人喜欢。可是，经年累月，她们枯萎了、抱怨了、无趣了。所以，她们每一份施加在孩子身上的谩骂、焦虑，其实也是扎在她们自己心上的尖刺。

在家庭中，得到丈夫关爱与扶持的妈妈，濡养出的不是恨和恶，不是世故和贪婪，不是疯狂和攫取，而只会是深深的满足和奉献，只会是阳春三月般的温暖和宁静。

这样的妈妈，孩子会厌烦吗？不会。

还有爸爸们，他们难道不可怜吗？经常有孩子痛斥父亲的冷漠、强势、专制、暴脾气。但这个社会，很多压力是放在男人身上的。身为男性，就是顶着一张面子在混。扛得住、扛不住都得扛，只要你是男性似乎就无路可逃，无权辩白。

所以，无论干得好、干不好，这都是你的主战场，你都不可以撤退。家里、家外，诸多压力上身，只能暗恨自己没有三拳六臂，又不可以像女人一样找个肩膀放声痛哭一场，或者撂下一句，"我不干了，谁能谁上"。

最后"毒气"都存在心里，于是，爸爸们就只能暴躁、自闭、抑郁、沉默、沉闷、无趣……

这里还仅仅是讲了生存压力，还没有讲过往历史带来的伤痛。

事实上，很多父母，不单纯为生计而奔忙，更背负着过去的伤痛。

虽然我们是父母，但也不是从石头缝里蹦出来的，也是有父有母，一天天长过来的。很多父母，都是背负着原生家庭的伤痛在前行。而且，他们自己从来都没有从曾经的伤痛中挣扎出来。

· · · · · · · ·

所以，当你想要检讨自己的时候，先心疼心疼自己，先给自己一个温暖的、大大的拥抱。

通过这个拥抱，告诉自己：亲爱的，**这一切加诸你的伤害，不是你的错，也许也不是别人的错。**

在这个复杂的世界里，每一个人似乎都很难自主。我们不能因为别人的失误，甚至过错，来惩罚自己。虽然前路不堪回首，但好在我们还有未来，不要让我们的未来继续消耗。

泰戈尔曾说，"**错过太阳，我不伤心，因为，我怕错过月亮。**"要正视自己的曾经，或者正在经受的伤痛，而不是像鸵鸟一样胆怯地隐藏起来，假装看不见。

因为唯其如此，我们才能看见真正的自己。
唯其如此，我们才能勇敢起来。

当我们能够看见自己的时候，我们才能真正反思自己的人生，反思今天的一切所思所为；也才能够真正有机会放下，放下生命中别人对自己的伤害，放下命运的不公，放下让自己痛苦的执

> 放下伤害，消化痛苦。
> 从此刻开始，重新出发。

着和纠缠。

从教十几年来，我（赵老师）很幸运，得到很多父母的信任。他们把自己生命当中最不愿意示人的伤痛展露给我，让我看到，这些伤痛、流出的血，是怎样遮蔽掉他们人生的美好，同时一代一代地流淌下去，遮蔽掉下一代的美好。

消化苦难，从来不是刻意不看，而是不但看过，还认真审视过；不但疼过，还敢于面对。而后，升华它们，让它们成为我们生命的智慧，而不是积垢，让我们可以从中抽身而去。

· · · · · · ·

讲这些并不是让父母在面对孩子的指责时理直气壮地讲，"我是凡人，我也受过伤害，我也有压力，所以我伤害你是应该的！你作为我的子女，就要给我一个交代。"

而是想让各位父母明白，孩子心中可恶的我们，也许正是那个可怜的我们。只不过这可怜的一面,年幼的孩子无法理解而已。

所以,别人施加在我们身上的痛,环境施加给我们的压力,就在我们自己这里做个了结吧,别让这伤痛一代代传下去,贻害后代了。

如果你的父母曾经伤害过你,记住:**他们不是故意的,他们也许也是受害者。**

如果你的丈夫曾经伤害过你,记住:**他是他,你是你,不要为了别人,毁掉自己的美好。**

如果你的亲人无视你的付出与努力,记住:**除了亲人,你,还有自己。**

如果你历经过坎坷,诸事不顺,记住:**最美的酒,都是历经岁月酿出来的。**

愿岁月赋予你的一切苦难,在你这里,在你的正视里,都成为成就你的沉甸甸的礼物。然后,你可以把这份智慧送给你的下一代。

不成熟的父母，会将伤害再转送给孩子。

成熟的父母，会把伤害和苦难酿成智慧，送给孩子。

相信父母既不希望孩子为自己的伤痛买单，成为满足自己期待的牺牲品；也不希望孩子和自己成为陌路人，相伴一生，却对彼此一无所知；更不希望因为自己带给孩子的伤害，让孩子的人生困顿重重。

· · · · · · · ·

回到开头的例子，我们想讲的是：孩子，要看到父母的不足，看到他们的伤痛，看到他们的恐惧，看到他们的世故，也要看到他们的爱，看到他们的软弱；然后，原谅他们，心疼他们；最后，包容他们。

如果可以的话，引导他们。

因为，当他们愤怒、悲伤时，当他们肆无忌惮、口出恶言时，他们其实就是一个稚嫩的孩子。在面对不可控之人生时，他们表现出了最本能的恐惧和愤怒。

而当你有一种意识要去引导他们的时候，此刻，你就长大了。你的生命将完全属于你自己，而不为任何人所牵制。从此，你就成了一个拥有足够力量来驾驭自己人生的强者。

同时，也希望各位父母能够有力量正视自己的伤痛，正视这份伤痛给孩子带来的伤害。并且能够从正视和疼惜自己中，获得一种理性的升华，让自己成为能够主宰生命的强者，从而给孩子留一份快乐和睿智。

第二篇

父母的话正在无形中塑造着孩子

父母是怎样影响孩子的

表妹家的孩子10岁,上四年级。她急切地向我(赵老师)抱怨:

这个孩子呀,我搞不定他了。姐,你说他才10岁,就这么不听话了!每天我好赖话说尽,但都像打在棉花上一样,一点儿都不管用!

我跟他说:"每次考完试,老师一叫我,我就紧张。"他就说:"你紧张什么,又不是你没考好!"一脸满不在乎……

我慢慢听，她就这样给我讲了半个小时，感觉连气都没换。才 10 岁，上四年级的小男孩，就已经把他精明强干的妈妈折磨到这种境地了。

满世界都是抱怨孩子的父母，究竟出什么问题了呢？

我总结了两点：

第一，孩子身上 80% 的问题都是成长带来的副产品。就像生长痛，因为长个子了，营养跟不上，腿就会疼。所以，了解了孩子的成长规律，这些问题通常就能迎刃而解了。

第二，如果孩子身上真出现了什么难解决的问题，比如厌恶学习、心性很不成熟、叛逆得格外厉害、对人生缺乏信念，或者存在习惯方面的问题，那么可以肯定，**父母的问题一定比孩子的还要大。**

但是，很多父母常常不以为然，即便意识到了，也大大低估了自己对孩子的影响。

比如，表妹说了这么一句话："姐，你说浩浩这孩子，为什么无论怎么让他改正错误，他都不当回事呢？不管说多少遍，甚至动手打他，他好像都不往心里去一样。他听不进别人的话，也不知道改变。"

我打断她，说："你有没有发现，改变其实是一件很难的事。你想一想你自己，今年30多岁了，是不是别人指出你的缺点、错误时，你立马就能有一个改变呢？"

她毫不犹豫地说："是呀，我能改！最起码我这个人，是很能听得进别人的话的。"

我只好不客气地戳破事实："这只不过是你以为而已。"

· · · · · · ·

这是我一贯的观点：

我们的眼睛长在前面，看不见自己，只看得见别人。而我们以父母这个权威的身份站在孩子面前时，更会忽略自己，放大孩子身上的问题。

我们常常觉得:"我是妈妈,我的责任就是用眼睛盯着孩子,发现他的问题,指出他的问题,并看着他改正。"

这样一副高高在上、好为人师的姿态,像是钻进了一件名叫"父母"的衣服里,认为自己都是对的,眼里只看得见孩子的问题,而忘了,其实自己也是一个凡人。

是凡人,就有欲望;是凡人,就有毛病;是凡人,就会犯错;是凡人,就有能力的限制。凡人,意味着不是十全十美,而是漏洞百出。

从这个意义上讲,我们这些成年人身上的毛病和问题一定远远多过孩子,毕竟他们刚刚来到这个世界没多久,能犯多大的错呢?他们的人生才刚刚开始,一切都还来得及。

看到这里,是不是再跟孩子讲话时,脖子就不会挺得那么硬,姿态就会放低一些了呢?

是不是再跟孩子讲话时，就不会以"你怎么就不能……"这样的句式开头了呢？

· · · · · · ·

大家有没有思考过，小小的孩子，就有这样那样的言行举止，这些言行举止都是从哪里学来的呢？

孩子在父母的身边长大，他身上有着父母的血脉基因，这个家就是他的根。其他的人，老师、同学都是泛泛之交。所以，可以毫不犹豫地说：

孩子是父母的深度学习者。

孩子的一举一动、一言一谈，头脑中的观念，都源自于父母。由表及里，都是父母的影子。

若你能看到他，然后再认真地反观一下自己，你会惊讶地发现，他出不了你的框框，他就是你的孩子，跟你一模一样。

父母常常高估了知识学习对孩子一生的影响，却低估了自己的言行举止、生命状态对孩子一生的影响。

所以，我们才会不断地要求孩子学习，要求孩子改变，却唯独不肯从此刻、当下，改变自己的状态，斩断这些毛病的源头。

我们需要知道：**知识学习只不过是锦上添花的"花"，而父母的言传身教，才是这"花"下的"锦"或"布"。**

布若是有问题，花再漂亮也没用。这就是为什么很多孩子虽然智商很高，学习很好，但是大学一毕业，就跟废了一样，人生的高光时刻已经过去。

· · · · · · ·

在古代，一个人若中了状元、举人，或者有一定的成就，一定会说一句话，或者做一个仪式，来感谢"祖宗的荫蔽"。

为什么要感谢祖宗呢？

因为他们深刻地洞悉了生命的秘密，那就是一代又一代的延续，是息息相关的，是血脉相连的。

父辈母辈面对世界的态度，面对人生的姿态，为人处事的思维方式，会通过言行举止，在生活的点点滴滴中，被自己的后代看在眼里，行在身上，传承下来。

从这个意义上来讲，没有完全的个人奋斗，我们的上一辈人，上上辈人，用生命趟出来的生存经验、奋斗信念，是我们巨大的资源，就像深埋在孩子脚下的财富一般。

只不过有的孩子脚下的财富薄薄一层；有的孩子脚下埋的是歪财、偏财、不义之财（这就是三字经里讲的，子不教，父之过）；而有的孩子脚下的财富满满，取之不尽，用之不竭。

大到一个国家，中到一个族群，小到一个家族，无不如此。

就像犹太人，四海为家，颠沛流离，他们的人口只占世界的0.2%，却获得了22%的诺贝尔奖。他们在各个领域都熠熠生辉，有着不容忽视的影响力，这源自这个民族在精神上的强度和他们对教育远超其他民族的强烈渴望的传统。

还有我们中华民族，虽然历经苦难，但是每一次都能从危难中崛起，这是五千年的历史文明赋予我们的巨大的生命张力和文化命脉。一句"天行健，君子以自强不息"，激励了多少后辈子孙；一句"地势坤，君子以厚德载物"，滋养了多少华夏儿女。

• • • • • • • •

当我们看到这些，深刻地理解了这些之后，我们才能冷静下来，才能站在一个更高的纬度上重新解读孩子身上的问题：

- 我的孩子为什么总是静不下来呢？
因为我每天就很聒噪，说话总是像打枪一般。

- 我的孩子为什么坐不住呢？

因为我自己就沉不住气。如果一道题我重复讲了两遍他还没听懂,我就把他骂个狗血淋头;他这次考试没有发挥好,掉了几名,我就焦虑得要命,把他也影响得心烦意乱。

• 我的孩子为什么不爱学习、不爱读书呢?

因为今年我自己连一本书都没看过呢。不仅如此,最近三年、五年、十年,我都没有摸过书,家里就没有这种读书求知的氛围,他怎么会爱上学习呢?

• 我的孩子为什么总是浑浑噩噩,找不到人生的意义呢?

因为我们夫妻每天吵架,互相攻击,家里跟冰窖一般,一丝温暖都没有。

• 我的孩子为什么总是烦躁不安,患得患失呢?

因为我就是这样的呀!虽然我表面强硬,但强势却不强大。外表越强势,内心越恐惧。孩子跟我这么近,就有样学样了……

还好，孩子是"初犯"，但我（赵老师）已经是"惯犯"了。还自鸣得意，以为自己很好。

我是一个在生活中不太爱说话的人，说话少了，看得就多，想得就多。所以，跟孩子们在一起，我左看右看，我的儿子们很多表现跟我如出一辙，只不过我是成年人，有些东西会世故地掩饰，而他们天真未凿，纯然流露。

所以，还说什么呢？如果对他们不满意，那就意味着对自己不满意。

因此，我很少跟他们发火，因为没什么意义，根源在我这里呢。孩子其实很无辜，学自己的爸爸，学自己的妈妈，有什么错？只是学得太像了而已。

改变是一件很难很难的事。

我学习了三十多年，才渐渐控制住自己暴烈的脾气，而这脾气从我父母那里学来的。我小的时候，他们就经常在我们面前大动干戈，吵架吵得房顶都要掀了。他们痛苦的婚姻持续了一生，给自己的三个子女也带来了无穷的伤害。

直到遇到李波老师我才发现，原来这个世界上还有另外一种人。他理性沉着，爱你的方式不是控制你，不是让你为他是从，而是你怎样都好，并且欣赏着这样的你。在他面前，斗鸡一样的我，渐渐放松下来，找到了安全感。

生下孩子后，我更惊讶于这个世界上怎么会有这么可爱的两个小家伙，这样光辉灿烂，还这样忠心耿耿地爱着我。就像我们家冒冒说的："妈妈，那些女明星确实好看，但不知道为什么，我还是觉得你比她们美。"我知道这一分美的胜出，是因为他全然地爱着我。

小儿子 5 岁时，有一天晚上搂着我，伤感地说："妈妈，我不想长大，因为长大了，你就老了，就会死掉，我就再也见不到你了。"

孩子把自己在人世间第一份深情厚谊、甜言蜜语献给我们，我们何德何能？

在他们眼里，我再次确认了自己的价值，变得更加柔软博大。

· · · · · · · ·

所以，改变何其难。

它需要我们有信念，相信这个世界上有另外一种生命状态，它更温暖、和谐、有力量。

需要我们有幸遇到生命中的贵人，他们能启发我们、引导我们、唤醒我们。

需要我们有一份谦卑，肯于向生命中来来往往的人学习。他们中有的给了我们反面的示范，让我们明白，这样不对；有的则给了我们正面的榜样，让我们直接学习。

还需要我们有一份自省，常常向内看我们自己，像洞悉别人一样，看清自己。

最后，还需要时间。

所以，最后，我跟表妹说："孩子不需要改变，他需要的是成长，要改变的那个人，是你。"

只有放下自我，站在第三者的视角，我们才能看到孩子，看到自己，看到自己的上一辈，上上一辈，左右亲友。他们每一个人都影响着我们，而我们，也这样丝丝入扣地影响着身边的小家伙，就像我们的复制品。

所以，我们变了，孩子就变了。孩子变了，他的下一代、下下一代，也会变。

风起于青萍之末。再大的风，也是从微弱不易察觉的地方开始聚集的。

所以，小处着手，要有耐心，一点一点，就会渐渐形成气候。

期待什么样的孩子,就讲什么样的话

一位妈妈跟我们倾诉烦恼,说不知道该怎样跟孩子沟通,引导她积极向上。

孩子上高一,成绩一直下滑,而她似乎也已经放弃了学习。而且她还逆反得厉害,父母不能说太多,说多了怕她走极端。

到底怎样走极端呢?这位妈妈举了一个例子。

有一次,她爸爸说她,说得她急了,就冲着爸爸喊,

"你别管我,我活到30岁就行了!"

爸爸抬手就打了她一巴掌。女儿恨恨地指着楼下说,"你等着吧,明天你看楼底下是什么?!"意思就是她要跳楼。

妈妈很担心,问我,她现在是不是心理有问题?先不说学习如何,一个16岁的孩子怎么对生命一点都不珍惜?学习不好,补一补就可以了,可是人生态度这么消极,该怎么办呀?

听完妈妈的一通话,我们反倒松了一口气,给她分析道:

首先,孩子上了高一,上课听不懂,成绩不断下滑,又不知道该怎么办,心里自然有气,又烦。这种状况在父母看来就是逆反,父母便开始忧心忡忡。于是父母本着"治病救人"的宗旨,想要督促孩子好好学习。

想来,在爸爸这次沟通之前,已经有过无数次类似的谈话和暗示,但无非都是一些要努力、要多做题之类的老生常谈。这种简单粗暴的沟通方式,对孩子非但没有实际的帮助和触动，反而激怒了她。于是孩子口不择言，反击父母。

很明显，这个孩子的思想比较简单。但凡思想简单的孩子，说话、做事都会容易冲动、走极端。当然，她的本意并不是要这样，但在父母的步步相逼之下，索性一不做二不休，放个炸弹：我死了，看你们怎么办！

综上所述，冲动、要挟的成分大于真心。

不过，我们跟这位妈妈讲，以后不能再这样跟孩子讲话了，更不能动手。反而，父母要反思一下：这么一个不坏不混、单纯朴素的女孩，本来是很好引导的，为什么会闹到鸡飞狗跳呢？

因为在这 16 年间，父母根本没有学会该如何跟孩子讲话。所以，孩子今天才会思想简单，行为冲动。

父母的讲话水平对于教育有多么重要？

毫不夸张地讲：**父母的讲话水平，几乎决定了教育孩子的成败。**

我们来想象一下，如果这位爸爸换一种方式讲话会是什么样的效果。

爸爸面带慈爱的笑容，坐在孩子跟前，认真、郑重却温和地说：

女儿，爸爸知道你最近心里烦，功课重，成绩也没有什么起色。爸爸没有什么文化，也帮不上你什么忙，但你需要爸爸做什么，我会尽量帮你安排。

成绩掉下去没关系，还可以再提高。只要我们全家一条心，有钱的出钱，有力的出力，方法对了，我女儿一定可以搞定它！

爸爸今天亲自下厨，想吃什么尽管说，给我宝贝女儿好好补一补……

这样短短几句话，一个父亲的宽厚、疼爱、期待、支持、勉励，就尽在其中了。孩子听了，不但会动容，还会动心。

如果是这样一幅情境，孩子还会急躁、极端、口不择言、处事冲动、消极、封闭、不计后果吗？

一定不会。相反，她的内心深处，一定会有一种深深的惭愧和感激，并且生发出一种向上的动力！

· · · · · · ·

父母们，一定要记住：**我们对孩子讲的话，我们跟孩子的沟通，一定是有目的的。**

往小了说，是为了解决眼前的这点小问题。但是，我们不能立足于此，否则不仅当下的问题解决不了，以后的问题更解决不了。

小问题可能是学习，可能是分数，可能是玩游戏，可能是早恋……而未来的大事是什么呢？

是人的成熟。每一次问题的出现，都是孩子思想走向成熟的契机和桥梁。

我们跟孩子沟通，要以小见大，来给孩子启蒙，来塑造孩子的价值观、人生观，乃至世界观；要传递方法论，引发孩子的思考。

教育要点带面的，从当下的这一点小问题切入，来解决未来的**大事**。

而父母的话就是搭建的桥梁，我们搭建的是吊桥、小木桥，还是长江大桥，就要看我们的水平了。

如果我们今天讲话，就只是为了解决眼前的这一点小事，就好像只给孩子喂一点饭，不讲究营养，不讲究美味，只为了填饱肚子，那么，即使孩子吃得饱饱的，看似解决了眼下的问题，但饭菜没有营养，不美味，时间久了，孩子还是会发育不良，后患无穷。

很多父母往往采用这种解决小问题的思维方式，所以，手段就极端了，要么给孩子施加压力，要么简单粗暴地禁止。只要能暂时震慑到孩子，自己就心满意足了。

但这不是教育。长期用这种方式养育孩子，孩子就会营养不良。以后再遇到类似的事情，他依然形不成自己的观点和见解。面对事情，他只会有情绪，只会去讲极端的话。

所以，当你看到孩子种种幼稚、冲动的表现时，回头看一下镜子，镜子里是否有和孩子如出一辙的神态：**只图一时痛快的神态。**

你期待自己的孩子成为一个什么样的人，讲出什么样的话，你现在就要先讲出什么样的话。

文明引发文明，野蛮带来野蛮，粗糙影响粗糙，极端导致极端。化解野蛮的，是文明；化解轻率的，是文明。

如果你想要一个自尊、自爱的孩子，那么，你就要用有尊严的方式去教导他。

父母跟孩子的沟通方式，决定了他的成长路径。话可以是毒药，也可以是养分，主要看我们怎样讲。

· · · · · · · ·

我（赵老师）曾经在家做了5年主妇，带着两个相差不过3岁的孩子。

一位邻居看我怀着二胎，就撇撇嘴，跟我讲："也就你家儿子啦，文质彬彬，看我们家那个土匪，我说，我给你生个弟弟吧，他讲，你敢生下，我就敢把他从19楼扔下去！"

这个孩子才3岁，站小区里骂人能一口气骂10分钟，不带歇的。

为什么？因为他妈妈就是这样骂他的。

电梯里，他毛躁了点，他妈妈抬手就是一耳光，恨恨地骂："你个兔崽子，让你乱动！"一电梯的人，被这一耳光，扇得目瞪口呆！孩子一个趔趄，脸通红，捧着脸，一声不吱。13岁的他会怎样，我不敢想。

跟孩子沟通时，我们往往认为口才越好，越占便宜。但其实不是。我见过很多父母口才一绝，骂人功夫一绝，讽刺孩子一绝，但是立意低了，层次低了，口才再好，孩子也不会心服口服。

什么叫**立意**？

立意就是，我今天要讲一通话，我的目的是什么。是急功近利，还是着眼未来？

立意就是，我是要用语言施暴，还是要讲道理、讲文明？

父母用文明的方式跟孩子沟通，孩子才会用文明的方式呼应父母。孩子学不会文明，不自律，是因为父母一

直在用不文明、不克制的方式教他学文明、学克制。

我的小儿子,与哥哥大不相同,从小调皮、顽劣,喜欢满嘴跑马,惹人发笑,自己也颇为得意。但偶尔玩笑过头,我就会沉默,认真地看着他的眼睛,跟他讲:"儿子,妈妈跟你讲,这个世界上,有些玩笑开得,有些玩笑开不得。"

看我一脸严肃,他便会敛容,羞涩地讲:"好的,妈妈。"

我继续问他:"你知道什么玩笑可以开,什么玩笑不能开吗?"

"不知道。"

"三种玩笑开不得,一是生死,二是是非,三是尊严。"

然后我认认真真,一板一眼地给他讲为什么。讲完以后,温和地一笑,问他,记住了吗?他认真地点点头,说记住了。

他爱调笑，不羁，有点小聪明，大家都喜欢他，于是忘乎所以。所以，我要让他体验到，何为郑重其事，何为敬畏。

· · · · · · · ·

记住，当我们跟孩子讲话的时候，我们不止是在讲话，还是在用我们的话为孩子的精神世界添砖加瓦，塑造他这个人。此时，孩子之前空荡荡的头脑充实了，混乱的思维清晰了，已有的想法升华了，旧的、错的观念更新了。

> 每谈一次话，孩子都像蜜蜂采蜜，在吸收，在积累。

文章千古事。古人知道讲给后人的话很要紧，所以，写一个字，都要慎之又慎。

我们今天讲给孩子听的，也不能破口而出，信口开河。这么草率，怎么能育才呢？

真诚的赞美，让孩子充满力量

请大家先来回答三个问题：

第一，你多久没有赞美过孩子了？

第二，你多久没有发自内心地赞美过孩子了？（标准：态度真诚，夸到了点子上。）

第三，生活中，你对孩子的赞美和对他的否定打击，各占比多少呢？

不要小看"赞美"这件事，不要觉得它无关紧要，更不要担心夸多了会宠坏孩子。夸是夸，宠是宠，原本也不是一回事。

人到中年，你越看透世事，越会明白，由衷的赞美对孩子一生的成功与幸福，价值有多大！

· · · · · · · · ·

为什么这么说呢？

第一，人世艰难，赞美孩子，就相当于送给了他一件抵御风雨的"超级能量包"。

绝大多数父母认同的一个观点是，人生很难，很难，甚至从某种程度上来讲，人生实苦。

因为我们太弱小了，面对庞大的自然界，复杂的人类社会，很多事情是不由我们掌控的。

为什么会有"崩溃"这个词？

就是因为弱小的我们伸出两只手，一直在倾尽全力应对无限的压力。这些压力，有生存的压力，有人际关系的压力，有道德的压力，有心理压力，有社会的压力，一切都是不可控的，都是不得不去面对的。而我们又是如此弱小，微不足道。

有的父母说，道理是这样，不过，孩子毕竟不是大人，他们要承受什么呢？他们不应该是天真烂漫的吗？

其实不是的，就像孩子认为我们这些大人活得很自由，所以巴不得要去工作赚钱一样，我们对孩子的世界也存在很多误解。

孩子的无忧无虑，其实只是在家里。一旦走出家门，外界就会对他进行审视和打量。

- 到了学校，要跟小朋友玩耍，交朋友，可是，不知道为什么，有几个同学就是不喜欢自己，总是嘲笑自己。
- 老师也是人，也有情绪和喜好，所以常常感觉自己被忽视了，被否定了，不像某某同学那么受老师欣赏，也不像某某同学那样跟任何一位老师都相处得松弛自在。

- 每次考试都要打分，自己偏偏不是优秀的那个。总期待自己像奥特曼一般，是最强大的那个，是宇宙的中心，可是，越来越失落地发现，世界好大，自己的地盘只是一个角落。

这个时候，如果身后的父母不给予支持，家庭氛围压抑，充满着痛苦、纠结和否定，那么，这个孩子真的是绝望无助了。

所以，为什么孩子忽然爱美了，忽然对自己的长相不满意了？为什么孩子觉得自己笨，不是读书的材料了？为什么孩子回到家就一肚子怒火，父母还没开口，他就又哭又闹？为什么他要一头钻进游戏和网文里？

孩子是在麻醉自己，是在逃避人生。因为小小的他，有着承受不起的伤痛。

每一个成年人都是劫后余生者。我们经历得多了，心渐渐磨出了一层老皮，变得麻木、迟钝，但同时也保护了自己。

但孩子不同，他们敏感、稚嫩，对人生、对他人、对自己有着更理想化的期待。他们没有受过摧残和历练，所以，往往会受到更大的伤害。

每一个真诚、发自内心的欣赏和赞美，都会让孩子更加自信，让他在未来的人生中升级打怪，不断前进。

就像我（赵老师）自己，出生在农村，认真想想，能够走到今天，多亏了来自父母、老师和朋友无数的赞美。这些赞美支撑我穿越不可能，迎来人生的无限。我到现在都对这些赞美如数家珍：

爸爸说："我这个女儿呀，以不变应万变，有大将风范。"

妈妈说："看看你姐，做起事来，心那么静，你们要学呀！"

赞美是孩子生命中的一道光,无比美丽,可以为他注入无限的能量。

三年级时，来自外面的思想先进的班主任老师指着我说："赵帅以后是一定要考大学的。"

初一时，数学老师看到我开学几天就做完了一学期的练习册，大为惊喜，撤掉了原来班级第一名的学生，让第8名的我担任数学课代表。在她欣赏的眼神里，我第一次发现，笨鸟不是耻辱，不努力才被人瞧不起！

上高一时，第一次被老师夸有悟性，他那么高大严厉，居然笑眯眯地给了我这样一个评价。

上大学时，在一次聚餐中，见到北京一所大学的教授。一番交谈后，他夸我理性和感性兼具，是一个很厉害的女孩子！虽然当时对于什么是"理性"和"感性"还不太了解，但无疑，这个肯定让我大为振奋。

人，是需要赞美的，因为生活太难。有的时候，因为自卑和脆弱，我们会将困难想得比天还大，怀疑自己的能量。

而真诚的赞美和欣赏，就是在给孩子准备一个一辈子都能用的"能量包"。在孩子无力、自卑时，在孩子想要退缩、想要否定自己时，这些赞美的话语和目光会像阳光一般，给予他无限的力量！

· · · · · · · · ·

第二，人性的弱点是，看得见别人的长处，却很难发现自己的力量。所以，赞美孩子，才能让他学会扬长避短。

人在事中迷，自己往往是最看不清自己的。

- 我们眼中的漂亮女孩，可能会因为自己的外表自惭形秽。
- 明明很聪明的孩子，可能会常常怀疑自己的能力。遇到自己完全可以解决的问题，却退避三舍，主动放弃。
- 教养气质良好的孩子，可能会觉得自己还不够好。每逢大场合要上台的时候，总是畏畏缩缩……

是的，这就是真相。

想整容的女孩子一定是矫情过度，很肤浅，只注重外表吗？其实她只是看不到自己的美丽而已。

遇到困难便会退缩的男孩，其实只是自卑，误以为自己没有能力做好，怕做不好出丑，白费力气，所以选择逃避退缩而已。

不善于表现自己的孩子，其实只是以为自己没有魅力，不具备影响别人的能力而已。

所以，**要帮助孩子意识到自己的强大！**

有一些非常优秀的人，被"自我否定"裹住脚步，不敢前进，因此错失了很多发展的机会。

我们大人尚且如此，更何况孩子？

人长两只眼睛，是向外看的，能看得到别人的缺点，能看得到别人的优点，而自己的缺点、优点，却往往看不清楚。

其实，相比于看不到自己的缺点，更可怕的是看不到自己的优点。

看不到缺点，大不了是自大一点，现实总会恶狠狠地教训他，给他清醒的机会。但是，如果看不到自己的优点，却几乎是毁灭性的打击，因为什么都不敢干了，未来还有什么可能性？

人生的由无到有，由弱到强，由少到多，由下而上……种种逆袭，都源自四个字：**相信自己。**

所以，**我们要常常赞美孩子，而且要赞美得精准、透彻、敏锐。** 透过我们的赞美，孩子要能看到自己的优势，发展自己的优势，并让这种优势成为自己独一无二的特质，进而变成自己的核心竞争力。

所以，**不要再说那些否定孩子的话了，不要再做那些否定孩子、打击孩子的表情、动作了。** 这些行为会让孩子自惭形秽，无处遁形，会让孩子时时带着一种羞愧的心情，抬不起头来。

上战场的士兵，要配钢刀，戴盔甲，举旌旗，擂战鼓。勇士尚且要靠这些外在的东西鼓舞士气，卸了这些，谁还是勇士？

所以，"优点"就是孩子的"盔甲和武器"，父母一一指出，孩子一一看见，他对自己的分量才会有底气。

· · · · · · · ·

第三，孩子靠近父母，父母才有机会改变他！赞美，是拉近亲子关系的第一步。

你会接受一个怎样的人对你提出建议？

一个是否定你，打击你，动不动就批判你，嘴里还口口声声喊着爱你的人。

一个是真诚地欣赏你，尊重你，甚至面对你最无厘头的一些想法，都不会张皇失措的人。他会怀抱着开放的心态，认真聆听你的想法；遇到你的优点，他会毫不吝啬地赞美肯定。他会永远以你为荣、为傲。

相信大家都会选择后者。

就像动物一样,哪里有温暖、阳光、食物,就往哪里挪一挪;哪里贫瘠、枯竭、寒冷,就躲远点。

因此,正确的逻辑是这样的:

要想真心帮到孩子,就得参与到他的生命中去。

要想参与到孩子的生命中去,就得让他愿意靠近你。

要想让孩子愿意靠近你,你就不能老是板着脸,露出一幅看他不顺眼的面孔。

唯有孩子靠近你、信赖你,他对你才不会设防;你才有机会把你对生命的理解、对他的期待、对他衷心的建议,春风化雨一般地传递给他;他也才会敞开心扉,郑重相待。

对事不对人,不能因为一个小毛病,就否定孩子的所有优点,就上纲上线,无限延伸。

只有这样,孩子在你面前才是安全的、松弛的,否则就会变成一个扎人的小刺猬,随时准备自卫。

赞美时,
　赞美的是这个人。
批评时,
　批评的是这件事。

有这样一个故事：

有一个人穿着一件外套，冷风和暖风比赛看谁能把这个人的外套脱掉。冷风使劲吹，使劲吹，结果这个人把外套裹得更紧了。暖风徐徐地吹，这个人越来越暖，一会就热了，于是他就把外套脱掉了。

改变一个人最有效的方式，是他容易并乐意接受的方式，而不是使其抗拒的方式。 这个有效的方式里，应该包括爱的温暖。

毫不吝啬地赞美、肯定孩子，经常用欣赏的眼神鼓励孩子，这才是慷慨的大爱。

如果你"否定"的惯性太大，实在想不出孩子的优点，不妨拿出一张纸，从记忆深处使劲掏一掏。相信，越掏你越会发现，这些年，我们是付出了很多，但也欠了孩子太多。

父母讲道理,孩子才能更智慧

怎样才能让一个懵懂无知的孩子变得越来越成熟、越来越有智慧?

一句话:父母先要成为一个明事理、讲道理的人。

换句话讲,聪明的孩子,不是打出来的,不是骂出来的,是讲道理讲出来的,关键看父母会讲不会讲。

不要小看"**讲道理**"这三个字,这三个字虽然简单、朴素,但是 90% 的父母却很难做到,而且其中 80% 的父母不知道该如何讲道理。

而一旦我们做到了,哪怕打个折扣,孩子也会成长得非常好,会非常聪明、智慧。

· · · · · · · ·

为什么父母学会讲道理,对一个孩子的成长这么重要呢?

第一,和孩子讲道理,就是父母身体力行地教他如何用正确的方式来应对世界。

人们应对外部世界,主要有三个层次:

第一个层次,靠情绪应对。

第二个层次,靠理智应对。

第三个层次,靠信念应对。

靠情绪应对的人

冲动、不计后果、感情用事、反复无常,他们的人生充斥着动荡和无穷的变数。看上去率性而为,充满了浪漫主义色彩,实际不过是任性胡闹而已;看上去很酷、很爽,最后却是一地鸡毛,难以收拾。

所以,靠情绪活着,讲的是一个"**情**"字,格局太小,怎能有智慧?

靠理智应对的人

懂得衡量利弊得失,并在利弊得失中节制自己的行为。他们精明、克制,当然,也无趣、机械、短视。

靠理智活着,讲的是一个"**利**"字。无利不起早,却也为利所限。私欲太重,格局有限。

靠信念应对的人

他们拥有稳定的世界观和经得起推敲的价值观,他们不会因为一时的恐惧、欣喜、忧伤而放弃自己的志向,也不会因为趋利避害或者蝇头小利的算计而背离自己的人生观。

"风物长宜放眼量",以理节情,最终走过磨难、走过诱惑、走过艰难、走过孤独、走过喧哗……实现人生的升华。

靠信念活着,讲的是一个"理"字。根基牢靠,安身立命。

靠情绪活着,很容易,不需要对自己做任何约束,不需要自律、节制,任性妄为就可以了。有点类似于武侠小说里的江湖人士,大块吃肉,大口喝酒。

因为容易,所以也最容易影响一个人。所以我们经常讲,情绪就像病,而且是传染病。

一个家里有一个情绪化的人,整个家庭的人都会自带易感体质。一人发飙,举家不安。

一个孩子,如果从小家里就有一个情绪化的爸爸或者妈妈,那么这个孩子终其一生也很难从情绪中脱身。

生于情绪，长于情绪，每天呼吸着情绪的空气，怒火、狂躁、压抑、恐惧、自卑、抱怨等，就会融入孩子的血肉。

情绪太重的孩子，是聪明不起来的。

而靠理智活着的父母呢？凡事都讲一个利弊得失，小账往往算计得很精，但是，光算小账，只会失了大账。

这两种父母随着孩子的长大，对孩子必然越来越束手无策。因为他们应对世界的方式是没有说服力的。

孩子面对他们的父母，要么彷徨无措，要么变成另外一个情绪、功利、短视的父母。为利所惑的孩子，精干有余，智慧不足。

· · · · · · ·

第二，能否成为讲道理的父母考验的是父母的胸怀，父母容得下，孩子才能长得好。

稳定、成熟、理性的孩子，背后需要的是同样稳定、成熟、理性的父母。

无论世界怎样变迁，这样的父母，总能如灯塔一样引导着孩子，让孩子明白，方向在哪里，路在哪里。

讲道理的父母讲的是以理服人。不讲道理的父母讲的是"卧榻之侧，岂容他人鼾睡"的以势压人，讲的是父母意志。

我说什么就是什么，不允许你质疑！

我让你干什么就去干什么，不准不干！

让你做的都是为了你好，不愿意干也得干！

以父母意志作为准则，甚至口口声声叫嚣孝道，其实就是不拿孩子当独立的个体看，只把他当作自己的附属品，予取予求。这样培养出来的孩子，不是为父母命为首，就是和父母对抗到底。

在你的身边，在你的家里，你要允许有这么一个人，和你一样，有尊严、有地位、有主张，有不同见解、不同喜好，并且给他空间，给他自由，让他舒展，让他呼吸，他才能健康成长。

> 把孩子当成独立的个体看待，他才能成为一个独立的人。

如果你挤对他、压制他、扼杀他、禁锢他，那么，他就会营养不良，最后成长为一个精神世界有残缺的，不完整、不真实的人。

所以，孩子的健康成长需要空间，这空间是父母给的。有容乃大，容得下他，他才能发展自我；容不下他，他就会窒息，就会变异。

放眼天下，所有健康的生命，都是在天高海阔、气流畅通，有阳光、有雨露、有空气、有微风、有沃土的环境中生长的。

动物园的老虎，和草原上的老虎，谁更健康？天空中自由飞翔的小鸟，和笼子里的金丝雀，谁更灵活？"天高任鸟飞，海阔凭鱼跃"，这才是健康的教育。

讲道理，就是给孩子空间，就是在承认，这天下的理，他也有份。孩子拥有一个正当的途径和父母交流，他还用得着生气、发火、砸桌子，甚至打父母吗？

那些压抑着不说，那些暴怒挣扎、乱砸、乱闹、乱打的孩子，其实都是在成长路上，被父母剥夺了正常沟通交流的途径，最后不得已以极端的方式来对抗父母的低自尊心的可怜人。

所以，在管孩子、引导孩子之前，必须有一个"容"字。这个"容"的背后，不是乱容，而是**讲理的容**。哪怕孩子今天很青涩，不够成熟、理性，或者他讲的都是错的，父母也要耐着性子来以理服人。

将"理"的路铺出来，就像修了一条铁轨，孩子就会沿着父母铺就的这条轨道往前走。"以理节情""通情达理"，这才是成长。

所以，学会讲理，就是学会了包容，就是学会了把孩子当人看。孩子也同样会对你报之以理，报之以智慧，理性成熟地面对自己成长路上的一切。

第三，和孩子讲道理，就是在点点滴滴中让他的智慧生长！

选择讲道理，就是选择成长，因为道理可不是那么容易讲的。公说公有理，婆说婆有理，1000个人就有1000个理，到底谁有理？所以，我们要讲的是天下的公理。

但是公理不是赤裸裸地摆在那里谁都可以看到的，公理就像深埋在地底的宝藏，需要人来挖掘、探察，需要人来思考、参悟、践行。

选择用讲道理的方式来和孩子相处，其实是给自己出了一道难题，更是给孩子出了一道难题。不过，解开这道题，父母不会空手而归，而是会收获一份沉甸甸的礼物，那就是人生智慧。

为什么有的孩子18岁了还不如8岁的孩子处事周全？

因为在成长过程中,他已经习惯用低端、不经过大脑的方式来应对了。

比如:

看哪个老师不顺眼,就不学哪一科了。
和 xx 是好朋友,他提出的请求,都不会拒绝。
同学们都不学习,自己也不学,否则显得自己很傻。

这种方式简单、易学、不费劲,只要本能反应就可以了,不需要逼着自己往前走一步。

不逼着自己往前走一步,就不用逼着自己去思考、去探求真理,那么,也就是不用逼着自己成长。 然后这个人的智慧就停滞了,即使身体的生长仍然在进行。

于是,我们经常看到 20 多岁的女孩,在面对问题时,反应就像 3 岁的小孩一样无助。

在生活中,很多父母在教育孩子时都会遭遇孩子的顶嘴和斗嘴，有的父母觉得尴尬，甚至觉得丢人。在他们的认知里，孩子这是犯上作乱，目无尊长。

其实，**这恰恰是通过讲道理来引导孩子思考、成长智慧的最好机会。**

比如，当孩子说："为什么要好好学习，我二叔都没上大学，人家不是也很成功吗？你倒是上了个大学，能怎么样？还不是做一个普通人？"

往深了挖，他思考的应该是："究竟什么样的人生才是真正的成功？有钱吗？"或者："我努力学习的动机究竟应该是什么？成功吗？有钱吗？还是成长自己的能力和智慧？还是为人民服务？"

当孩子说："我不喜欢他为什么要装喜欢，这不是虚伪吗？"

往深了挖，他思考的应该是："不喜欢一个人可以蔑视他，甚至伤害他吗？""礼貌和虚伪究竟是不是一回事？""真实和冒犯别人尊严的分界线究竟在哪里？"

当孩子和父母对着干、斗嘴、还嘴时，他的思考其实已经启动了，只不过可能还没有上路。

此时，需要父母助力，一层层地帮他往前推进，这样他才能进行深层次的思考。

很多父母平时苦苦发愁孩子不思考，不会思考，不深入思考，写作文时没有观点，看历史事件时没有见解，学政治时没有思想。

为什么？因为孩子被你的"听话哲学"给害了。

爸妈讲的都是对的，你要照做！

我们都是为你好，你什么都别问，直接干就好了！

想那么多做什么？有用吗？还不如多考 10 分来得划算。

孩子的思考能力就是这样被割掉的。孩子在还嘴、争论、辩驳的过程中，他的思考是"小荷才露尖尖角"，本来可喜可贺，可是父母的面子绷不住，里子受不了，咔嚓一声，就把孩子的思考给掐断了。

没有质疑精神，他怎么能够立起来？

不脱离拐杖，他何时才能成为一个真正独立、有担当的"人"？

所有的学习，看见的是"数学""语文""历史""政治"等各种知识，其实考查的是看不见的思想。思想越辩越明，越打击越压抑、越匮乏。一言堂培养出的不是智慧、独立的人，只能是顺民和愚民。

如果父母想要培养出一个离开自己的怀抱，也能自己傲然走完自己一生的人，那么，现在就不能再用培养顺民的方式来对待孩子了。

> 想要培养出一个什么样的孩子，父母就要用同等规格的待遇来对他。

· · · · · · · ·

最后，分享一个关于鲁迅先生的故事，是作家萧红讲的，这位"横眉冷对千夫指"的斗士，在家中是如何跟自己的孩子讲道理的呢？

有一天，从福建会馆叫的菜，有一碗鱼做的丸子。海婴一吃说不新鲜，许先生不信，别的人也都不信。因为那丸子有的新鲜，有的不新鲜，别人吃到嘴里的恰好都是没有改味的。

许先生又给海婴一个，海婴一吃，又是不好吃的，他又嚷嚷着。别人都不注意，鲁迅先生把海婴碟里的拿来尝尝。果然是不新鲜的。鲁迅先生说：

"他说不新鲜，一定也有他的道理，不加以查看就抹杀是不对的。"

嘲讽让孩子敏感自卑

永远都不要嘲讽自己的孩子。

如果孩子回到家没有先去写作业,而是忙着玩手机,你一定要记住,可以批评他,可以把他的手机没收掉,但是,千万不要嘲讽他。

如果孩子在周考、月考中考了一个不太漂亮的分数,你一肚子火,想要发泄,可以发泄(当然最好不要发泄),但是不要羞辱他。

如果孩子刚开学没几天，就又陷入过去的死循环，你心里、眼里再闹腾得容不下，也请记起这句话：

哪怕这个孩子再让你绝望，你都要管住自己的嘴，看好自己的脸，不出讽刺之语，不露嘲弄之色，不以羞辱他为快。

· · · · · · ·

为什么要格外强调这一点呢？

第一，一旦你开始嘲讽自己的孩子，就意味着你在心里已经放弃他了。

一个人为什么要活着？为什么要做一个好人，要积极进取？因为从心底里，他是认可自己、欣赏自己的，觉得自己是独一无二的，是有价值的。

孩子更是如此。只有当他在内心中认可自己、相信自己，他才会有欲望让自己变得更好。

而孩子对自己的认可，很大程度上取决于他认为自己在父母心目中是什么样子的。也就是说，父母怎么看待他，他就怎么看待自己。

因为在生命的早期，孩子还没有建立起强大自我的时候，他的自我意识就取决于父母对他的看法。

而嘲讽，就是明明白白地告诉孩子，"你在我眼中是不值一提的""你看，我都不屑于批评你了，我都不屑于骂你了，我甚至都不屑于打你了"。

所以，在亲密关系中，有的时候，狠狠地批评对方，骂对方几句，甚至打对方几下，其实都不是问题，因为为了对方伤肝动气是在乎对方的表现。

可是，如果有了嘲讽，性质就变了。

批评、骂，甚至无伤大雅地打几下，这是爱极生恨，但嘲讽是从人格上否定孩子。

"哼,他哪是好好学?装装样子罢了……"

"别忙乎了,你儿子就是烂泥扶不上墙,一辈子都没有出息的……"

"你就随了你爸了,这辈子你要能学好,我名字都倒着写!"

"就你?能考好?我闭着眼睛都知道你在学校里是怎么混的!"

赤裸裸的不屑、懒洋洋的嘲弄、辛辣辣的讽刺,自己轻轻松松一出口,亲子关系从此咫尺天涯。

一个人最不能容忍的是什么?否定。
一个人最最不能容忍的是什么?来自亲人的否定。

嘲讽,对于孩子来说,就是来自他最亲近的父母的否定。从父母嘲讽孩子的那一刻起,孩子对父母的心门就关闭了。

从此之后，父母再说什么、再做什么，都很难撼动自己在他心目中的那个定论了：父母瞧不上他。试问，还有什么比这个念头更可怕？

为什么嘲讽的杀伤力这么大？

想想夫妻之间的关系就知道了。我们都知道，夫妻之间吵不怕，骂不怕，最怕的就是讽刺和羞辱对方，这意味着冷漠和距离。

夫妻一旦走到讽刺、羞辱对方的那一步，也就离散伙不远了。同样，父母一旦走到讽刺、羞辱、嘲弄孩子的那一步，亲子之间也就距离离心离德不远了。

· · · · · · ·

第二，嘲讽背后的否定，会从一句话、一个念头变成现实。

无中是可以生有的。一个观念，一个念头，就像一种病毒一样，是可以生长、成熟、繁衍的。

你觉得你今天心情不好，讽刺了一句，无伤大雅，甚至有的妈妈说，"我这是激将法"。

可是，你的话一出口，它就已经是一个事实了。这个事实不会瞬间消亡，它会运动、会激荡、会生根、会发展。

它就像一个影子，会留在那里，如影随形。你看不到它，但是，在某个瞬间，它会跳出来，提示你过往的一切。

所以，嘲讽是一时的，伤害却是永恒的。

对于孩子而言，父母的嘲讽就是定论。

"你要能把数学学好，猪都上了天了！"

孩子会觉得，"原来我很笨。那么好，以后遇到问题不用思考了，反正我很笨"。

"你还能把网瘾断了？！"

孩子会觉得，"也许我真的是一个没有毅力的人，我这辈子恐怕也做不成什么事了"。

"你整天拿个镜子干吗？土豆再照镜子也是土豆，你还能把自己照成个天仙？"

孩子会觉得，"我腿粗、脸大、眼小，我真的是很丑。以后走路都要小声点，免得惊动别人"。

过去我们评价一个人有水平的时候，会说："他讲话很有水平。"从这句话来看，爱讲嘲讽的话的父母，是最没有讲话水平的人。因为一句嘲讽出口，十步之内，寸草不生。

· · · · · · · ·

第三，生活在嘲讽之下的孩子，会习惯性地有一种羞愧心理。

你的话,
每天都在塑造着
孩子。

你的话,
每句都在塑造着
孩子的未来。

- 明明没有做错任何事，可就是羞愧，经常感觉抬不起头来。
- 明明有一肚子有建设性的建议，可就是不敢跟领导讲，生怕讲错一句，心里百般焦灼。
- 很想大胆地去说、大胆地去做、大胆地去爱，可是，事到临头，就是迈不动腿……

为什么？

因为曾经有一个人，他是我在这个世界上最亲密的人，我把他看作我的天，我把他看作我的保护神，可是有一天他居然讽刺我。

从此，每当我想要去做自己的时候，一个声音总是告诉我：什么都不要做了吧，那样就不会犯错了……

这就是那些在童年时期遭受来自父母嘲讽的孩子在成年之后的内心独白。

这些孩子敏感、多疑、自卑，甚至有的会抑郁、愤懑、戾气重，有严重的人际交往障碍。

其实，在某种程度上，嘲讽就是打量。肆无忌惮的嘲讽，就像把一个人放在大庭广众下，接受来自四面八方不怀好意的审视、打量。

在这样赤裸裸的打量、评判下，很少有人的心理会健康成长。

你嘲讽过你的孩子吗？你羞辱过你的孩子吗？无论过去有没有，从现在开始，一定不要再有了。

拿着孩子的短处，或者仅仅是因为年幼无知犯的一点点我们正常人都会犯的错，或者我们成年人已经犯过无数次的错，对他的人格肆无忌惮地谩骂、侮辱和嘲讽。

谁赋予了你这项权利？

仅仅因为你生养了他？

孩子是需要用爱和尊重来浇灌的，羞辱和嘲讽只能让孩子心中的美和善被乌云遮蔽。父母用嘲讽亲手把孩子心目中的美好摧毁掉，还有什么比这件事更残忍？

所以，**爱孩子，就把自己最美好、最有修养的一面展示给孩子看吧。**这样的用心和虔诚，会为孩子打开一扇光明之窗！

第三篇

做好这些，和青春期的孩子沟通更顺畅

怎样才能让孩子把话听进心里

一位妈妈面对儿子的问题,实在不知道该怎么办,只好向我们求助。

孩子高一,现在学习情绪低迷,状态不好,常常陷入痛苦,非常消极。妈妈看在眼里,痛在心里。她极力劝说儿子要端正态度,好好求学上进,可是孩子却不以为然,还言辞激烈地反驳。

在这焦灼的对峙中,我仿佛看到这个孩子的悲愤与痛苦。他喘着粗气，胸脯在剧烈地起伏，委屈与怒火如岩浆一般化为滔滔的文字，喷涌而出。可是，后来，却渐渐变成了决绝，任凭妈妈怎么讲，他只寥寥几字，冷漠地拒绝：

"我不要。"
"不要再逼我了。"
"我已经决定了。"

而妈妈呢？

则由最初的自责痛悔，变成后来的苦口婆心、痛心疾首，再变成无助的苦苦哀求。她似乎恨不得把自己这一颗心都掏出来给孩子看，可是，儿子却不屑一顾。

说实话，单纯从一名成年人的角度来看，这位妈妈说的可谓句句在理：

你现在还小，还没有经历过生活的磨炼，不知道人生的痛苦和无奈。等你到了妈妈这个年龄，再回想你的过往，你会觉得自己的年少轻狂是以自己一辈子的辛苦和痛苦为代价的。我怎么能忍心看到你以后的痛苦而不去管你呢？妈妈做不到让你过妈妈这样的生活。

是的，我们的教育能力有限，但是，教育的初衷都是好的，都是为了孩子好。那就是希望孩子莫走自己的弯路，好好读书，将来成为一名对社会有价值的人，过上幸福的生活。

如果孩子此时能够听从父母的教诲，想必十年后，二十年后，年老的时候，就不至于挠头痛悔，悔不当初了。

儿时不懂画中意，再看已是画中人。

作为父母，我们该怎样做，才能让年幼叛逆的孩子肯坐下来，把我们的话都听到心里去呢？

深层次的解决之道其实已经不在沟通了，而在沟通之外。

成功的家庭教育，一定是让孩子在该聆听父辈教诲的时候，能听得进去。

这样才不会错过人生的大好春光。

这里要教大家一个比沟通更重要的家庭教育之道，那就是：

如果想要孩子能够认真聆听你的教诲，那么，你就要先给他一个像样的家。

看到这里，你也许会很愤怒："什么意思？难道我们没给孩子一个像样的家吗？那我们这十几年来，勤勤恳恳，忙忙碌碌，都在干什么？"

我们细细来讲。

什么是家？

它首先要满足三个条件：

第一，有凝聚力。

第二，有温度。

第三，有空间。

· · · · · · · ·

第一，有凝聚力。

什么是有凝聚力？首先，这是父母的事。

两个人因为爱情组成一个家庭，这两个人，是不是都齐心想要这个家好？

两个人对人生的理解是否一致？对未来的追求是否一致？

两个人是否在一些基本的点上能够达成共识？

别小看这些看起来很虚的东西，它们对于构建一个成功的家庭非常关键。

因为它们决定了这个家庭是不是一个铁打的堡垒；能不能在风雨到来的时候，在艰难到来的时候，经受得住打击和考验；能不能在压力之下，保持一致对外，而不产生分歧和内讧。

家虽然都是一样的，一个男人和一个女人，再加上若干孩子，但是，家与家的生活质量可是有很大差别的。

有的家庭拥有强大的精神力量，特别有凝聚力，有向心力，几个人像一个人一样拧成一股劲；有的家庭则像一盘散沙,各有打算,每个人都自私脆弱,出现问题的时候,就四处流散。

父和母,就是一个家庭的柱石,是天和地。父母的想法不能高度一致,这个家就没有凝聚力,就不强大。孩子身处其中,就会有不安全感,就像住进了一个四处漏风的破屋,感觉自己风雨飘摇。

这个时候,这个家庭于这个孩子而言,就缺乏凝聚力,缺乏感召力。那么,这个孩子就容易涣散,容易软弱,容易偏离轨道,容易被外界的诱惑所吸引。

因为,这个世界的规律是,弱小的东西会被强大的东西吸引,无论这个强大的东西品质如何。即便飞蛾扑火,他也在所不惜。

孩子从出生到18岁,就是一个事实上的弱者,没有生存资源,缺少生存智慧,缺乏人生阅历。所以,注定他要在自己的身边寻觅一个安稳的居所来庇护他。如果在家里找不到,在父母身上找不到,他就要出门去找。

所以，我们常常看到，生在父母关系不和的家庭、离异家庭、父母情绪敏感极端、懦弱自怜的家庭的孩子，往往会早恋，或在社会上找朋友，会挂在这个朋友身上，黏着人家，守着人家，在人家面前俯首低耳，任由人家予取予求，生怕人家不要自己。

如果孩子身后有一个强大的家庭庇护自己，父母拥有强大而乐观的精神力量和格局，他的心就不慌，办事就有准头。

家像大山一般稳固，孩子的内心就会沉静。

内心沉静，智慧和道义才能生根发芽。

第二，有温度。

何为有温度？温度有两层意思：

第一层：知冷知热，知饥知饱；热汤热水，遮风避雨，这是家的物质功能。

第二层：包容、爱护、支持、体贴，这是家的精神功能。

物质功能 + 精神功能 = 家人之爱！

物质功能是最基本的，只要具备基本的父性母性，我们都能够知冷知热，惦记孩子。如果连这样的呵护都做不到，父母就是不尽责的。

但是，对于家的精神功能，很多父母却做得不尽如人意。

孩子成绩上升的时候，我们就喜眉笑眼；孩子掉了十名，我们就急着骂。

> 我们总是说得太多，却体贴得太少。

孩子跟小朋友一起玩，他表现得好，我们就自负开心；孩子内向、笨拙、怯懦，我们就急着骂。

孩子比房前屋后的孩子们都考得好，我们就乐；别人家孩子都表现得比自家孩子聪明、光鲜、能干，我们就急着骂。

你怎么这么没出息？！

我的脸都被你丢尽了！

你就是烂泥扶不上墙，我在你身上花的钱都白瞎了！

你怎么这么笨？你就不能长点脑子，长点记性？！

我们滔滔不绝地骂了那么多，讲了那么多大道理，**我们追着骂，追着讲，却独独忘了两个字：体贴。**

父母是要体贴孩子的。越是孩子不好，越是孩子落后，越是孩子遇到了难处，我们越要体贴。

这个时候，如果父母不体贴，追着骂、追着提要求，孩子的心里就会撕开一道道伤口。天长日久，这些伤口就会结疤，结一层硬硬的疤。有朝一日，即使父母对他苦口婆心，他也会变得无动于衷。

就像上面那位妈妈对过往的痛悔：

"妈妈后悔啦，妈妈不应该把自己的情绪都发到你身上。"

"是妈妈把你逼得厌学，逼得讨厌学校，讨厌世间的一切，对不起，真的对不起！"

现在的孩子戾气为什么那么大？

因为我们把过去骂三个孩子、七个孩子的戾气，都发泄到这一个孩子身上了。

讲实话，这样的作为，哪里是家人、是父母，简直连一个外人都不如。外人还有起码的礼貌、客套，不会把话讲绝，懂得给孩子留点体面尊重。

家如果没有了温度，没有了体贴、关爱、宽容、信任，这个家就是一幢空荡荡的屋子和几个莫不相干的人。

· · · · · · · ·

第三，有空间。

我（赵老师）常常问自己一个问题，这个家，是我一个人的家呢？还是我们五个人的家？

这个问题很要紧。我们自然都知道，家，是我们几个人共享的家。这个家里的每一个角落、每一个空间、每一丝气息，都是我们共有的。

但实际上，如果我们肯仔细观察一下，就明白了，很多时候，家只是某一个人的家，或者是某两个人的家。因为只有他们在这个家里是自由的，是说了算的。

而我们的孩子，倒像是这个家的寄居者。

他们是没有自己独立的空间的，房间门是不允许反锁的，甚至连青春期到了，想关上都不行。父母可以随时闯进来，他们大摇大摆，理直气壮。

孩子甚至不能拥有自己的情绪，生个闷气、发个火，都得汇报，"因为什么""所以什么"。而且，要在合适的时间，收回这些不合时宜的情绪，否则，他就是不懂事。

即便把孩子宠成巨婴的父母，也只是想要把他宠成自己独有的，听凭自己意志的"宠物"，而不是一个拥有独立人格的人。

把这棵待长的"小树"，挤压到没有一寸空间，他怎么茁壮成长？！

没有空间,
便无尊重。
没有空间,
便无信任。

・・・・・・・

所以，我们要营造有凝聚力、有温度、有空间的家。只有我们先送给孩子一个像样的家，他才能接受我们的教育。

为什么？

家教，家教，是家里的教养。这教养的前提，是家。我们须知，一定是先有家，然后才会有受教。

在一个真正像样的家里，孩子是不设防的，是不做假的。只有他对父母的信赖是天然本能的，他才是自在、松弛、敞开的。

也唯其如此，父母才能长驱直入，深入他灵魂的深处做工作。

小草都知道向着阳光长，小羊都知道向着水草丰茂的地方跑。生命的本质，就是向往光明、向往进步、向往生长。

所以，哪有不爱上进、不爱求知的孩子？哪有不爱阳光、阴霾抑郁的孩子？哪有不爱父母、不重亲情的孩子？哪有不爱学校、不爱学习的孩子？

这些，都是我们制造出来的。

就像上文中那位母亲的忏悔：

"我现在很后悔，在孩子需要循序渐进引导的时候，我却使用暴力把孩子逼迫得和我拒绝交流，我是一位非常不合格的母亲。我知道我脾气暴躁，每每看到孩子不好好学习就会失去理智，用言语来羞辱孩子……"

所以，**与其说孩子不爱学习、不爱上进、不爱阳光，不如说，孩子抗拒的是父母**。孩子对父母，对这个冷漠、软弱、窒息的家失望已久，所以，连带这个世界，他都绝望了。

这个时候，父母的话，他怎么能听得进去？

虽然这位妈妈意识到了这个问题，但是，认识得并不彻底。她依然在打着爱的旗号，不依不饶地胁迫孩子：

答应妈妈好不好？好不好？
你忍心看着妈妈痛苦吗？
你真的愿意妈妈抑郁成疾吗？
你真的就这样把妈妈推到一边不管不顾了吗？

这些情绪化的语言，这些激烈的道德绑架，和以前又有什么区别？它们又一次成功地让孩子置身于过去的痛苦中。孩子只好又一次关上了心门。

所以，想要孩子再次聆听父母的教诲，现在最需要做的是，修复和孩子的关系，修复孩子对父母的信心，给孩子一个崭新的家。这个家阳光、强大、自由，能够给他滋养，给他力量，给他温暖！

到了那一刻，我们心心念念的一切，都会春暖花开，都会主动送上门来。

真正理解孩子，
孩子才会重视父母的话

80% 的父母早在孩子上初中的时候，就已经丧失了引导孩子的能力。换句话讲就是，父母讲的话，在孩子那里已经无足轻重了。

因为感觉到自己的无力和窘迫，很多父母居然害怕孩子。在孩子出现问题的时候，他们会感觉手足无措，不知道该如何面对孩子，更不用说引导了。

而父母能否引导孩子的关键其实在于：能否真正地理解他。

为什么越来越多的父母无法理解孩子？

在回答"为什么"之前，先问大家一个问题：**你觉得你和孩子看到的世界一样吗？**

这问题看上去很简单，但实际上很难。难在哪里？难在这两点：

第一，父母能不能放下自己？

第二，父母能不能真实地面对自己？

· · · · · · · · ·

首先，能否理解孩子，要看我们能不能放下自己。

我（赵老师）是一个教育工作者，作为一个教育工作者，首要的一个素养就是要能够放下自我，站在对方的角度上，以对方的视角去看问题。

只有这样，才能够理解眼前的这个受教者，也才能够化解他的困惑，包容他、引导他。

但是，直到发生一件事，我才真正意识到**什么叫同理心，什么叫放下自我。**

有一天，我带儿子到医院做体检。我们8点从家出发，原本10分钟的路程，因为堵车，再加上我们去错了医院，居然走了将近1个小时。

好不容易到了医院，等候、检查、验血等一系列环节过后，已经快10点了。这个时候，我才惊愕地发现，我早上穿着的那件风衣，腰带扣掉了，不知道掉在了什么地方。

我拿起光秃秃的腰带，心疼地说："啊，腰带扣哪里去了？"

找来找去，都没有。那么大的一个东西，就是掉了我也应该能听到声音呀。可是居然这样无声无息。

这个时候，我身边那个因为抽血疼得咿呀乱叫的儿子抬起头来，淡淡地问我："妈妈，是不是一个咖啡色、长方形、塑料的东西？"

"是的，是的。"

"哦，掉在我们刚才去的那个医院了。"

"你怎么知道的？"

"我听到一个声音，然后看见地上有一个东西，我还捡起来看了看，但不知道是谁掉的，我就又放在那里了。"

不知道为什么，此时我已经不记挂那个扣了，反而被这件事本身迷住了。

是的，那么一件东西掉在地上，按说我是可以听得到的，但我没有听到。因为我太忙乱了，我所有的注意力都在找医院、找科室、做检查、取检查结果上。

而我的儿子呢？虽然遭遇堵车、走错医院、去错科室、抽血，但除了把胳膊送出去，伸出手指抽一点血时存在感很强，其他时候，他是无事一身轻，他的注意力在别处。

在哪里？我不知道。但是，在这两个小时的奔忙当中，虽然我们两个人身处同一时空，但我们的心并不在一处。换句话说，我儿子的心在别处。

因为他的心在别处，所以，必然他看到的、听到的、想到的、体验到的，和我截然不同。

往大了想，其实不止这 2 小时。从他出生到现在，我们虽然共处一室，一起度过了很多时光，但我们的心并不是总在一处。他有他的世界，我有我的世界。

他 1 米 2，我 1 米 58；他 7 岁，我 35 岁；他 46 斤，我 96 斤；他是一个涉世未深的小男孩，我是一个久经世故的中年妇女。本来就应该不同。

不同就是对的。**因为这个世界有很多的角度，还有很多的层次，每个人能看到的都很有限。每个人都需要他人的补充，才能看到一个更完整的世界。**所以，这个世界需要很多双眼睛，去看到更完整的真实风景。

为什么这个道理如此重要？

因为当我们彻底明白了这个道理的时候，就是我们真正理解身边这个孩子的时侯。

其实，没有绝对的理解，谁都不可能完全理解另外一个人。

但重要的是，如果你不理解，你能做到尊重吗？你尊重他看到的东西、听到的音乐、感受到的情感吗？

这个世界上，有一些东西，孩子感受到的必然和我们感受到的是不一样的，孩子看到的必然和我们看到的是不一样的。

虽然我们看不到他看到的，我们听不到他听到的，我们想不到他想的，但我们要相信，他所看到的，他所听到的，他所想到的，也是真实的，是一种不亚于我们看到的那种真实。

如果能明白这个道理，我们和孩子就和解了。

我们与孩子之间为什么有那么多的不和谐，为什么有那么多的矛盾？

难道不是因为我们永远都无法钻进他的身体里去如他一般感受这个世界吗？

理解孩子首先源于尊重。

因为对他这个人尊重,我们才能放下自我,接纳他与我们的不同,不论这种不同有多么让我们愕然。

我们只有自己这一个躯壳，每个人都在透过自己的躯壳去理解这个世界，所以我们的理解才会那么狭隘，那么局限。

而这个世界是多维度的，就像花有大有小，有红有粉，各种各样，绝不雷同。

一朵牡丹花代表不了整个花的世界，一双眼睛也代表不了无数双眼睛。

每一双眼睛看到的都是有价值的，所有的眼睛合在一起，看到的才是世界的全貌。

讲这么多，其实是想告诉大家一个很重要的道理：

当孩子讲"学习没有意思"时，当孩子对学习提不起劲头时，他的感受是真实的。

最起码，这一瞬间，是真实的。

父母有的时候似乎天然地认为孩子是没有感受的，也不应该有个人感受。他那么个小人，能有什么感受？有吃有喝，把学习搞好就可以了。如果孩子有感受，似乎是一件很矫情的事。

但其实，**孩子的感受是最敏锐的，而父母的感受却是麻木的，迟钝的。**

因为我们麻木了、迟钝了，所以，当我们面对这么一个敏感的生物时，我们质疑了："他会有感受吗？""我都没有感受了，他一个孩子也不应该有。"

父母本能地期待孩子变成和自己一样的人：

父母放下自己所有的感受，只专注于生存。

孩子放下自己所有的感受，只专注于学习。

这样事情就简单了。但，这是对的吗？

当然不对，一个没有感受的人，面对学习、面对人生时，就不会有天然的激情和热爱。而没有激情和热爱，任何事情都是做不好的。

一个充满激情和热爱的孩子，在面对人生和学业时，他会积极主动；而一个没有感受，麻木的孩子，可能每天也会上学、听课、做作业，但都是消极被动的，要推一把才走一步，不推就原地不动。

所以，**我们不应该忽视孩子的感受，甚至打压孩子的感受，相反应该培养孩子的感受力，引导孩子生发出更多的感受，让他更敏锐，心理世界更富饶。**

只有这样，孩子才能如清晨的朝阳一般冉冉升起。

· · · · · · ·

其次，能否理解孩子，有时候取决于我们能不能真实地面对自己。

人与人虽然不同，但一些基本的体验是相同的。真诚地面对自己，就能够将心比心去看待对方。

曾经有一位妈妈向我们哭诉，女儿之前有多优秀，现在就有多堕落。其实也不是堕落，只不过不像之前那么努力了，有点认命的感觉。

上初中的时候,知识难度低,孩子稍加努力,就能进班级前三,所以学得很起劲。上了高中之后,强手如云,怎么学也学不过其他同学,她就有点消沉了。

刚开始她还很痛苦,后来看开了,也就认了,还反过来劝自己的妈妈:"你也别指望我进北大考清华了,我能上一所211大学就不错了。"

妈妈很愤怒,觉得这孩子简直不可救药。

我问:"您的学历是?"

这位妈妈说:"我没什么文化,初中就不上了。所以我才……"

我说:"这就对了,您没上过高中,所以想当然地认为,学习不就是头悬梁锥刺股,好好努力吗?再大的困难都可以克服。

"但是生活中一定有什么事情,是孩子觉得无论自己怎样努力,都无能为力的。找到这件事,你就能体会到孩子的痛苦了。她现在需要的不是打鸡血,而是实打实的帮助,在方法层面上的帮助。"

还有一位妈妈抱怨儿子上了高中，不去学校。

我问："孩子现在考多少分？"

这位妈妈回答："基本都在三四十分之间徘徊。"

我说："问题很简单，孩子现在在学校听不懂，跟不上，上课对他来说已经没有意义了，他在学校也是浪费时间，而且还得不到别人的尊重，所以就不想去了。"

"可是，老师，他怎么也得去呀，去了多少能学点吧？"

我说："如果你参加一个培训会，培训师讲的话你压根听不懂，分小组讨论时，你总无言以对，别人也不拿你当回事。坚持一天两天行，坚持一周两周可能也行，但长年累月这样子，你能行吗？

"所以，现在最重要的是解决孩子的学习问题，要帮助他找到学习的自信和感觉，让他通过实实在在的指导，认识到自己原来也可以搞定这些东西。"

"只有这样，他在上课时才是一个参与者，否则他就是一个旁观者，看到的是别人的骄傲，别人的成长，而自己只能感到深深的挫败。"

所以，作为父母，理解孩子，我们首先要做到两点：

第一，放下自己，尊重孩子，相信他的感受，并认可他的感受。

第二，真实地面对自己，才能对孩子感同身受。

理解孩子重要吗？极为重要！

我们看到过太多的家庭，因为孩子的学习充满纷争，而这种纷争是一种无谓的、没用的争执。不但破坏了感情，击碎了双方的信任，消耗了彼此的能量，而且事情还得不到改变，甚至越变越坏。

只有理解孩子，真正理解孩子，我们才能深入孩子的内心，因势利导地去引导他，我们讲的话也才能在他心里有一席之地，进而帮助他解决问题。

而通过问题的解决，父母和孩子的情感会更加亲密，孩子通过这件事，也会更加成熟理性，对父母也充满信任。这才是解决问题的正确方式。

与青春期孩子顺利沟通的三大法则

每个父母都希望孩子听从自己的话,从而能够把自己存了半辈子的经验传授给他,让他少走点弯路。

但事实上,随着孩子长大,父母却往往无奈地发现,自己与孩子越来越难沟通了。甚至有的孩子根本不把父母放在眼里,父母讲的话,他都自动屏蔽,宛若父母是一团空气一般。

难道真的是孩子不成器吗?其实不是。

沟通只不过是冰山一角。孩子听不听话，愿意不愿意听父母的话，其实，并不取决于父母讲话的那一刻，而是在父母开口之前，成败就已经注定了。

究竟哪些因素影响孩子是不是听话呢？

· · · · · · · · ·

第一，你和孩子的关系是深是浅？

在对孩子施教以前，很多时候父母与孩子的关系已经遭到了破坏！**而良好的亲子关系，是决定孩子要不要考虑你的建议，要不要听话的前提。**

> 教育，在某种程度上就是关系。

打个比方，一个3岁的小孩，平时他妈妈对他特别好，他们之间的关系很融洽。有一天，妈妈没有控制住自己的脾气，失手打了淘气的孩子一巴掌。孩子会因此而恨妈妈，不认她做妈妈吗？

不会。

如果换作是一个从来都不怎么走动的亲戚，看孩子淘气，失手打了孩子一巴掌，孩子以后还会喜欢他吗？

不会！

为什么妈妈打孩子一巴掌，过一会儿，孩子自己就会像没事人一样，又裹在妈妈的怀里撒娇撒痴，不记仇呢？

因为他笃定妈妈是爱他的。妈妈平时为他做的一切，他都是看在眼里的。他不会因为妈妈一时的失手就怪罪妈妈。

而那个平时不怎么走动或对孩子没有付出的亲戚，不用打一巴掌，哪怕只是骂几句，孩子都会和他翻脸："凭什么？你凭什么这样对我？！"

你对我有恩，即便你一时伤到了我，我也会担待你，包容你；你瞧不上我，不关心我，你动我一个手指头都不行。

父母对子女的教育的基础是什么？

基础就是，父母和孩子的关系。

想一想，你和孩子的关系有没有紧密到无论你讲什么，孩子都不会认为你是在嘲讽他，是要抛弃他，是在对他另眼相看，而只是认为，这是爸爸妈妈对我的爱和规劝。

我（赵老师）记得我上初三时，有一位老师对我特别好。她的女儿和我一个班，但经常我都会有一种错觉，老师对我的欣赏和认可，甚至超过对自己的女儿。

有一段时间我状态不好，成绩一直往下掉。在一次破天荒的低分之后，老师很生气。我想她是非常非常生气的，因为她居然当着全班同学的面，整整训了我 10 多分钟。在这 10 多分钟的时间里，我始终低着头，不敢看老师。

下课后，老师的女儿走到我面前，担心地问："我妈脾气不好，你不会记恨她吧？"

我摇摇头，怎么可能呢？老师训我，是恨铁不成钢，是为了我好。从此之后，我更加努力了。

为什么我不说老师是骂我，只说老师是训我呢？

因为骂和训，哪个孩子都听得出来。训是满怀爱意的。训你的人，她在训你时，自己都很痛。训里面没有嘲讽，没有刺激，只有恨铁不成钢。

而同一时期，我的班主任也经常"训"我，但在我听来却特别刺耳。这位班主任一向看我不顺眼，有几次成绩下降，这位老师就像找到机会一样，总是忍不住对我冷嘲热讽，讥讽和看笑话的心情溢于言表。

所以，**教育你的那个人与你的关系怎样，教育你的那个人的品行怎样，教育你的那个人的立场是什么，都深深地影响着你对这些东西的接受程度。**

这不是因为孩子不懂事，而是每个人都是如此。

想想，难道不是交情的深浅决定了我们对对方讲什么话以及讲话的尺度吗?

有一个孩子,从出生起到上初一,都是奶奶一直照顾着。妈妈和孩子虽然共处一室,但十几年来,孩子吃什么、穿什么、头疼脑热,都是老人一手操持,做母亲的除了生下她,再没有尽过太多责任。

孩子上初一了,学习成绩一塌糊涂,老师经常把妈妈请到学校,妈妈这个时候开始感到面子上挂不住了。于是回家就骂孩子,"你怎么不给你妈争气呢?你看看老师老叫我,我多没面子啊!我的面子都被你给丢尽了!"

女儿不堪忍受,反驳道:"你凭什么骂我?我长这么大,你没管过我一天!你没尽过一天的责任!"孩子边说边哭,满脸泪水,摔门而出。最后还是年迈的奶奶出去,四处寻找,才把孩子劝回家。

这位妈妈本来是希望骂醒孩子,让孩子羞愧,进而努力。没想到,这些话却让她们的关系更雪上加霜了。

与孩子深厚的情感,是靠父母一点一点苦心浇灌出来的。

再讲一个故事：

我有一位朋友，上大学的时候，没日没夜地玩游戏，最后连毕业证都没有拿到。毕业之后找不到工作。沉默的父亲放下面子，带着他一个人一个人地找关系，恳求别人给自己的儿子一份工作。

儿子看着年近60，花白头发，一辈子没求过人的父亲为了自己在别人面前低声下气，在心里痛骂自己不是人。

所以，进入单位之后，他努力工作，利用闲暇时间勤奋学习，终于考上了研究生。研究生毕业后，他以优秀的表现进入一家外企。

浪子回头金不换！这个浪子，是被父亲的慈爱拉回头的。

所谓生恩不如养恩。父母一年年、一日日、一点点的关爱、操持，为孩子的劳碌奔忙，孩子都是看在眼里的。

人心都是肉长的，每一个孩子都不是白眼狼。有了这份关系，这份深厚的情感，你的建议、规劝，孩子不会不掂量掂量的。

· · · · · · ·

第二，你值得孩子尊敬吗？

孩子对父母是需要心怀敬意的，但这种敬意不是无缘无故就会有的。

有的父母觉得，"他是我儿子，他就该尊敬我"。这是什么强盗逻辑？

是的，孩子小的时候，因为弱小，没有见过什么，总是喜欢把爸爸看成超级大英雄，把妈妈看成超级大美女。在他们的心里，父母是最好的，这个世界上怎么可能有比父母更伟大的人呢？

可是随着年龄的增长，见识的开阔，他们慢慢意识到父母也不过就是很平凡、很普通的人。此时，孩子已经能够把父母的弱点看得一清二楚了。

这个时候,他还能再像以前那样尊重父母吗?不会。甚至有的孩子会小瞧自己的父母。

所以,我们一直讲:**修身养性**。

父母不能放弃自己,放弃自己的人生,放弃对自己的要求。

否则,我们在孩子面前,就好像没穿衣服。孩子把我们看透了,还会听我们的话吗?

这样讲,并不是要大家去做成功人士,而是要大家在事业、品质、担当等方面,**有值得孩子尊重的东西**。

这个东西就是一份荣耀、一份骄傲,让孩子以父母为荣为傲。

父母恩爱就是一份骄傲。现在离婚率这么高,孩子身边就有好多家事悲惨的同学,对比一下,发现自己的父母还能将爱情进行到底,这就是自豪。

所以，**不要问孩子能给自己争什么气，先要问问自己，我们能给孩子什么，要让孩子因我们而自豪。**

这个时候，还怕孩子不看重我们的建议，不尊重我们这个人吗？

· · · · · · ·

第三，你能全然地接纳孩子吗？

有的父母能接受孩子的好，却不能接受孩子一丁点的瑕疵；能接受孩子的乖、听话，却不能接受孩子一丁点的反叛；能接受孩子的低眉顺目，却不能接受孩子一丁点的自作主张。孩子永远只能是挂在墙上的一面锦旗，为自己脸上贴金。

于是，很多父母和我们哭诉："我的孩子以前可好了，现在怎么变了个人？"

说实话，变是正常的，不变才不正常。要让孩子永远停留在 8 岁，你也接受不了。

父母在孩子乖的时候、听话的时候、给自己长脸的时候，往往能与孩子保持良好的关系。而一旦孩子有点叛逆、落后，有的父母就玻璃心受不了了，"我的面子都丢尽了！"

于是，往日的恩情一扫而光，开始对孩子进行抱怨、指责、谩骂，甚至升级到人身攻击，仿佛这个孩子不是自己生的，可着劲儿造。

很多父母在外人面前彬彬有礼，讲道理、讲风格、讲方式，而在孩子面前，这套就都丢了，觉得孩子是自己生下来的，自己想怎样就怎样！

须知，**孩子是一个人，不是父母的私有物品**。父母有面子，他也有面子；父母有情绪，他也有情绪；父母有懈怠，他也有懈怠；父母有消沉的时刻，他也有……

父母要想做到尊重孩子，就要注意方式，就要在教育孩子时不要打击面那么大，不要把话讲得那么难听，不要把事做得那么绝。这不单是给孩子留后路，也是在给自己留后路。

接受孩子的成长,就要接受随之而来的问题和改变。

父母要适应孩子的成长,不能让孩子来适应我们的好恶。

很多父母在对孩子毫无底线地谩骂、攻击甚至殴打之后，孩子非但没有振作，反而索性破罐子破摔了。

父母们切记，我们和孩子沟通是为了唤醒孩子内心的善、力量、自省，不是为了激发出孩子内心的恶、颓废、放纵。

父母的话往积极的、有建设性的、信任的方向走，孩子就走过去了；父母的话往毁灭的、消极的、怀疑的方向去，孩子就滑下去了。

对事不对人，可以说事，但不能攻击人。一旦上升到攻击人的层面，性质就变了，孩子就翻脸了。

不要因为孩子成绩下滑了 10 分，就把孩子骂得一无是处；不要因为孩子没考上重点高中，就觉得他欠了你，像追债的债主一样对他无情；不要因为孩子上了网，就好像他沾上了网瘾一样对他厌恶！

那样做，孩子会怀疑你对他的感情，怀疑这份父子情、母子情原来也不是那么纯粹。

信任这个东西，构建的时候，不知要费多少心力。摧毁它，有的时候只需要一个眼神！

· · · · · · · ·

孩子叛逆不听话，作为父母，我们应该怎样看待这件事呢？

如果说，"错都在孩子，我很不容易，我牺牲好大"，那么，抱歉，这个问题永远都解决不了。因为这并不客观。谁听谁的话，都不是理所当然的，哪怕你生养了他，是他的父母。

很多时候，不是孩子不听话，而是孩子不愿意听父母的话。所以，想要知道自己是否能影响孩子，自己讲的话是否在孩子心里有分量，我们就要反问一下自己：

在孩子心里，我这份感情，有分量吗？

在孩子心里，我这个人，有分量吗？

我和孩子沟通、互动的方式，是建设性的吗？

正视自己，修正自己，推己及人，方能成就孩子。

记住，**真正的服气，是心服，而不是口服。**

跟孩子沟通时不可缺少"正式感"

一位妈妈急匆匆地找到我们,她虽然年龄看上去比一般家长偏大,但端庄、优雅,非常有气质。

这位妈妈用一个小时,把这个孩子在成长路上的诸多烦恼,都一一呈现在我们面前。

这是一个被保护得非常好的孩子。妈妈年过40,才生下他,因此百般宠爱。家教也颇为尽职。所以,孩子虽然是家里老小,但却非常懂事,小学、初中阶段也非常优秀,成长经历可以说是一帆风顺。

问题出现在高一。因为之前的优秀、顺利，所以，孩子的内心很有优越感。但是进入重点中学后，强手如林，他的学习压力非常大，成绩开始下滑，内心也逐渐失衡。火上浇油的是，他与周围同学的相处也出现了问题。

宿舍里有一个孩子，经常口出恶语，谩骂自己的父母，在他看来，这是不能容忍的。孩子怎么能攻击自己的父母呢？他跟这位同学讲，"你不要骂自己的父母，这是不对的。"结果两个人之间有了嫌隙。终于有一天，矛盾爆发，两人打了一架。

架打完了，学校也给了处分，两个孩子一人一份。他愤愤不平，对方挑衅在前，自己自卫在后，这样处理，不公平。

因为种种烦恼，这次期末，他数学只考了40分。

妈妈焦急地问："老师，你说该怎么办？我知道，孩子自身是有问题的，可是我不知道该怎么教育他。"

做教育这么多年，我们深知：

青春期正直、美好、自律的孩子，常会伴有偏激、冲动等负面情绪。他们怀揣着一份美好的理想，拿着苛刻的标准打量周围的人和事，然后常常会感到一种幻灭、迷茫的痛苦：

是我错了，还是他们错了？

现实和想象，个体与世界之间，孰是孰非？

我究竟应该怎样看待这个世界？

显然孩子在认知上正在走弯路，但这同时也是走向成熟的一个契机。

因为撕开小我的过程虽然很痛苦，但是，如果龟缩在小我中，就没有真正意义上的成长，就会一直肤浅和幼稚。唯有走到大我，人生之路才会坦荡通达。

· · · · · · · ·

我们跟这位妈妈讲："表面看来，孩子的数学成绩下降与他处理不好同学关系毫不相干，但其实背后的原因是一致的。"什么原因呢？那就是：

孩子在面对这个世界的时候，放不下身段，他做不到"下得去"。

放不下身段，他就看不到事情的全貌，他就会急躁，就会急于下判断。匆促间下的判断，往往就会简单、粗暴、片面。

而社会生活是异常复杂的。管中窥豹，就会有偏差。要想让我们的主观意识符合客观规律，就要谦卑，就要善于观察，就要耐得住性子，花得了时间。

小学、初中的知识是很简单的，道理很浅。只要把该干的干了，不需要深入思考，就可以把问题了解清楚。如同碗里的水一般，一望到底。

但是，高中知识就会很难。就像大海里的水，即使耐着性子，深潜下去，可能也看不到它的底，只能领略它的浩瀚和深邃。

所以，高中的学习，需要有定力，有耐得住烦、能坐冷板凳的心性。只有这样，思维才能深入到知识的底层，看到本质，分数才能拿得到、拿得稳。

与此相同，看社会、看人、看事，也和学知识是一样的。人是复杂的，社会也是很复杂的，如果用简单的逻辑去看复杂的事情，就会有偏差，就会看不透，就会摔跟头。

比如他上铺的舍友，为什么会对自己的父母恶语相向？父母爱孩子，孩子也是天然依恋父母的，这是人之天性。所以，这背后一定是有原因的。我们要去了解，而不要断然下结论，说他怎样怎样，也许我们了解了之后，会心疼他、理解他。

张爱玲讲过一句真理："如果你认识从前的我，也许会原谅现在的我。"

所以，要了解自己的不知道，对未知永怀一份敬畏。有了这份敬畏，你看到自己看不惯的人、事、物，就会留有余地，就会宽容、理性。

既来之，则安之。为什么不安然处之，淡然对之？张开怀抱，摆平心态，慢慢来看，也许最后会发现，这个世界，固然不是你想象的那个样子，但是，它却有你意料之外的美。

这就叫**深度思考**。

有了深度思考，肤浅、青涩、偏激就会被深刻、成熟、客观所取代。

· · · · · · · ·

"老师，那我现在该怎么办？他现在不想学了，要回去，还指责我老强迫他做他不愿意做的事，都哭了。"

我们对她说："今天中午，你和孩子一起吃饭时，把我们刚刚谈到的跟孩子做一次正面交流。记得，要严肃、坦诚、平等，要有正式感。最终的去留让他自己做决定。"

妈妈非常感激，起身走了。下午她发来信息，满屏喜悦，是孩子给她信息的截屏，上面写着："**妈妈，您放**

心，我会试着调整自己的。"

这件事一开始是很伤脑筋的，孩子很冲动、情绪化，但很显然，他也正在走着弯路，如果不加以解决，他可能一直沿着错误的方向走下去而不自知。那为什么最后他能回心转意，皆大欢喜？

因为我们在处理这件事的时候，采取了一个方法：**正式感！**

所谓正式感就是：**把一切都摆在桌面上，用不躲不藏的严肃，认真地讲出来。**

正式感对于亲子沟通太关键了，但是，很多父母却不明白。

集训期间，孩子们找我们交流，常常会排起长长的队伍！聊完后，我们常常会问他们这样一个问题：

"你们平时和父母之间，有没有过像我们今天这种沟通，这种正式的、严肃的、坦诚的沟通？"

孩子们都摇头。

因为没有正式沟通，所以，非正式的沟通就会很多，比如打骂、抱怨、指责、唠叨，还有冷战。就像上面那个孩子用简单的逻辑拷问复杂的世界一般。

我们也正在用非正式的方式，与孩子一起面对需要郑重其事的人生。我们的方式错了，目标就永远达不到。

人生是一件郑重其事的事：

学习很郑重，分数很郑重，情绪控制很郑重，人际交往很郑重，恋爱很郑重，师生关系很郑重，抵御诱惑很郑重，改正错误很郑重。

这么多重大的事情，用唠叨、抱怨，就可以解决吗？如果是那样，公司开会时互相唠叨、争吵就可以了。

孩子越来越大了，距离越来越远了，跟孩子之间亲密就要有一个升华，升华为精神上的亲密。

精神上怎样亲密？精神上的亲密，有时候需要一点仪式感和正式感。

不知道大家有没有发现，恩爱夫妻之所以时间越久，感情越深，恰恰因为他们之间经常有这种深度的、正式的，关于严肃问题的交流。

如果一对夫妻，每天的交流仅仅限于，"吃了吗？""喝了吗？""睡吧。""工资发了吗？""家里该添个洗碗机了。"感情很快就会枯竭。

夫妻之间如此，亲子之间也如此。

为什么妻子有了痛苦不跟丈夫讲，丈夫有了烦恼不跟妻子倾诉？为什么父母有了焦虑会骂孩子，孩子有了烦恼，会躲着父母？

因为我们的家庭中缺少了正式感，所以就没有了解决问题的渠道。

前面提到的那个孩子，哭泣抵触的时候，他的妈妈完全可以跟他吵一架，指责谩骂一番，但是事情能解决吗？孩子能开悟吗？不能。

而正式的、严肃的，就这个问题跟孩子有一个思想层面上的沟通，孩子的烦恼就有了一个化解的渠道。他的情绪平复了，理性就回来了。

· · · · · · · ·

正式感无处不在。

有个 15 岁的女孩说，他们家三口人，吃一顿饭三个点，分三拨。妈妈做好饭，自己吃，吃完，她去吃，她吃完，爸爸最后一个人过去吃。餐桌上放满了东西，没有容下三个人吃饭的空间。她常常感到孤独，她从不会把她的烦恼告诉自己的父母。

另一位妈妈跟我们讲家事，一边讲，一边哭。

爷爷奶奶和爸爸妈妈一大家人，孩子成长有了问题，爷爷指责孩子，孩子顶撞爷爷，爸爸骂孩子，奶奶唠叨孩子，孩子厌恶奶奶，最后，爷爷抱怨妈妈，妈妈委屈忍着……

这不是乱了套了。一个乱了套的家，就像长满了杂草的田，幼苗怎么能够茁壮成长？

家里需要正式感，沟通需要正式感。

因为孩子成长中遇到的每一件事都对他的未来意义重大。

很多父母害怕正式感，不习惯正式感。他们的生活中不是嬉笑，就是怒骂，唯独不习惯平静而严肃。

"好不自在呀，亲人之间这样子，很奇怪，很害羞。"

所以，遇到问题的时候，他们往往不是面对，不是往前走一步，而是回避、逃避。当逃无可逃时，就用一种简单、粗暴、非正式的方式来应付。

· · · · · · · ·

正式感的前提，往往是正视。

正视一切你不敢正视、不愿意正视、害怕的事情，正视自己的脆弱、恐惧和羞耻，这样你才能强大起来，保护并引导自己的孩子。

什么叫成长的烦恼？

是生命当中遇到的一切，不只是学习，比如自卑（对容貌、身材、家境的自卑），比如诱惑（玩手机、恋爱），当然，也包括学习、成绩、虚荣……

生命中需要孩子学习的，不只是课本知识，而应该是这一切。如果父母不让孩子去学习、去了解，那么，这些就会变成烦恼，化为痛苦，一直留在那里，堵着心智，霸占着精力，甚至走上弯路，耽误人生。

所以，不要简单地认为：

被人追，就是不安分；追别人，就是不自爱；玩手机、玩游戏，就是不务正业；与差等生做朋友，就是自甘堕落；不会争抢，就是没出息；不圆滑世故，就是笨；关注外表，就是肤浅；顶撞父母，就是不孝顺；学习不好，就是不求上进……

这样潦草地下定论，就是在潦草地处理孩子的人生。

其实，一切都是正常的。我们要先去接纳、了解、学习、思考，然后，再把这种思考给予孩子。

没有什么是不可以摆到桌面上探讨的。 唯有如此，我们对人生的态度才是虔诚和严肃的。至柔至刚，方能大气磅礴。

再跟各位父母确认一下：

你能跟孩子正式、严肃地探讨性吗？
你能跟孩子正式、严肃地探讨婚姻吗？
你能跟孩子正式、严肃地探讨他认知的误区吗？
你能跟孩子正式、严肃地探讨死亡吗？
你能跟孩子正式、严肃地探讨你人生的失败吗？
你能跟孩子正式、严肃地探讨自己的虚荣与恐惧吗？

如果可以，那么恭喜你，你已经成为一名有力量的父母了，你的孩子会因此很幸福。他不会在你面前藏匿什么，不会背着你乱搞什么，不会有一些无谓的孤单烦恼。他会坦然、理性地随着你的目光，开放地拥抱这个世界。

打开盖子，孩子会看到阳光。捂着它，只会滋生细菌。

这样批评孩子,他的进步最惊人

生活中,我们常常看到这样的现象:

有的孩子越大越懂事,有的孩子则越大越不省心。

越大越懂事的孩子,自己有主张,顶天立地。父母事事不用操心,乐得做甩手掌柜。

越大越不省心的孩子,则脑袋空空如也,为人处事不着调。父母寝食难安,要日日操劳,鞍前马后地照顾着,似乎永远不得退休。

为什么讲这个呢？

因为我们收到两位妈妈的反馈，颇有代表性：

第一个孩子，越大越不省心。

儿子上大一就开始打游戏，以至于到大四不能按时毕业，学校给他时间延长毕业，可是，现在依然照打游戏不误，不知道他什么时候会顿悟。

第二个孩子，越大越懂事。

女儿今年上初一，我不知道她现在是不是属于老师说的那种顿悟。小学六年真是要把我气炸了，作业本是找不到的，老师的评语每次都能让人火冒三丈。

初一开学时，她就跟我说："妈妈，从初一开始，我要好好学习了。"可是，期中考试只考了371分。当我看到这个分数时，我打心眼里发誓，再也不会相信她的谎言了。之后，孩子什么也没说。

期末考试，总分 503，这是 7 门功课的总成绩。当成绩单拿回来时，她跟我说："妈妈，下学期我可以考得更好一点。"

现在，新学期开始了，每天她都把闹钟定在 6：30 分起床，自己复习、预习，不用我催喊。家庭作业基本上在学校就完成了，回家只剩一小部分，她留出大部分时间预习第二天的课程。

苦熬 8 年终于见到阳光了。

两个孩子为什么会有这样大的差别呢？背后的原因一定有好多。我们不能面面俱到，只重点谈一点：

当孩子做错事的时候，父母教育他的方式，很大程度上决定了这个孩子是走上坡路、越来越懂事，还是坐滑梯般一落千丈。

父母自然可以随时随地教育孩子，但平时云淡风轻的时候，讲再多的道理，也未必刻骨铭心。

最好的教育契机，一定是在他做错事、犯了错的时

候。这个时候，往往是触发他思考、引发他心智成熟最好的节点。

可现实生活中，很多父母却恰恰在这关键的时刻掉链子。以至于非但没有引发孩子的思考，反而把孩子推得更远，让他更冲动、更叛逆、更无知。

我们来看一个例子。

一个 8 岁的小女孩，因为没有做完寒假作业，害怕被爸爸责骂，就趁着爸爸上班偷偷离家出走了。最后，被民警发现，送回了家。

毋庸置疑，孩子一定是做错了。接下来，爸爸登场了，一场批评教育必不可少：

你不做作业，跑就是解决问题的方法吗？你做错事情承认过没有？做错事了，跑了就算了是吗？以后你有点文化，考上大学，五六千的工资，那该多好，想过没有？几个娃儿，大的不听话，你也跟着不听话。你现在还小，我给你讲这些你听不懂，真是想到就寒心。

　　自从我和你妈离婚，我对你是怎样的？我一天到晚上班，凌晨 1 点多还在接单，有时候甚至要跑到凌晨 3 点多。我的钱是熬更守夜挣来的，你不知足，随你，我给你讲，这是最后一次，再跑就不要回来了……

　　这位爸爸语言流畅，气势磅礴，情真意切，尤其当他讲到"我的钱是熬更守夜挣来的"，直戳我这个中年妇女的心，感同身受，瞬间心酸。

　　这一通话讲完，这位快递员爸爸这一夜的担心、害怕、愤怒、委屈，如滔滔洪水一般倾泻而出。

　　可是，当我们冷静下来，把视线俯落到畏缩在椅子上的小女孩身上时，我们是不是应该问一问她的感受呢？

　　她也像我们这样痛心疾首吗？她听懂了吗？她以后不跑了吗？她这一次长记性了吗？她深刻反思了吗？未必。

　　至少 80% 的父母每天都在用相似的话语教导孩子，

一样的情深意切，一样的痛心疾首，但是，孩子因此而更成熟了吗？没有。

说实话，这个孩子以后说不准会跑第二次、第三次，直到有一天，她再一跑，连警察叔叔都拉不回来了。因为爸爸这一通话，这一番卖惨、恐吓，水分很大，营养不足，根本没有起到教育的作用。

· · · · · · · · ·

什么是教育？

教育，是要引发对方思考的。

这思考一定不是浅浅的一层。

古人讲，"吃一堑，长一智"。那么，怎样才能让一个 8 岁的孩子认识到错误，进而深入思考呢？

引用《人间词话》中的一段话：

诗人对宇宙人生，须入乎其内，又须出乎其外。入乎其内，故能写之。出乎其外，故能观之。入乎其内，故有生气。出乎其外,故有高致。

意思是,看问题,要进得去,又要出得来,这就是视角。

放到这里,**我们既要学会进入孩子的内心,从她的角度看待问题,又要能跳脱出来,站在更高的层次看待这件事。**

这才是客观。

从孩子的角度来看:
她作业没做完,为什么要跑?她跑去哪里了?
才 8 岁的女孩,这一路忍受了怎样的惊恐、委屈?
此刻,再次见到亲人,她最想得到的是什么?

很明显,她害怕爸爸,所以要跑。这么小的孩子,那么大的世界,她不害怕?害怕。可害怕还是要跑,因为家里的爸爸,比外面还可怕。

可见,这个家并不温暖。

可见，类似这样的训斥，在平时的生活中常常出现。

首先痛说革命家史，"你看，我有多么不容易！"然后再恐吓，"你再这样，我就不要你了，你走吧！"说不准，还会动手。

所以，孩子是怕极了才跑的。

当我们能看到这一点时，也许我们首先要骂的不是孩子，而是我们自己，怎样能够把一个孩子吓成这样？我们平时太粗心了、太粗糙了，我们的心被社会磨成了沙砾，可孩子的心是柔软的，需要爱，需要温暖。

再来，孩子一个寒假都没有完成作业，这似乎是她的不对，但也情有可原。毕竟，才8岁的一个孩子，父母又离异，爸爸疲于工作，管教和管理一定都是缺失的。所以，是不是这个责任，父母也有？

· · · · · · ·

为人父母，最要紧的一个素质就是：

当你的孩子做错了事，走错了路时，你一定要意识到，这个错误，绝不仅仅是他一个人的错误，而是你们三个人的错误，是你们这个家庭共同的错误！

只有意识这一点，对这个错误的反思才会够深刻、够理性、够到位，才能彻底地解决这个问题。

只有意识这一点，才能以德服人，以情动人，才能把孩子拉回来，拉到你的身边，让他跟你经此一事，心与心的距离更近。

想明白了这一点，问题的处理是不是就 180 度大转向了？回到这个例子上，爸爸应该怎么做呢？

第一步，向孩子表达自己的爱与牵挂。

走过去，抱住她，仔细看看，孩子受伤了没有，饿了没有，冷了没有。带她回家，好汤好水，安顿好她的身体，抚慰她的惊恐，让她松弛下来，放下戒备。

第二步，真诚地跟孩子道歉。

孩子，爸爸得跟你道个歉。你看，自从妈妈离开我们这个家，爸爸就暗暗发誓，一定不能让你们再吃苦，要尽我的一切努力，让你和姐姐过上幸福的生活，接受最好的教育。不要像爸爸这样，没文化，在事业上、婚姻上，都没有任何选择的余地。

所以，爸爸没日没夜地干活。说实话，爸爸这点钱，都是守更熬夜挣来的，我常常凌晨1点还在外面跑，有时甚至跑到3点。回到家，就累瘫了，不想说话，也没精力照顾你们，脾气也不好。在工作中受了委屈，还常常冲你们撒气。

可是，爸爸忽略了，你们都还这么小，你们需要的是陪伴、教育和爱，在这方面，爸爸给的太少，才让你那么怕我，才会想要离家出走。

爸爸没文化，也不知道该说什么，总而言之，以后，爸爸不会再冲你们发火。以后，不管多忙，我也要抽出时间，多陪陪你们。

第三步，也是重点，要认真分析这次离家出走的事件。

这次离家出走的后果，孩子可能没有想到。一个女孩子独自在外，可能遇到的社会危险，孩子想不到。以这种冲动的方式来解决问题、逃避责任，这也是孩子需要反思的地方。我们要利用自己的社会经验，给孩子一一讲到。

不要想当然地以为孩子自己应该知道，怎么可能？她才8岁，她的社会经验、知识、能力几乎还是一张白纸，如果父母不讲，未来她可能需要付出更大、更惨痛的代价才能学会。

所以，**一定不要骂她，而是要认认真真、循循善诱，郑重其事地给孩子都讲到位，让孩子意识到，这件事，绝不仅仅是她想象的那么简单**。这样，孩子的人格才能厚重起来，她以后做事，前后左右，才能考虑清楚。

第四步，善后。

帮助孩子处理遗留下来的问题，跟孩子一起面对剩下的局面。告诉她，接下来要做什么，她需要做什么，爸爸会帮助她做什么。总而言之，让孩子感觉爸爸是跟她一起的，让她安心。

第五步，等孩子彻底松弛下来之后，推心置腹地把自己对她未来的期待讲出来，给孩子一个方向。

尤其注意，是方向，不是目标，目标是具体的，方向是抽象的。我们要给孩子成长的空间，而不是局限在短期的表现上。

经此一事，爱的教育、情感教育，我们有了；社会教育，我们有了；思想教育，我们有了；人生教育，我们有了。

经此一事，孩子会成长好大一截，她的头脑中存了货，心里有了爱，胸中有了底，就不会像那些没头没脑的女孩子一样，乱跑乱跳，遇到一点点事，就惊慌失措，举止大乱。

经此一事,坏事变成了好事,孩子人格厚重了,开启了思考,变成了有心人,学习还会差吗?

· · · · · · · ·

所以,我们需要反思的是:**孩子平时犯了错,我们的教育方式是不是太过于粗糙了?**

想说什么就狂风骤雨般脱口而出了,连自己的心都没过,脑子都没过。

很多父母教育孩子就像养牛,给他吃的是草,却渴望挤出奶来。

我们当老师还要讲究,如果想给孩子一碗水,自己就先要有一桶水。要让孩子活出个样来,却潦草地教养他,能行吗?一定不行。

所以,教育孩子,要用心。

冲动的父母，最终会带出情绪冲动、行为冲动的孩子。

最后，你也许还想问，孩子身上有缺点，常常因为这个犯错误、走弯路，可是道理都讲尽了，他就是意识不到，怎么办？

很多时候，我们眼睁睁地看着孩子自大、狂妄、封闭、无知、走着弯路、犯着错，仿佛无可奈何。

两个字：坚持。

发自内心地坚持，才是父母面对孩子缺点和错误的最佳姿势。

坚持，就是勇于管教。总有一天，孩子会感受到你的良苦用心。

孩子犯错，别再发火，而是要开心。**因为每一次错误，其实都是成长的跳板**，不过我们要做个有心人，更要做一个敢于坚持的父母！

附　录
给青春期孩子的一封信

亲爱的孩子：

本来准备给你写一封信，可是，提笔在手时，一种奇妙的感觉却升腾起来。这封信，仿佛又不是写给你的，更像是写给我自己的，写给曾经十几岁时的那个自己。

也许你会笑，怎么？妈妈，你也年轻过？

我不仅年轻过，还叛逆过；我不仅叛逆过，还稚嫩过；我不仅稚嫩过，还牙牙学语、蹒跚学步过；我不仅蹒跚学步过，曾经也是我年轻父母手中千疼百爱的小宝贝。

当然，如果站在四十多岁这个时间点上，往后想一想，身为妈妈的我正在一天天变老。

我最近在研究更年期的问题，因为身边有些跟我一样大的姐妹们开始陆陆续续地出现更年期症状了。我虽然还没有这种迹象，但是，大约也就是这几年的事了。

· · · · · · · ·

我还记得我大约在你这么大的时候，发生了两件事，对我冲击很大，一直记到了今天：

第一件事，是在12岁那年，我开始了第一次例假。

那时我正在上小学六年级，刚过完中秋节，天气清冷。突然有一天，我的身体里莫名地流出了很多血，裤子都弄脏了。我在慌乱中排除了外伤，随后镇定下来，想起女同学间的传言，某某某已经来了。

那个年代，似乎同龄人之间的窃窃私语才是青春期性教育的主要启蒙方式。

我不知所措，瞒着母亲，匆忙潦草地藏起了这条"罪证"。可是依然被母亲发现了。

她举着那条脏裤子，哭哭啼啼地骂我，说我什么都不跟她说，发生这么大的事，自己偷偷地弄，怎么就不跟她讲一讲呢？

她开始格外地紧张我，不让我碰凉水，不让我干重活。但我太笨拙了，总也搞不好，裤子总是脏一大片。

而且，来例假的那几天太不方便了。之前的我无论何时都像男孩一样，跑跳攀爬，自由自在。而此时却只能安静地坐在教室里，哪里都不敢去，因为凳子上的血迹提醒我，又漏出来了……

我的脾气开始变得很暴躁（虽然之前也并不好），不知道对谁有气，但是，最终所有的怒火都指向了我的母亲。我总是气鼓鼓地给她甩脸子，冲她发火，也许是在怪她，怎么就把我生成了一个女孩？！

我还记得她那天的表情：

尴尬，而卑微。有点手足无措，又似乎在努力克制。

她是一个农村妇女，没文化，也不会讲话，显得有些笨拙，只是用那种担忧而无措的眼神看着我，跟着我的车子走。

我一扭身，骑上自行车便扬长而去。而她，只能尴尬地站在原地，看着我的背影。

今天看来，我和我的母亲，都在笨拙地适应这个新的阶段。

当我成熟之后，回忆往昔，才后知后觉地发现，应对孩子的青春期，我的父母已经做得很棒了。虽然他们没有太多文化，但我未必有他们做得好。

· · · · · · · ·

没过多久，我就遇到了第二件事。

有一天，我在一份旧报纸上看到一篇文章，是讲更年期的。

这篇文章详细地描写了女性到了更年期，会产生的种种生理和心理的变化。当中更提到了男性也有更年期，只不过症状比较隐蔽，不为人关注。虽然当时看得迷迷糊糊，但是，这篇文章却似乎给年少的、不谙世事的我，在一片混沌中指出了一个人生的真相，那就是：

生命就像河流，不会永远停留在此刻。

那是我第一次对生命的进程有了意识。

之前，懵懂天真的我，一直都活在当下。当下的风、当下的雨，当下的花、当下的草，日子慢得像一首悠长的歌，不知道从哪里开始，也似乎永恒不变。

但是，从那天开始，我清晰地知道了：

例假之前没有，现在来了，但很久之后的某一天，它又会悄然离去。

然后，我也许就老了。

这一切都会真实发生，不以我的意志为转移。

从那一刻开始,我走出了童年,开始思考起了未来,开始思考起了人生,开始看见了自己。

我的心像长了海草一般,变得沉甸甸的,却又飘飘摇摇。

我开始写日记,记录自己的感想。我有很多话想讲,环顾四周,却又不知道该讲给谁听。

· · · · · · · ·

是的,从那一刻开始,我变得很孤独,然而,我却很享受这份孤独。在我的眼里,一切都变了。世界像被雨水冲刷过一样,换了新的颜色。

我会一两个小时看着窗外的雨发呆,内心或澎湃,或安宁,就像走进了浩瀚神秘的宇宙,别人觉得我是呆子,我却乐此不疲。

书本对于我来说也变了,以前要记住它们,背会它们,要考双百。可是现在,我感觉书本上面的每一个字都会呼吸，都有生命，像蝌蚪一样优雅地摇动。是的，我不能不读书，要不我会憋死。

我贪婪地呼吸，尽自己的所能睁大眼睛，寻觅着、捕捉着，很怕错失这个世界的每一滴精彩。

以前我觉得青春期很糟糕，因为我要应对讨厌的例假，有时候血迹弄得满裤子、满床都是，有时候还肚子疼、腰疼，不能跑，不能跳，变得扭扭捏捏。

不过，此时我发现青春期似乎也有好处：

我的眼睛变亮了，我的心变得敏锐了，我似乎第一次看见了自己，看见了这个世界。我，似乎开始属于我自己了。

我渴望看到我的未来，

我渴望亲手锻造我的未来。

我渴望见识人生，

我渴望锻造不一样的人生。

从那一天开始，我走啊走，走啊走，一路走到了今天。虽然也算经历了人生的起起伏伏，悲欢离合，甚至经历了一些暗黑可怕的时刻，看上去不动声色地成了一个成年人，但是，妈妈想对你讲句真话：

其实，妈妈心里还藏着一个小女孩。

相比 30 年前的那个小女孩，这个小女孩似乎长大了一点。但是，她还是对人生充满了渴望。渴望理解当下，渴望锻造未来，渴望拥有一个不一样的人生。

相比 30 年前，这份渴望看上去似乎不那么热切了，但是，却更有力量了！

同样的，这个小女孩面对人生的困惑，并没有比 30 年前更少，反而更多、更深刻了。毕竟，面前的"这道题"变得更复杂了，答案也更晦涩不明了。

· · · · · · ·

很多人习惯拿年龄来说事，对人生充满了刻板的偏见。他们说，童年就是无忧无虑、懵懂无知的；青春期就会叛逆、胡来；年轻人就是勇敢的、时尚的、不拘一格的；中年人就是油腻的、势利的；人到老年，会有老人味；女人生了孩子就失去了全部魅力，与快乐开始绝缘……

孩子，妈妈想告诉你，**人生的模样，要你自己定义。**你要很警惕，不要被这些平庸的论调困住头脑。

以我的经验来看，人生就像一个圆，有的人直径只有一毫米，他们从来不敢去拓展自己生命的边界，他们的头脑被父母、身边的人、网络、平庸的书籍、电视剧所污染、局限。

他们蜷缩在阴暗的洞穴里，用自己可怜的未经历练的心灵，偷偷地揣测着这个世界。他们偶尔也会怀疑，偶尔也会压抑到痛哭流涕，他们也想要改变，却在挣扎之后颓然放弃。他们从来没有真正站起来，投身进真实的世界中，从来没有用自己的双脚丈量过这个世界。

人生，是活出来的。

而怎样活，是你自己定义的。

怎样定义人生，取决于今天年少的你，有没有张开双臂拥抱眼前这个世界，用一种开放的胸襟，去迎接生命中的一切。无论是悲伤、绝望、孤独、诱惑、质疑、打击，还是赞美；无论是高朋满座、鲜花怒放，还是踽踽独行、秋风落叶。

人生之美，美在不止一种颜色。

人生之醉，醉在不止一种味道。

人生之趣，趣在你永远不知道下一秒会发生什么。

不带成见地纵身跃入，在看似下坠的那一刻，你会发现，自己学会了飞翔。

所以，**不要拒绝这个世界**——不要拒绝失败，不要拒绝恐惧，不要拒绝不确定。

· · · · · ·

爸爸妈妈小时候在封闭的小村庄长大，那是一个受无数隐形条条框框局限的地方，每件事都有标准答案，一旦你脱轨，身边就会有人指指点点：

女孩读那么多书干什么？
女孩越有本事越嫁不出去。
一个大男人听女人的话就是没出息。
温柔顺从的女孩才招人喜欢。
人不要心气太高，有碗饭吃就好了。
出门在外，别人怎么做你就怎么做，不要冒头，不要闯祸……

我18岁上大学，到了一个更大的世界，我发现，这个看上去似乎更先进时髦的地方，依然有很多隐形的条条框框在规训着每一个年轻的生命。

我发现，一个人如果想要活出自己，需要很大的勇气,需要超越世俗,需要不断地问自己,一遍一遍地确认自己内心真实的声音……否则,外界的喧嚣会淹没自己。

我理解的勇敢,不是从来不怕,而是明明害怕,也依然坚定地遵从自己的内心。

爸爸妈妈是这样走过来的,未来会更勇敢地走下去。

像年轻的时候一样,我们依然会踌躇,会恐惧,会担忧,但也会依然往前迈一步,再迈一步。

这样的人生是折腾的,是颠簸的,也是回报丰厚的,那个回报就是:

人生,我不虚此行。

孩子,别辜负自己的人生,它是你的,是独属于你的。

一个人不能屈从于自己的恐惧,活在自己的骄傲里,宁愿沉溺在过往的痛苦中不甘、怨恨,也不愿打开心灵,走进真实的世界,拓展人生的半径。

妈妈想告诉你：

人生，任何时候都来得及。
人生，每一个阶段都有其价值。

这个世界上有无数深刻的、自由的、独立的、不羁的灵魂，他们把自己对人生、世界的体悟，通过文字、艺术、科学的方式，传承下来。去阅读它们吧，它们将把我们从庸常的世俗中拖拽而出，让我们用清新的氧气，扩展自己的胸襟。

请对这个世界微笑地说一句：
世界，我来了！

爱你的妈妈

青春期为什么总是对着干

赵帅 李波 著

从厌学到爱学

机械工业出版社
CHINA MACHINE PRESS

本套书共分为三册,选取了青春期孩子最常见的三大问题——叛逆、沟通不畅、没有学习动力,为父母提供了一个读懂青春期孩子、正确引导青春期孩子、真正帮助青春期孩子的实用指南。当青春期迷茫遇上学习问题,会让原本复杂的局面火上浇油,也会让父母和孩子的矛盾激化。作为本套书的第三册,本册书帮助父母重塑对孩子学习的认识,用正确的学习观念让孩子重新从学习中找到人生的成就感和求知的快感,找回学习动力。

图书在版编目(CIP)数据

青春期为什么总是对着干. 从厌学到爱学 / 赵帅,李波著. -- 北京:机械工业出版社,2025.4. -- ISBN 978-7-111-77766-3

Ⅰ. G782

中国国家版本馆CIP数据核字第2025UD8634号

机械工业出版社(北京市百万庄大街22号 邮政编码100037)
策划编辑:刘春晨　　　　　责任编辑:刘春晨
责任校对:韩佳欣　宋　安　责任印制:常天培
北京联兴盛业印刷股份有限公司印刷
2025年5月第1版第1次印刷
145mm×210mm・8印张・113千字
标准书号:ISBN 978-7-111-77766-3
定价:168.00元(3册+附加册)

电话服务　　　　　　　　　　网络服务
客服电话:010-88361066　　　机 工 官 网:www.cmpbook.com
　　　　　010-88379833　　　机 工 官 博:weibo.com/cmp1952
　　　　　010-68326294　　　金 书 网:www.golden-book.com
封底无防伪标均为盗版　　　　机工教育服务网:www.cmpedu.com

开篇语
影响孩子成绩的三座大山

我们都知道青春期的孩子叛逆、冲动、压抑、封闭、口不择言……仿佛一夜之间变成了我们不认识的样子。

但是,我们要告诉各位父母的是:

不要只顾自己受伤、心累。这个时候,不带偏见地看看孩子,你会发现,其实在这场成长的跋涉中,他比你更辛苦、更无措,也许更受伤。

就像鲍勃·迪伦的一句歌词:
一个男人要走多少路,才能被称为一个男人?

青春期,就是这段旅程中最艰难、最漫长的一段路。

这其中的艰难，所经历的磨砺，甚至会让一个最爱做梦的少年失去斗志，如蜗牛一般蜷缩起来。

所以，别让下面这三座大山毁掉孩子的进取心。

第一座大山：人际交往

每次面对迷茫、困惑的孩子时，我（赵老师）都会产生一种深深的失落感：为什么对人生真正有价值的事情，父母、老师却鲜少去教孩子呢？

人际交往就是其中之一。

面对这样一件人生大事，父母往往用下面这几种粗糙的言辞打发孩子：

- 其他的都别管，你只要把学习搞好就行了！
- 你只要对别人好，别人就会对你好。
- 要多跟那些学习好的同学在一起，少跟那些不学无术的人交往!
- 老师说你不对,一定是你有问题,要检讨自己!
……

如此复杂的一件事,却如此轻率简单地概括出来。于是,几年之后,我们就培养出了很多这样的孩子,比如:

一个高三的孩子,马上就要高考了,可是依然在为一些莫名的事情而劳神。妈妈不解地问:"老师,为什么我的孩子就这么'无心'呢?"

她讲了两件事:

第一件事,孩子有一个好朋友,两个人经常一起上学、一起回家。可是,人家孩子的头脑很清晰,玩是玩,学是学,无论怎样亲密,也不会把自己的隐私拿出来分享。自己的孩子却黏滞得很,就像藤蔓缠在树上,什么小秘密都会告诉对方。本来每天放学会先经过自己家,后到朋友家,可是她常常过家门而不入,要陪朋友再走半个小时路,把人家送回去才回家。

第二件事，之前一直有一个男孩追求女儿，女儿同意了。但是，交往不过一个月，男孩忽然讲："咱俩分手吧，我们现在还小，精力应该用在学习上。如果有缘，上了大学，我们再谈。"男孩说到做到，然后就真的好好学习去了，现在成绩提升很快，可是自己的傻姑娘呢？还在那里纠结，"他为什么不跟我好了呢？"

我想，这样的孩子，有这种困惑的父母，比比皆是。

人际关系困扰对一个孩子的影响远远超出我们成年人的想象。 据调查，至少有80%的孩子在成长过程中为人际关系所困扰，导致厌学、害怕上学或者产生自我怀疑，进而丧失进取心，成绩开始下滑。

有一个高一的男孩，个子高高的，很阳光，很善良，可是数学只考了30多分。为什么？

女同学失恋了，找他倾诉；男同学找他出去打游戏，一叫就跟着去……

人家说他是烂好人，他就呵呵一笑，称自己是"妇女之友"。妈妈认为他没恒心、没斗志，随波逐流。

其实，**他不是随波逐流，他只是不懂如何拒绝。**

我们跟他讲，等他什么时候眼神中有了光，成绩就上去了。

眼中有光，就是有了主张，知道如何拒绝与坚持自我。他坚持了半年，数学考到全班前五。

可是，并不是所有的孩子都像他这么幸运。

有一个孩子，出国旅游一趟，买了一双时尚新奇的鞋。同学们没见过，问他从哪里买的，他说在国外，然后大家就开始挤对他，说他是富二代，跟他们不是一个阶层的。

孩子在这种排挤中痛哭流涕，每天上学都很痛苦。他说："我长这么大，为什么从来没有人认可过我？"

还有一个女孩，没有考上理想的高中。她以前是极刻苦的，可是，自从上了普通高中后，都不敢勤奋学习了，因为怕周围不学习的同学排挤自己。

好也不行，歹也不行，**只要孩子没有学会人际关系这一课，无论怎样，都是错。**

更可怕的是来自老师的嘲讽：

一个小学一年级的女孩，她所受的家教就是要有好的形象，所以每天都会穿漂亮的裙子去上学。有一天却被老师骂："你要把换裙子的心思多放点在学习上，你的数学成绩也不至于这么差！"

下了课，孩子的头垂得很低，周围的小朋友都用异样的眼光看着她。

然而，为什么不可以既穿得美，又学得好呢？学习不好就谈学习的事，说衣服干吗？这样的人身攻击，这样片面、机械的世界观，让一个孩子从6岁起就丧失了追求美的勇气，充满了羞耻之心。

于是，为了在群体中不成为异类，孩子不知不觉地开始"流俗"。

流于世俗。

- 人家生日请客，我也请客。
- 有同学过生日，我要送他一份大礼，不要让人瞧不起我。
- 同学穿名牌鞋，我也要一双。
- 塑料姐妹花，我也要两个。
- 同学都有人追，没人追我很没面子。
- 别人玩世不恭，我也要……

这些行为的底层逻辑是，我要永远跟大多数人保持一致，这样我才能赢得多数人的好感。

有多少孩子，在原本应该力争上游、仰望星空的年纪，却堕入末流、坠入世俗？想想都心痛。

不敢坚持该坚持的，不敢摒弃该摒弃的，不敢主张该主张的，没有勇气反思该反思的，也不会以开放之心接纳自我，欣赏他人的独特。

人际交往的核心在于"我"。

我是谁？

我从哪里来？

我要到哪里去？

我要追求怎样的人生，成为怎样的人？

以此为圆心，来界定与周围人的关系。

以这样的观念出发，引导孩子，我们才会收获一个头脑清晰、主张明确、行动明智的孩子。

第二座大山：学习压力

有一个孩子，上小学的时候，学习很不错，但是上了初中，进入实验班之后，成绩一下子落到20多名。这个时候，孩子开始情绪不稳定，她感觉在学校待不下去了。有时还头疼，时常请假回家，一回家，就好了。

有一个高一的孩子,之前也很优秀,但上了高中半年,数学成绩一直没有起色,总在四五十分徘徊。孩子压力大得脸都发黑了,还吃着中药。

还有一个孩子,从小父母、老师都说他聪明,但是成绩却从来没有优秀过。上高中之后,成绩勉强维持在及格水平。怎么回事?他搞不懂。

"也许是我不够勤奋吧!"

其实不是不够勤奋,而是不会勤奋,从小投机取巧的他,从来没有学会怎样勤奋。

无论孩子是在挣扎,是选择放弃,还是振振有词地讲"学习没用",这些都是假象。真相是,**他们很在乎,在乎到会影响他们一生对自我的评判。**

我们可以把一本、二本、三本的毕业生排一排,看一下他们的气质和风貌。越是好一本的孩子越自信,对人生越有企图心;越是三本的孩子越放任自流,越自卑封闭,越自我要求低。

每个孩子的
内心深处
都是
积极向上的!

对很多孩子而言，求学应考是他们实现阶层跨越唯一的，也是成本最低的通道。

这一点父母清楚，孩子也清楚。

所以，**孩子的随波逐流里有痛苦、有自卑。**

孩子的放弃敷衍里，有痛苦、有不舍。

他也挣扎过、奋进过，但是没有结果。于是，他把自己归结为一类人：失败者。

我们常常以为是因为孩子没有学习热情，所以才学不好。

其实，**更真实的情况是，因为学得不好，所以才没有了学习热情。**

当孩子有了进步，他便会斗志昂扬。

就像一位妈妈惊呼："老师，我儿子的数学成绩比上次提高了20分，真没想到他现在一学习就能学3个小时，他以前可是多一点都不学的！"

> 因为学得好，所以才拼命学。

所以，如果你见过一个平时数学只考 45 分的孩子，某次考试考到了 85 分时的快乐和奋起，你就真正明白了在孩子的内心深处，埋藏着怎样的对学习的渴望！

第三座大山：父母

每次看到在成长中挣扎的孩子，我们的头脑中就会有一个声音不停地回响：

父母别添乱，父母别添乱，父母别添乱！

可是，添乱的父母还是很多。

很多父母都是打着爱的旗号在添乱，在给孩子施压，因为他们觉得孩子缺少压力，没压力就没动力。可是，孩子怎么可能没有压力呢？

一代人有一代人的使命，一代人有一代人的困惑和痛苦。

以前缺吃少穿是痛苦，现在虽然衣食无忧，却竞争激烈，这也是痛苦。以前为生存而痛苦，现在为实现自我价值而焦灼。

其实，现在大多数的孩子只是父母笼子里的一只鸟，既被喂养着、宠爱着，又被苛责着、束缚着、依赖着，还要被提着四处炫耀。

经常有父母问我们，孩子现在出现了一些问题，不想学习了，要不要找心理医生给他看看？

我们在想：孩子是你养大的，为什么出了问题，要他一个人去看心理医生，为什么不是你去看？

父母原本应该帮助孩子解决问题，是孩子的战友。可是现在，却成了孩子的困扰和麻烦。

孩子成绩下滑时，父母比孩子还承受不住；孩子被人际关系所困扰时，父母比孩子还恐惧焦虑……父母看上去是长辈，但除了控制和施压，却无计可施。

当孩子陷入困境时，很多父母没有成为助力，反倒成了压倒骆驼的最后一根稻草，给了孩子致命的一击：

- 你就是烂泥扶不上墙！
- 你怎么这么差劲？我宁愿没生过你！
- 别人家的孩子都给父母争气，再看看你！

父母比孩子还委屈，还玻璃心，还狭隘，还脆弱。

所以，我们佩服那些强大、明智、包容且行动果敢的妈妈们。**她们就像大地一般，用自己的胸襟和气度涵养着孩子，哺育着孩子。**

就像一位妈妈做的：

女儿马上要中考了，但在 11 月份的时候成绩下滑，在家里大哭大闹，情绪崩溃，骂起她来口不择言。那一刻，她知道，女儿心里的痛远甚于她。

女儿哭闹够了，她搂着女儿沉静下来，拍着女儿的背，跟她讲：

"没关系,妈妈知道你的理想,知道你的追求,你想考大学,想做建筑,我们一起想办法,我来帮你。"

父母们,请守护好孩子的梦想,别让世事的艰难,阻碍他们迈向理想的步伐!

目 录

开篇语 影响孩子成绩的三座大山

01

第一篇
重新认识青春期孩子的学习

002 孩子的进步急不来
017 在关键时刻，父母要全力支持孩子
033 孩子成才的真相

02

第二篇
找到孩子成绩低迷的根源

046 学习不是死记硬背
061 "差不多"的态度让孩子成绩低迷
078 "来不及"扼杀了孩子的学习劲头
095 不会思考，让孩子迷惘混乱

03

第三篇
激活孩子的学习兴趣，
从不想学到主动学

120　摆脱学习路上的三只拦路虎
134　三步走，成功激活孩子的学习兴趣
143　这样给孩子励志，孩子一次比一次考得好

04

第四篇
这样做，
孩子越学越好

160　好学生的三大拿分法宝
176　学习态度的背后，是方法和心智
190　有意志力的孩子才能走得更长远
207　实力的打造，靠的是恒久的用力
221　学习品质才是孩子的核心竞争力

第一篇

重新认识青春期孩子的学习

孩子的进步急不来

怎样才能让孩子发生改变?

孩子的进步要从哪里开始?

困扰父母的,很多时候都是这件事,但是父母又常常不得法。所以,教育孩子很多年,似乎也没有成果。直到孩子要高考了,还在纠缠这件事。

下面就来帮大家梳理一下头绪。开始之前,请大家先思考一个问题。

你有没有过一次这样的心灵体验:在某一个瞬间或

某一种情境下,你忽然间看到了自己本来的面貌,很清晰,没有一点含混;然后,你很错愕,就像脑袋被敲了一下,"铛"的一声,瞬间清醒,一直以来对自己的幻想,被打破了。

好吧,我(赵老师)先招供。有一天,我看到一张我和李波老师在天津游玩时的合影,忽然之间,电光火石,我发现了一个关于自己人性底层的真相,那就是:

原来我是一个看上去很沉稳、很果断,脸上写着"杀伐决断"的人啊。

然而,我之前从来没有意识到这一点。一直以来,我都觉得我是一个看上去"笨笨地使劲,憨憨地努力"的温厚女孩,没想到还有一点儿大佬的气场。

是的,那张脸、那样的表情,平时在自拍里是看不到的。我们习惯于把甜美、温柔放在自拍里,谁会把生活的沧桑,本性中的坚韧粗粝展现出来呢?

而我们对自我的认知,很大程度上又局限在小时候周围人对我们的评价中,并在此基础上,衍生出对自己的想象。

在这个喧嚣的世界,很少有人能真正沉下心来,看看自己内在的样子。因此,**也很少有人真正明白自己是一个怎样的人。**

而这些内在的特质,随着年龄和阅历的增长,都会写在我们的脸上,写进我们的眼神里,写在我们的每一次微笑和沉默里,甚至每一道皱纹里。

自己不知道,别人却一目了然。连我们家不到 9 岁的"小憨憨"儿子都看到了。他送过我一张专属贺卡,封面很粗糙,语言却很真切:

"我的妈妈是一个很能沉得住气的人!"

我自认为在他面前一直是一副慈母样,可惜,还是藏不住峥嵘。

· · · · · ·

绕了这么一大圈,我想告诉大家一个很浅显,但又最容易被我们忽视的道理：**一个人最难看清的是自己。**

我们知道自己喜欢这个，不喜欢那个。环境中有一丝丝不符合我们观念、习惯和喜好的东西，我们都能察觉到，但我们对自己依然知之甚少。

因为我们没办法像一个外人那样站在一个远一点的地方，细细地审视自己，对自己有一个客观清醒的评价。

这就像电影《心灵捕手》里的天才少年威尔一样。他能在极短的时间内学会高深的心理分析，并且引经据典，让大名鼎鼎的心理学家西恩无言以对，但他却无法正视自己的心理困境，对自己的人生无能为力。

我们活在自己的"里面"，所以就看不见自己了。
我们还如此懦弱，不敢正视自己本来的样子。

看到这里，大家是否发现，我们过去对自己牢固的认知也有一丝松动了？是的，在生活中，我们常常会看到这些现象：

有的人很自负，谁都瞧不上。但当每一次机会来临时，他的鸵鸟心态都会露头，在自卑和胆怯的驱使下，仓皇逃跑，同时还不忘记给自己编一个冠冕堂皇的理由。

（他其实是一个懦弱的人。）

有的人口口声声爱家人、爱朋友，但其实无论金钱，还是道义，抑或者责任，他什么都没有担当过。所有的爱都长在嘴上，却总觉得自己好委屈，付出好多。

（他其实是一个自私虚伪的人。）

真正承担了很多的人，从来不觉得自己做了很多，相反，他总在愧疚是不是自己还可以做得更多。

（他其实是一个善良的人，常常为了别人过度透支自己，遗憾的是，他显然没有发现自己的这一面。因为善良的人，总觉得自己还不够善良。）

内心经历过兵荒马乱，看遍人间冷暖的人，总是面带微笑，心态积极。

（他其实是一个勇士，一面看透生活的真相，一面还热爱着它。)

活在表面,从来没有进入过真实生活的人,稍微受点苦,就会咧嘴大哭,说自己活得有多惨,多不容易……你看,人是多么复杂的动物!

旁观者清,当局者迷。所以,要一个人改变,何其难?自己都看不清楚自己,怎么改?

我们经常遇到一门心思想要改变孩子的急切的父母,他们追着我们说:

"老师,我儿子怎么才能懂事一点呢?他再这么叛逆下去,把自己都耽误了!"

"老师,怎么才能让孩子变得平和一点呢?她总是火气很大,动不动就怼我!"

"老师,我女儿做事的时候总是虎头蛇尾的,很急躁、很粗糙。她给我做一顿饭,厨房就像被海啸蹂躏过一样,哪里都是乱糟糟的。学习也是一样,东一榔头,西一棒槌,老师都说她做事太潦草了……怎么能让她做事时周全、认真、善始善终呢?"

心愿很好,但问题是:

叛逆的那个孩子,他也许从来没觉得自己在浪费青春,也从来没发现自己叛逆,只不过是人云亦云,他还觉得自己很酷、很有主见呢。

怼妈妈的那个孩子,她觉得妈妈的脾气还不如她呢,要不是妈妈每天追在她屁股后面要分数,她能这样吗?

还有做事虎头蛇尾的那个女孩,她在做这些事的时候,说不定还认为自己很利索,很潇洒呢。

· · · · · · ·

孩子看不见自己目前所处的这个点,我们把它称为"起点",改变或者进步的起点。

同时,他也看不见自己应该去的那个点,要前进到的那个点,我们把它称为"目的地"。

当这两个点他都看不见时,其结果就是:

他不觉得自己现在有问题,也不知道自己下一步应该去哪里。

这个时候,改变怎么能发生?进步怎么能发生?

就像如果对一位妈妈说,"因为你太焦虑了,太强势了,脾气太差了,你的孩子才这么叛逆",当她没有意识到这个问题时,她一定会振振有词地说:"老师,他要是好,我能这样吗?我是被孩子逼成这样的!"

再比如提分这件事,孩子现在数学考 90 分,父母想让孩子通过三个月的复习,在高考时考到 115 分,怎么实现呢?

如果告诉他:"要多做题呀,多做题!"结果很可能是题目练了一大堆,会的还是会,不会的还是不会。

但如果告诉他,他现在考的 90 分是一个什么样的起点,孩子就会清晰地知道自己的定位。

90 分这个起点的特征是:

对于知识，有但不够全，而且对于已经知道的基本知识没有清晰的条理，不够熟悉；在方法上，有感觉，但不成体系，做不到全盘"俯视"，只能靠着感觉走一步想一步；在想法上，有一些思考，但仅限于那些特别常规的问题。

知道了这些，孩子就知道自己在什么样的地方站着呢。

接下来，想要走到 115 分，115 分就是目的地。这个目的地又是什么样子的呢？

考到 115 分意味着：

除了对极个别的知识不够熟悉外，大多数知识都掌握得比较有条理且熟练，只是个别知识在解题时运用得不够直接，有点绕；方法有体系，能初步做到"俯视"，只是运用的速度还不够快；只要不是那种特别难的问题，都知道要从哪里开始下手，但完成度还不够高。

这就是孩子要去的地方。

起点知道了，目的地知道了，努力的方向就明确了：

把能力范围之内的题目重复做，达到比抄答案还要快的速度！

很简单是不是？但是坚持去做，真的可以让孩子收获真金白银的分数。

所以，**改变从来不是凭空发生的。**

我（赵老师）上大学的时候，有一位朋友在学校门口的街边开一个卖服装的小铺子。她是一个心直口快的人，有一次她对我说："你是一个不能忍辱负重的人！"

这样直接，就像拿着一面镜子，直接摆到我眼前，指给我看，"你嘴角有一颗米粒"。她的话瞬间就照出了我内在的样子：看上去倔强有追求，却脆弱矫情，无法担当起自己的理想。

我当时没有说话，心里却久久不能平静。因为这个评价太犀利了，它出口的那一瞬间，我就知道，它是对的，事实就是这个样子。

想要改变，需要当事人看见。既要看见当下的问题，又要看见实现的目标。

只有方向性的问题解决了，改变才会发生。

随后，我把"忍辱负重"这四个字刻在了我的心里，时时默念，时时检讨。从那一天开始到现在，这条修行的路我走了二十年。是的，好一点了，甚至可以说，好很多了。

因为我后来又有幸遇到了李波老师，他是一个特别能够忍辱负重的人，就像骆驼一样，即便在沙漠中，也能坚韧地前行。他就是一个榜样，能让我看到自己要前进的方向。

我既有人指点，又有自省的精神，敢于正视自己的问题；既能看到身边的榜样，又能激励自己，才能历经二十年，改掉自己的一个性格缺陷。

在这个链条上，但凡有一个环节缺失，我都无法改变，可能终生都将对自己的性格缺点视而不见。

· · · · · · ·

李波老师有一套非常周详的"**改变理论**"，简单来讲就是，**要想让一个孩子发生改变，他需要经历三个阶段：**

1. 有意识
2. 有意愿
3. 有行动

完成四个步骤：
1. 开始做
2. 用力地做
3. 有方法地做
4. 忘我地做

如果展开来讲，光这个主题，都够讲三天三夜了。而在有的父母眼里，孩子的改变似乎是一件说说话就能完成的事。

一切的起点，都是从有意识开始的。
有意识就是看见了。

孩子之所以迟迟没有改变，不求进步，本质的原因是，**他还没有意识到那个问题**，或者说，**他还没有真切地**

意识到这个问题的重要性。

所以，与其责怪孩子不改变、不进步，不如省下力气，回归到问题的根本：

让孩子意识到，他现在在哪里，他应该到哪里去，怎样从这里走到那里。

这关键的两个点，都要让孩子清晰地看到。他现在还做不到，是因为他根本没看见，或者看得太模糊了。

> 孩子看见的越多，能做到的就越多。

身为父母，我们必须要用一种长线思维来看待孩子的成长。

必须对他们的改变充满信心，同时又要有绝对的耐心。

还必须用一种宽容的态度，正确看待他们在改变之路上的起伏、曲折，同时还能够持之以恒地引导孩子往正确的方向上前进。

最后，要求孩子做到的，父母必须要求自己首先做到。

要求孩子心态平稳，自己就要先改变急躁易怒的毛病。

要求孩子认真努力，自己就要先做一个模范榜样，认真地对待自己的工作和生活。

要求孩子能够体谅自己，懂得感恩，就要先问问自己，平时体谅过孩子的不容易吗？对孩子有感恩之心吗？

如果有这样的胸襟境界、眼界心态，家里的风气一定会为之一变。而孩子的改变，一定比我们还要快，还要好。因为孩子还小，还未定型，而我们已经"冰冻三尺非一日之寒"了。

当然，正因为即使不再年轻，也还在前进，我们努力的样子才格外动人，让孩子心生敬畏。

加油吧，父母们，四十不惑，五十正好，让我们继续在路上……

在关键时刻，
父母要全力支持孩子

一位高三孩子的妈妈向我们求助。平时她知性优雅，可是，此刻却像一个慌了神的女孩。她不停地追问：

"老师，你看，就剩下一个月了，我这心慌得不行，整天坐卧不宁，怎么办呀？要不我去给她打听打听复读的事？"

孩子条件不错，数学110多分，总分530分左右，今年一定可以考上，哪里用得着复读？非但不用复读，最后一个月如果功夫下对地方，运气好点，还可以考一个不错的大学。

所以,母女俩现在要做的不是游移不定,而是全力以赴,告诉自己绝对没有问题。然后凝聚起斗志,积极备战。

可是,在这个紧要关头,妈妈却畏缩慌乱了。

而与此同时,另外一位妈妈却在播撒喜悦:

这位妈妈的儿子去年以 584 分的成绩考上燕山大学。她生日那天,一大早就收到儿子从大学寄来的鲜花。这一朵朵红花,仿佛一颗颗心,耀动着儿子对母亲深深的爱。

孩子是父母一生最好的作品!

可是,回想一年前,她也同样焦虑不安。

她跟我们抱怨,儿子不知道抓紧时间,周末休息还抱着手机。一模虽然提了分,考到 506 分,但数学只考了 72 分……

我们对她讲,不要只看当下,按照我们的复习策略坚持走下去,一直到高考,孩子的数学一定可以上 120 分。

不久，孩子的数学成绩果然有了进步。妈妈一边欣喜孩子提分了，一边焦虑提得不多，一边又要求自己积极地推动孩子做事，紧跟老师的步伐。两个多月后，孩子高考，数学果真拿到 124 分，总分超出一本线 72 分。

鲤鱼跳龙门。最后的关键一跳，这个孩子跃出了一个让他妈妈惊叹的高度！

不过，军功章有孩子的一半，也有她的一半，是她在低谷中的坚守，成就了孩子从 72 分到 124 分的华丽逆袭。

· · · · · · ·

那些人生的关键时刻，那些在孩子一生中，也许短暂，但却起着举足轻重的作用，甚至决定了他们一生的性情、观念、人生道路的紧要关头，也许有中高考，也许有青春期叛逆，也许有第一次成绩下滑，也许有迷茫困顿、一蹶不振的时刻……

在这些人生的十字路口，作为父母，我们究竟应该怎样做，才能帮孩子实现人生的跨越，铺就出他们通往未来的道路呢？

要知道，这些关键时刻，考验的不是孩子，而是孩子背后的整个家庭。

而让一个孩子感怀一生、铭记一生的，也正是这些关键时刻父母的无私成就之恩！

小时候，我（赵老师）的父亲给我讲过一句话：

人这一辈子，看起来很长，但是关键的就那几步，走对了，就完全不一样了；走错了，也许就一步错，步步错。

这句话给我留下了很深的印象。

虽然我平时是一个很粗糙、不精细的人，但是从那天开始，每逢关键时刻，我总是分外清醒。因为我知道，平时懒，懒一时，平时糊涂，也糊涂一时，但是：关键时刻的懒、糊涂，也许毁掉的是一生。

人生中关键的几步走对了，就完全不一样了。

关键时刻的懒、糊涂，也许毁掉的是一生。

孩子的一生，幸福与否，成功与否，往往是由人生20%的关键时刻决定的。

这些关键节点塑造了他的价值观、思维方式，左右了他的人生走向，最后，造就了他。

相信，每一个少年都有过这样的体验，那就是，驻足十字路口，面对来来往往的人群，却不知道自己该何去何从……

这样的犹疑和徘徊，就是面对人生大事时的无助。他们苍白的人生阅历，势单力薄的资源，以及未经磨砺的智慧和力量，都不足以帮助自己做出正确的抉择，勇敢地一跃。

所以，**优秀的父母**，并不是24小时都在尽职尽责地关注孩子，那样未免太累，而是以逸待劳，在关键的时刻，在孩子最需要自己的时刻，给他提供最强大的支撑。

· · · · · · ·

这个支撑，首先，是成熟。

怎样的成熟呢？就是成熟到：

必须清醒地意识到，这是孩子一生中为数不多的关键时刻，它的成败会影响孩子一生的幸福和自由。

所以，无论自己平时多么怠懒，此刻，都要提起气来，全力以赴、毫无怨言，甚至不计投入地去帮助他。

父母待子女的恩情，往往就是这个时候体现出来的。可是，有很多父母却总在关键时刻掉链子。

经常会有父母向我们求助，这些求助里满含抱怨、指责，比如：

孩子初二了，叛逆得厉害，什么话也听不进去了，真想放弃他！

孩子五年级，学得很费劲，没有学习方法，是不是笨啊？没希望了吧？

自从孩子上了高一,成绩就不断下滑,还不要我说,一说就生气,真不想管她了……

孩子马上要中考了,还没个学习态度,每天不紧不慢,真气人!

每当听到这些怨言,我们总忍不住想说:"都这个时候了,**收起那些高高在上的审视和喋喋不休吧,我们要行动起来了**,要横下心去做事,去解决问题,因为你的脆弱、审视、抱怨、指责是帮不了孩子的。"

所以,重要的不是你看到孩子的这个问题、那个问题,也不是孩子有这个问题、那个问题,重要的是,**你是不是下定决心要帮孩子跨越障碍,走向未来。**

成熟的父母永远知道自己要做什么,应该做什么。要做什么?

一句话:解决问题,带着孩子走向未来。

正因为如此，他们从来不停留在问题本身。因为，停留在问题本身毫无意义。

是的，孩子底子太薄，基础不牢。
是的，孩子青春期叛逆，似乎很多话听不进去。
是的，高考当前，孩子依旧无头苍蝇般乱忙。
……

但是，那又怎样？

问题永远有很多，不过，你要问问自己，你要的是什么？

如果你说，"我希望我的孩子未来能成为一个有文化、有知识、有良好的教育背景、有更大的自由去追求美好人生的独立自主的人"，那么，就要**停止抱怨和牢骚，不要站在问题之上一动不动，而是要行动起来，开始干活，开始想办法。**

父母常常因为求全责备，而停留在问题本身，最后忘了自己要干什么。

所以，**一定要越过孩子当下的重重问题，看到孩子的未来，并且总是专注于这个未来。**

这样，眼下的问题还是问题吗？虽然还是问题，但是它挡不住你的腿了。

能解决的，立马动手解决；不会解决的，找水平高的人来解决；当时当下解决不了的问题，没有关系，我们留待时间来解决。

· · · · · · ·

其次，作为父母，我们还需要坚守，这样才能领着孩子披荆斩棘。

因为从这里到那里，路还很长，要一步一步地走过去。在这个过程中，会有很多艰难，需要毅力、意志来支撑。

越到孩子人生的十字路口,越要知道自己要什么、自己应该做什么,并且全力以赴、毫不惜力地去做。

这才是成熟的父母。

所谓事上磨人，考验的就是我们的意志。

骨头软的父母，没有意志，会摇摆不定，然后孩子也会跟着摇摆不定，这样做事就很难有成果。

有一个男孩，我们认识他的时候，是六年级升初一的暑假，当时他的情况是这样的：

上课时，每隔10分钟就要看一下表，各种小动作不断；一下课就飞跑，恨不能赶紧回家玩一会儿手机。升初一时，又因为学校出了点纰漏，等他报到时，已经开学两个月了，落下很多课，这让他在班里几乎垫底。

可以说，这样一个孩子，底子很薄，学习习惯又很不好，初中三年，他如果再没有成长，也许就会废掉。

但关键时候，他的父母起作用了。

我们建议他们买一本稻盛和夫的《活法》，妈妈马上就买了，买到就跟孩子一起读。孩子自然不会那么容易就去读的，但是妈妈耐着性子，一点一点引导他去读。

我们又建议他们买一盆花，每天抽出 10 分钟时间，让孩子来观察这盆花，训练他的感受力。妈妈第二天就去了花卉市场，买来花带着孩子练习。

时间似乎过得很慢，孩子也似乎成长得很慢。但是，当父母某一天回首，却惊讶地发现，孩子变了，变化很大：

之前背单词很慢，但是现在把一个单元的单词放到他面前，他也能很快默写出来——敏感度有了。

之前坐不住，每隔 10 分钟就想跑，现在坐两个小时不挪屁股——定力有了。

下课后，他也不着急跑了，会在老师身边多待一会儿。

那年中考，他考了全班第二。此时，他已经成熟得像一个资优少年，可以站在那里，严肃正式地跟别人探讨任何一个人生问题了。

从小六到初三，三年时间，站在三年前的那个暑假往后看，你会有希望、有信心吗？

想来，谁都会挠头。但是，这三年的时光，一步步走来，孩子却能给你一个完美的答案。

是的，他可以做得更好！就看你是不是能够坚守目标，带着他走下去。所以，我们要不断、不断地坚守，坚守到孩子走进高考考场的那一刻。

如果父母真的能够坚守目标到孩子走进高考考场的那一刻，那么，任何一个孩子，其实都可以考上理想的大学。

所以，孩子现在叛逆，怕吗？不怕！因为没有到走进高考考场的那一刻呢。

孩子现在成绩下滑，状态不好，怕吗？不怕！因为还没到走进高考考场的那一刻呢。

孩子现在不会学习，付出总没有回报，怕吗？不怕！因为还没到走进高考考场的那一刻呢。

怕就怕你在他小学五年级幼稚的时候放弃他，在他初二叛逆懵懂的时候放弃他，在他高考前三个月彷徨无措的时候放弃他……

总是在孩子人生的十字路口选择离开,留下他一个人,这才是最可悲的。

所以,该耕耘耕耘,该浇灌浇灌,坚守到底,才能等到花开。

· · · · · · ·

最后,关键时刻,作为父母,我们还要学会三个字:讲策略。

本节开头提到的那个孩子,她的核心问题在哪里?

根源在于,她在实际解决问题时,总是想得太多。所以,原本她可以考 130 分,可现在只能停留在 110 多分。

此时,要通过训练来让孩子的身体形成本能反应。就像练习骑自行车一样,**把"大脑知道"转化为"身体知道"**,这才是解决问题的要领。

所以,这个孩子需要做的有三个核心点:

第一，解决中低档难度的问题时，要适度复杂化，而非一笔带过，能用3分钟解决，就不用2分钟解决。越是简单的问题，花费的时间越要多一点，确保此类问题能够精准解决。

第二，难度大的问题反而要简化处理，确保在解决此类问题时思路清晰。

第三，对解决完的问题进行必要的重复练习以及限时练习，让孩子形成解决问题的本能反应。

你只需要记得，在孩子人生的关键时刻、十字路口：

第一，永远都不要忘记自己要什么。

第二，坚守到孩子走进高考考场的那一刻。

第三，用策略帮孩子事半功倍。

记住，在不能相信的时候依然选择相信孩子，才能"无中生有"，创造一个未来！

所谓父母恩，最难忘的不是养育之恩，而是关键时刻，父母用无私成就孩子的恩情。

孩子成才的真相

孩子成才的真相,究竟是什么呢?

先来讲两个孩子的故事,听完之后,相信你一定会有所启示:

第一个孩子,即将上初三,正处于学业的瓶颈期,很勤奋,就是一直处于中上等的层次,动弹不得,用老师的话来讲,他原本可以做得更好。

那么,是什么困住了他的手脚呢?

其一，是他的底层思维方式。

其二，是他的性格。

他做事时缺乏大刀阔斧、自由驰骋的精神，而在具体思维上，又没有掌握思考问题、解决问题的底层方法，思维不够直接、开阔、流畅。

通俗一点讲，就是学得有点"死"。

经过集训，这个孩子无论在做事的格局、视野还是能力上，都获得了很大的提升。随后，他投入到了紧张的中考复习中。他的妈妈说，整整一年，都没怎么管过他，全靠他自己。当别的孩子学得很焦灼的时候，他却跟妈妈讲："妈妈，我感觉现在学得很轻松，各门功课都这样。"

最后中考，门门功课接近满分。他以全县第一的成绩，考入了××市最好的中学、最好的班。

看到这里，也许你要讲，前途一片光明了。

可惜，真实的生活没有结局，新的挑战永远在下一站等着我们。

这个班里云集了全市最拔尖的孩子，开学不久，他就在智力上、能力上受到了巨大的冲击。他跟妈妈讲："老师在黑板上刚写了一道题，我还没拿起笔呢，班里就已经有同学把答案给报出来了……"

孩子的妈妈打来电话。虽然情况严峻，但是她却并不焦虑，状态非常平稳，似乎很有把握去解决，她跟我们说：

孩子现在遇到一个困境，不过，也不能讲是困境，因为并没有把他困住。现在有两个消息，一个是好消息，一个是坏消息。

坏消息是，他如今从当年的县状元，变成了重点班里的倒数，能力上、智力上都受到了挑战，孩子目前的心理状态和感觉都比较糟糕。

但即便如此，还有一个好消息。孩子跟我讲，"妈妈，你不用担心，即便我今天是倒数，我也会努力到高考的，我不会像我们班里的那些孩子一样，变成那个样子。"

变成什么样子呢?

现在,他们班里的孩子已经严重两极分化了。好的孩子特别好,每天拼命地学,但是,最后十名左右的孩子,基本上就不学了,每天上课就是看小说、睡觉,就这样混日子。

孩子看在眼里,说,"虽然我的名次跟他们一样,但我不会像他们一样,我会奋起直追的!"

妈妈感到非常欣慰,她从来没有想到,在挫折面前,孩子居然拥有这样强大的精神力量。如果是自己,也未必能做到。

那么,孩子的问题到底出在哪呢?他的知识功底没有任何问题,他的硬伤是认知能力,就是认识知识、驾驭知识、用知识来解决问题的能力。

也就是说,"是什么"没有问题,"为什么"要打个问号,"怎么用"更要打个问号。

"是什么"是基本功,"为什么"是思维方式,"怎么用"是能力。

找到关键，打蛇打七寸，孩子的成绩才能像坐火箭一般，直冲云霄。

• • • • • • •

我们再来看第二个孩子。相比前一个孩子，这个孩子的故事，则充满了戏剧性。

这个孩子才初二，每天一回家，就躺在床上玩游戏、看手机，无所事事。班主任跟他妈妈讲："这孩子明年一定考不上高中，连普通高中提档线都过不了。"

妈妈没办法，就每天唠叨他："你整天躺在床上，不好好学习，我还要花钱给你补课。你每天这么虚度光阴，时间浪费了，金钱浪费了，你的生命也浪费了！"

孩子不为所动。无奈之下，妈妈给他报了我们的集训课。

暑假集训过后，再去看这个孩子，状态为之一振，不再无所事事，而是开始主动去做事了。

不过，因为之前的底子比较薄，他进步得很慢。后来，他的学习就开始突飞猛进，每上一两次课，就进步一大截。妈妈报喜的电话隔段时间就会打来，让我们听着都很振奋。

孩子之前整天躺在床上，现在就跟变了个人一样。最忙的时候，周末他只有半个小时吃午餐的时间。妈妈很心疼，孩子却毫不在意地讲："妈妈，没关系，我拼了。"

很快，班主任对妈妈讲，"孩子现在的成绩已经可以考上高中了，你放心吧。"可是，孩子反倒不满足了，他想："我可不可以进到重点高中呢？"

他更努力了。此时，他站在那里稳稳的，就像脚底生了根一般，眼神里透出的光，沉稳而坚定。

相由心生。孩子开始走上坡路了，自然会有一种新气象。

果然，一模考试结束后，班主任在班里念成绩和排名，念到他的名字时，他都不敢相信，这是我吗？考得这么好，进步这么大？不能吧？为什么别的同学在退步，只有我在进步呢？

下了课，他走到墙跟前，看了好几遍，才确定，就是自己。班主任说，以这次的考试成绩，他已经能稳稳进入重点高中的普通班了。

可是，孩子却跟妈妈讲："妈，我要再试试，看能不能坐到重点班去。"

妈妈欣慰地对我们说："其实我已经很满足了，孩子从当初不想学习，变成现在这样，就像打了鸡血一般，拿出了拼高考的状态，我真不敢想象，以后，他上了高中又会怎样努力？"

她说，"孩子这么努力，最后冲刺，我这个当妈的，也要助他一臂之力！"

• • • • • • •

读到这里，你是否也很振奋？不过，你也一定很疑惑，这两个漫长的故事用意在哪里？

大家有没有思索过这样一个问题：

一个孩子一生的命运，他的生命层次，他未来在这个社会上所处的位置，究竟是谁决定的？

是他自己？是父母？是命运？似乎都是，又都不是……

一个冬天的晚上，我（赵老师）坐车回家，一路上，都在和一位妈妈聊天，她跟我感慨："老师，你说，培养一个孩子怎么这么累？我们小时候，什么都不用父母操心，不也都长这么大了嘛……"

在那一刻，我心中一闪，忽然间找到了答案，我脱口而出：

如果你想要培养一个普通、平凡的孩子，也许只需要爱孩子、辅助孩子就够了。

但是，**如果你想要培养一个人才，一个优秀的人才，一个有利于国家和集体的精英，那么，仅仅靠父母就不够了，我们还需要借助这个社会上优秀的环境和资源。**

孩子每天跟谁接触，上着谁的课，听着谁的教诲，决定了他未来人生的路，决定了他未来处于哪个层次上，决定了他未来成为谁！

就像一本书里讲的：**你现在所看到的，就是你未来将会得到的。**

有两本传记让我备受启发，一本是爱因斯坦的，一本是徐悲鸿的。从这两本传记中，我们可以看到，天才从来不是偶然的。

比如爱因斯坦，他的父亲是一位数学家，也是一位不太成功的商人，他从事的是当时迅猛发展的电气行业。爱因斯坦从小就在父亲的电厂里接触了很多机器，了解了磁体、线圈和电流的运作方式。

他的父亲还是一位慈善家，供养着好几位贫困的名校大学生。这些大学生，每周都会到他们家就餐，并和他的父亲一起谈笑风生，讨论科学、社会、艺术。真可谓"谈笑有鸿儒，往来无白丁"。20 出头的学术精英和 10 岁的爱因斯坦也因此结下了终身友谊。

也就是说，100 年前，小爱因斯坦已经跟最负盛名的大学里的大学生，开始精神上的交流了。所以，他的成功是必然的。

再看徐悲鸿先生，他虽然出身贫困，但是他的父亲是一位乡间画师。他 9 岁习画，17 岁身无分文，闯荡上海，几度濒于饿死。后来，得到康有为等人的帮助，获得官费留洋的资格。他西渡法国，师从法国著名画家达仰，才成为后来中国绘画界的一代宗师。

试想，如果他没有走出乡土，就无法获得世界顶尖画家的指导，他的视野、格局就会有所局限，即使他再有绘画天赋，可能也会跟自己的父亲一般，沦为一名籍籍无名的乡间画师。

所以，很多时候，原本是我们的教育出了问题，我们却怪孩子，怪他们笨，怪他们懒，怪他们不上进。

多少孩子的一生是被命运摆布的？何时被教育成就过？

想要孩子成才，就须向社会借力，拿最好的资源给他，唤醒他、培养他。单枪匹马，靠一己之力，如何能成就一个精英呢？

须知，教育之道，就八个字：近朱者赤，近墨者黑。

第二篇 找到孩子成绩低迷的根源

学习不是死记硬背

———

一位妈妈向我们求助,问孩子的语文应该怎样学习。

我们问了这位妈妈两个问题:

第一,在孩子的语文考试中,各部分的得分情况是什么样的?

第二,孩子现在语、数、外三科的得分分别是多少?

这是一个高一女孩,语文 90 多分,数学 110 分左右,英语 120 分左右。在交流过程中,可以很明显地看出,这位妈妈对女儿的数学成绩还是很满意的。也许用一个词——知足，更能体现妈妈的心情。

不过，说实话，高一阶段，数学 110 分，并不是一个很优秀的表现。

另外，从这三科的分数分布上，我们嗅到了一点东西。孩子语文学习出现问题的根源，其实和她数学学习是一致的：

这个孩子成绩的获得，很大程度上来源于她的勤奋，而不是靠思维方式的升级换代。也就是说，这个孩子的成绩的获得，完全是靠"死"学。

我们一边分析，这位妈妈一边不住地赞同：

"是的，是的，说得太对了。孩子上初中的时候，就非常努力，上了高中之后就更努力了。孩子很看重排名，为了学习，经常累得流鼻血。感觉孩子才上高一，就已经把别的孩子上高三的劲使上了。可是，我们这边的教育水平不行，跟我女儿一样考到这所重点高中的孩子，都是这样学。"

其实这位妈妈描述的场景，是我们很熟悉的学习状态。甚至在很多人的概念中，这是值得激赏的，难道不应该这样吗？

在传统观念中，"头悬梁，锥刺股"的劲头才是孩子该有的劲头。学习不就是应该下功夫吗？学习不就是应该勤奋吗？

在很多人的观念中，学习就如同下地干活一样，认为只要孩子肯下力气，来年就一定会有收成。

其实，这样的看法是片面的。

即便是下地干活，也要讲究一个**干法**。干法不对，收成就没有保障。

所以，有些种地能手，他们的天文、地理、种植的知识甚至可以与一个研究农业的科研人员相媲美。

而学习这件事，就更不单纯是下力气了。

· · · · · ·

大家有没有思考过，作为一个人，我们为什么要学习？学习的目的究竟何在？

抛开考大学、找工作这些附加价值，**学习最根本的目的其实在于启蒙。**

也就是说，**真正的学习，是为了让我们成人、成才，让我们变得更聪明。**

我们小的时候，对世界的看法是混沌的，对人生、对情感、对自然、对关系等的认识，都是混乱迷茫的，它们犹如一团迷雾挡在我们眼前。

而学习能够让我们识理，成为一个明眼人；能够让我们拨云见日，看清楚身边的一切。所以，学习其实是一件可以让我们变得更聪明的事。

假如一个孩子出生后，智商有 90 分，通过 10 年恰当的教育和自我学习后，他的智商可能会提升到 100 分，甚至更高。

而一个孩子即便出生时智商高达 120 分，但在之后的成长中没有学习，没有思考，没有人对他进行引导和训练，那么 10 年、20 年后，他的智力水平也会降到 90 分。

如果一个人,终其一生都在学习、思考,那么他会因为学习和思考而越来越聪明,越来越智慧,最终成为一个智者。

这也就是老话讲的：脑袋越用越灵。**一个人出生后，大脑是可以被塑造的。**

学习是一件可以提升我们智力水平、认知能力的事。但这并不代表只要我们学习，就可以提升智力，改造思维。

在孩子的求学路上，作为父母、老师，一定要做一个工作，那就是：

引发孩子对知识的兴趣，并在此基础上引发孩子思考。并且在这个过程中，让孩子对自己的思考方式不断地做出调整，学会从不同的方向、在不同的层面上对自己的思维方式进行锤炼。

无论是学习文科，还是学习理科，皆然。

这样，孩子在学习时，才能体验到思考的乐趣，孩子的学习对大脑的发育和成长才是滋养的，有帮助的。

而大多数孩子在学习过程中，可能从来没有过这样的体验。在大家的心目中，学习就要努力，多背、多记、多做题。

那么，即使这个孩子很勤奋，随着知识难度的增加，他也会越学越吃力。因为在长期学习的过程中，他一直处于一种透支、消耗的状态。

. . . .

所以，我们跟这位妈妈分析：孩子目前的学习表现，与她长期以来在学习上着力的重点有很大关系，与她的学习观念有很大关系。

我们来看她的分数分布：英语分数最高，而英语是这三科中对认知要求最低，对勤奋要求最高的科目。

为什么？

因为英语是一门外语，高中阶段的英语，考查的更多是识记——单词记得够不够多，语法记得够不够准确。

别看阅读理解那么多、那么长，首先考查的也是识记。认识的单词越多，就越能读懂。

而高中语文就不同了。

首先那些字，你认识的，别人也认识。所以，在做阅读理解题时，就是真正在考验理解能力了。

A同学能读下来，B同学也能读下来，但读完之后，A同学懂了多少，B同学懂了多少，是不一样的。这背后考查的是什么呢？

考查的是一个孩子的悟性、素养、积淀、逻辑分析能力，以及他对于考试这件事的理解。

语文作文的要求比英语作文更是高多了：字数不少于800字。想要写好，最起码要做到这几点：

第一，要言之有物，言之有理。

写语文作文要有立场、有观点、有思想。这考验的是一个孩子的内核。如果一个孩子平时思考甚少，那么这无疑是一大考验。

第二，要言之有情。

这要求的是孩子要有感受力、有情感。遗憾的是，很多孩子平时太忙于学习了，不知道情感是什么，只知道情绪是什么；不知道感受是什么，只知道记忆是什么。很多孩子只有学习，没有生活，连对生活最鲜活的体验也很少。

所以，要写出一篇感人肺腑、情理交融的文章，对他们而言，真是难上加难。

如果一个孩子成绩处于中上水平，每天像一只小仓鼠一样疲于奔命地跑圈，那么很遗憾，他的感受力会受到很大的摧残。

而很多分数看上去似乎不太漂亮的孩子，反倒对人生有更多的思考，并且有着更深切的情感体验。

可这些孩子最可贵的东西，却又因为他们的成绩问题而不被自己的父母认同和欣赏，进而让他们有的时候也忽视了自己最宝贵的东西。

第三，要有积淀和训练。

A 同学的大脑里有 1500 个字去表达一件事，B 同学的大脑里有 3000 个字供他选择去表达。那么，B 同学的表达可以比 A 同学的表达更贴切、更精准、更出彩。

A 同学只知道一种表达方式，B 同学可能知道三种甚至五种表达方式。那么，同样的几个字，B 同学组织出来的句子就比 A 同学的更有力量、更有感染力。

A 同学读的是《中学生作文精选》，B 同学读的是名著，并且沉浸其中，手不释卷地揣摩把玩。那么，他们产出的东西自然就不同。

因此，本节开头例子中的这个孩子，对识记、勤奋度要求高，对理解要求低的英语学科成绩不错，而对思考、积淀要求比较高的语文学科分数比较低。

这说明孩子在长期的学习过程中,着力的重点不在素养的培养上。而这种着力点的偏差也进一步导致了孩子在需要理解、思考、感受的学科上,表现得比较吃力。

对思维要求很高,积累要求不高,而勤奋要求比较高的数学学科,这个孩子的成绩是中等,她走的路子是"勤能补拙"。

但这条路,对于她数学的成绩——110分而言,已经接近极限了。想要再往上提升,她就一定要对思考问题的方式和学习方式进行升级改造。

所以,我们经常讲一个词:**一通百通**。

在这里,数学和语文,这两个八竿子打不着的科目,连在一起了。

当孩子开始学会思考了,她对作文、阅读理解,甚至对基础层面的问题,就有了新的理解和感觉了。在思维上,孩子就开始变得更敏锐了。

小小一张卷子,两个小时的作答时间,**看得见的是有限的题,看不见的是无限的思考、积累、感受和体验。**

很多忙于学习"知识"的孩子，丧失了这样训练的时间和机会。他们把更多的精力放在哪里了？

放在了多做几道题上，多背几个单词上，多做几篇阅读理解上，多背几篇自己也不知所云的古文上。

这一切于孩子而言，都是任务，是工作，是换取分数的工具，而不是他们成长的养料。

但是应试并不像我们简单地认为那样，只考查知识点的记忆，应试最核心要考查的是能力、素养、想法。

尤其是高中阶段。

从高中开始，才真正开始对孩子的认知能力进行考查。而这种认知能力是在之前12年的学习中成长出来的。

如果孩子之前缺了这一课，到了高中，我们会发现，也许孩子很勤奋，但是成绩却很难出彩。

一个社会，要升级产业结构；一个孩子，要升级认知结构。

如果孩子在高中阶段不做这件事，继续靠勤奋来获得分数，就像一个国家，一直靠低端产业来创造利润一样，永远不可能成为一个经济上的强国。

当然孩子也会考入大学，但是，这样的大学，并没有太大意义。因为它将是孩子另外一个靠死记硬背拿分的战场，对孩子核心的素质能力的提升并没有实质性的帮助，反而会影响孩子一生的事业成长。

学习、学习，我们用十几年青春年华换得的，不应该只是一点点死的知识，而应该是：

最深邃的思想；
最丰富细腻的情感；
一个精彩纷呈、丰富饱满的精神世界；
越来越得心应手的思考问题、解决问题的方式、方法。

如果我们过度地、单一地提倡勤奋，并且把勤奋提升到一个至高无上的境界，那么对孩子将会是一种误导，对他的人生也是一种危害。

勤奋的孩子有很多，很多孩子刚上初一就学到晚上十一二点，搞得年纪轻轻就抑郁、掉头发，但他们的成绩却并不是很理想。

他们既不热爱学习，也没有在学习中收获到智力和能力的成长。他们学习，仅仅是为了考上大学，拿个好分数，给父母一个交代。这样的学习，对孩子而言，其实是一种莫大的伤害。

· · · · · · ·

所以，最后，我们对这位妈妈说：

第一，让孩子把紧绷的神经放下来，把学习的节奏放下来，一定要爱护好身体。

第二，帮助孩子提升思维能力和人生的视野、格局，在解决问题的能力上做一个更为彻底的调整,这样她会学得更轻松,更有效率。

第三,上了大学之后,一定要把中学阶段错过的知识补上,为将来事业上的发展打一个好的基础。

父母都想要孩子成人、成才。可是,无论是成人也好,成才也罢,都不是单靠勤奋就可以实现的。

成人,还需要对孩子做出有效的引领和启迪。还需要孩子在自身的成长过程中,经历风风雨雨,不断地自省自悟。

成才,还需要帮助孩子不断提升做事和思考问题的方式、方法。

"差不多"
的态度让孩子成绩低迷

究竟是什么原因使孩子的成绩一直处于"中不溜"的状态?

成绩的"中不溜"其实源于孩子对学习和人生在认知层面上的"中不溜",以及在做事时的"中不溜"。也就是说,这样的孩子,往往有一种心理,那就是凡事"差不多"就行了。

想的时候,想到一知半解就够了。
做的时候,做到水过地皮湿就满足。

从来不苛求自己"精益求精""好上加好",这就是根本所在。

因此,想要彻底扭转孩子不勤奋、成绩低迷的状态,父母就要从改掉孩子"差不多"就行的坏习惯入手。

· · · · · · ·

如何从行为上改变孩子"差不多"就行的状态呢?

这里要讲一句非常关键的话:

"差不多"背后首先是一个标准的问题。

是可忍孰不可忍。如果连这个都能忍受,还有什么不能忍受?

每个人对生活、对人生的标准不同,所以心理忍受度也不同。

比如,同样是做家务,有的人觉得差不多就好,没必要把家里搞得太井然有序,自己会很累。有这时间还不如刷刷手机，看看电视剧。

而有的人却不以为然，把房间搞得整洁卫生还不够，还要浪漫温馨，富有艺术感，觉得这样才够好。

拿铺床来说，有的人要求床上一丝褶皱都没有，有的人随便东拉拉西拽拽就觉得可以了。

拿做饭来说，有的人觉得随便做点，吃饱就好；但有的人不行，觉得每一餐都不能糊弄，要尽可能做得美味好吃，这才是过日子……

所以，我们会惊讶地发现，人与人最开始都是一样的，都是从同一个起点往前走，**因为标准不同，三个月、五个月可能差别不大，但是，一年、两年，就有一些差别了，过五年、十年再回过头来看，已是天壤之别。**

标准高的那个人，早已把标准低的那个人远远地甩到后面了，所以最终的结果是：

有的人做了一辈子家庭主妇，可是对于怎样打理出一个温馨美好的家，却完全没有想法和能力。

有的人做了一辈子饭，可是完全没有拿得出手的作品，没有一餐饭，他曾细细琢磨过，赋予它一种美食的高度。

推而广之，很多人在自己的工作岗位上，可能做了一辈子，自以为对业务很熟悉、很了解、很懂，但其实干出来的活，只是三流水平。

而这些人也都是父母。

那么，这样的父母在生活中、在工作中、在人生层面上，虽然嘴上没有讲出来，但是在行为上，无时无刻不体现出三个字——"差不多"。他的孩子耳濡目染，行动上也就体现出"差不多"了。

行为比思想更真实。

父母在家庭中的行为就形成了家教，时间久了，就形成了家风，这是非常可怕的力量。就像我们在一个染缸里泡着，全然不知间就被上了色。

我（赵老师）在生孩子之前履历很简单：

上小学、上初中、上高中、上大学、工作，生活中除了读书学习，就是下地干活，再就是工作。对于应该怎样去生活，完全没有概念。

大儿子一岁半后我在家做起了全职妈妈。真难呀！

玻璃怎么擦都是糊的，家里常常灰尘弥漫，地板怎样擦都不干净，屋子里总是乱糟糟的……再加上孩子折腾，不一会儿就一片狼藉，简直头大。

后来我在小区里认识了一家人，一对小夫妻和一位老太太，我们常常在一起遛娃。有一次去她家玩，刚一进屋，就被惊呆了：

屋子里纤尘不染，窗明几亮，家具摆设很朴素，却有一种说不出的韵味和美感。中午吃饭，老太太端上几盘菜，简简单单的家常饭，糖醋里脊、土豆丝、西红柿炒鸡蛋，却跟高档饭店做的一样，色香味俱全。

她的女儿也很能干,母女俩把整个家打理得很温馨、很美好,把平凡的日子过成了我们向往的生活。

我当时就想,一样大的面积,一样的装修标准,为什么就过成了不一样的日子?

因为屋里的人不一样!这次观摩对我最大的影响,不是教会我怎样做家务,而是给了我一个标准:

面对生活,我们不能凑合,不能差不多,一切都可以做得很好,就像工作一般。

接下来的问题就简单了:

我拿出以前面对工作时的高标准、严要求来打理我们的家,不出三个月,我就上道了。

所以,我常常跟我的同事们讲,为什么做了五年家庭主妇,一出来工作,人反而更厉害了?因为这五年,我上了一趟社会大学,生活大学。

还因为,我在认真地做一名"生活家""教育家",并且在这个过程中,感受到了无穷的乐趣。

我们怎样面对自己的生活和工作，都会潜移默化地看在孩子眼里，变成他们面对生活和工作的标准。

美国前总统奥巴马和妻子米歇尔是一对差异度很大的夫妻：

米歇尔毕业于哈佛法学院，是芝加哥知名律所合伙人，不管她走到哪里，都会把生活和工作打理得井井有条。虽然出身底层黑人家庭，但她勤勉的母亲却在拮据的家用中，为全家人创造了朴实而温馨的生活。

奥巴马却很邋遢，他总是不修边幅，所到之处，都是乱糟糟的。全家一起外出度假，他要另外单开一个房间用于工作，随处扔满了书籍、杂志、笔记、烟头。他能在一片混乱中安然处之，在自己的思想国度中自由遨游。

但是，他们为什么能走到一起？

无论外在表现多么不同，他们在行为上、态度上、对高标准的极致追求上，都高度契合。

就像奥巴马的母亲，虽然终其一生都对世俗生活不感兴趣，但是她在学术上的追求，却让人敬仰。她常年在落后的印尼做田野调查，50岁才拿到人类学博士学位，53岁就因癌离世。真可谓：朝闻道，夕死可矣。在追求学术真理这个高度上，她为儿子做了最好的表率。

所以，与其每天叨叨孩子学习不努力，凡事差不多，没有用高标准来严格要求自己，不如去做一些身体力行的事：

改变你自己的生活方式，为自己的生活、工作设定一个标准、一个高度，让自己努力去达到。

时间久了，你做的一切，都会落在孩子的眼里，成为一条无形的准绳，内化在他的精神中，总有一天，他也会跳起来伸手去够。

· · · · · · ·

如何从精神上瓦解孩子"差不多"就行的心理呢？

"差不多"背后其次是意志力的问题。

孩子也知道背课文要背到烂熟于心，但是，他就是背到磕磕巴巴，差不多能说出来就满足了。

孩子也知道解题时做到一题多解、多解归一的地步，才算把这道题彻底弄懂了，才达到了"解 1 道题相当于解 100 道题"的标准，但是，他就是懒得费那个劲。

所以，**对有些孩子，就要跟他死磕学习标准：**

中低档难度的题要做到秒解，不要差不多会了就行。

难度大的问题要对它进行总结、提炼，形成自己的方法论以及指导思想，真正在思维上内化掉它。这样，下次再见到它，才不会怂。

但是，根本之道，还在于意志力。

有意志力的孩子，无论困难和诱惑有多大，都能坚决去做对的事！而意志力是锤炼出来的，就像打铁一般。

在生活中，父母可以通过很多事来培养孩子的意志力：

带孩子去爬一座高山，体验用内心的意志力一寸一寸克服身体上的疲惫，最终登顶的感觉。

周末带着孩子一起大扫除，俯下养尊处优的身体，去做一些简单、枯燥、乏味的事情，比如铺床、叠被、扫地、擦桌子、刷马桶。

带孩子去远足，在恶劣的环境下，顶着风雨，不停地走，不停地走，走向远方……

这个世界上任何一件事的成功，无一不是依赖身体的支撑而完成的，从来没有纯粹的脑力劳动，只要坐着、躺着、灵机一动就做好了。

颜宁，当今国内最受瞩目的女科学家，30岁成为清华的博导，37岁率领平均年龄不到30岁的团队攻克了困扰结构生物学界半个世纪的科学难题。

这样的人，我们都觉得她是天才。但是你知道她的工作强度吗？比你我大得多！在实验室一做实验就是十几个小时，身体再好，能不能扛得住，能不能受得了这个苦，最终还是意志力的问题。

父母需要从根本上意识到一个问题：

寒窗苦读十年后就可以舒舒服服过一辈子了,这是对孩子十足的误导。

美好的人生,是艰苦奋斗创造出来的。

所以,从小就被娇养着的孩子,除了读书、做题之外,十指不沾阳春水,在未来是经不住考验的。

真正有意志力的孩子,很难将就,很难凑合,很难半途而废。在困难面前,让他放弃,比坚持还要难!

· · · · · · ·

"差不多"还是一个志向问题。

学习态度源自人生态度,如果孩子面对人生没有憧憬、追求和理想,那么,他对当下的学习就会保持差不多的态度,"反正我又不做什么成功人士"。

所以,培养一个孩子的志向,比帮他学知识、提分、考一个好大学,更要紧。

任何事情，想要做好，都需要巨大的投入，身心两方面的投入。

因为学知识、提分、考好大学，解决的是 1 千米以内的问题，但是，志向是关乎 1 万米的问题。

那么，该怎样培养孩子的志向呢？

让孩子跟先进的思想、先进的人接触，让他能看见。

进而产生一种想法：喔，原来人还可以这样活！

进而开始对未来有一种期许，对当下有一种不甘心、不满足。

我（赵老师）上学时，只是一个淳朴的农村孩子，对未来最大的想象，就是考一个好大学。至于上了大学以后要做什么，说实话，完全没有概念。

后来终于考上大学了，接触到很多优秀的同学、老师，让我开阔了眼界，增长了见识。这才发现，人生值得追求的太多了，太繁盛了。然后自己渐渐明朗起来，确定了未来的方向。

一个孩子的志向越高远,他对自我的要求就越高,他做事的标准就会越高。

反之,就会随波逐流,得过且过。

有一天，小儿子跟我说："妈妈，未来我会在这两件事里选择一个，作为我这辈子要做的事。第一件，成为一名非常厉害的机械工程师；第二件，成为一名非常厉害的画家。我喜欢这些，不过，首先我要考上一个特别好的大学。"

我知道这是生活环境和文化氛围赋予他的见识和想法。

回想自己小时候，身边的文化氛围匮乏，也没有人引导，就混混沌沌的，没有想法。以为考上大学就万事大吉了，对于自己想干什么，能干什么，完全没有清醒的认识。

而现在迷茫的孩子又有多少呢？大学里一抓一大把，大学之外，也满是20多岁混沌迷茫的年轻人，像毫无方向的飞蛾，四处乱撞，浪费了年华。

真可惜呀！当别人在为自己的人生目标而铺路时，他们却还在没有目标中浑浑噩噩。

我们总告诉孩子说,你要好好学习,考上大学。但是,考上大学是为了什么呢?

解决了这个问题,就解决了孩子的志向问题。

有了志向,孩子就有了动力,凡事就不会将就,不会差不多,就会摆脱"中不溜"的状态,全力以赴地面对自己的人生。

这才是激励他前进,永不枯竭的内在驱动力。

"来不及"
扼杀了孩子的学习劲头

你讲的每一句话,都可能变成现实。
所以,讲话的时候,要保持清醒!

在给孩子集训期间,我们发现一个很有趣的现象,那就是无论孩子在读初三、高三,还是刚读初一、初二、高一,孩子的父母都会发出相同的感慨:

"老师,来不及了吧,时间这么紧张,马上就要……"

几个妈妈聚在一起聊天,七嘴八舌之际,"来不及"

三个字更是此起彼伏。那一瞬间，仿佛空气都紧张了起来。

看上去，每一位妈妈都危机意识爆棚，责任感超强，带着强烈的忧患意识在尽心地培养孩子。然而，很多教育问题，孩子的很多学习问题，都是被"来不及"三个字给耽误了。

为什么？

因为当一个观念或者看法，讲 100 遍、1000 遍、10000 遍的时候，它就会变成现实。

现实很多时候都是我们观念的投射。所谓心想事成，就是这个意思。

所以，我们时时要检讨的，恰恰就是潜伏在我们心里的"内鬼"。"来不及"就是那个"内鬼"。

一位妈妈曾反思：

老师，我害了我的儿子！
我儿子第一天晚上学数学，没学一会儿，我就冲过去，对他讲："怎么还在学数学，赶紧学一下语文吧！"第二天晚上孩子学习语文，没一会儿，我又冲过去，讲："怎么又学语文，赶紧学学英语吧，你英语那么差！"第三天晚上，孩子什么都不干了，他跟我说："妈妈，你到底让我学什么？"

孩子玩游戏时，我从他身边经过，一句话都还没说，孩子就喃喃自语道："妈妈，一分钟，就一分钟，妈妈，就一分钟……"

可是，我仅仅是路过，并没有制止。我老公说我："你看看，你把儿子吓成什么样了！"

她的儿子读高二，当你看到这位妈妈时，她都不用开口，她全身的气息，每一个细胞都在告诉你，"来不及了，来不及了，要赶紧，要快"。

正是因为她怀揣着这样的想法，正是因为她慌、乱、急，久而久之，就变成了现实。孩子也变得有点放不开，沉不住气。

我们跟这位妈妈讲:"你的孩子原本可以考到 120 分,可是,实际上却只考到 100 分,这 20 分的责任,你得担着,是你把他搞得缩手缩脚的!"

"来不及"这三个字就像警铃一般,每隔 5 秒钟就在父母的耳边响一次。见到孩子时,索性就响成一片,响声大作。在这种紧张的气氛中,无论父母还是孩子,都会有一种心惊肉跳、坐卧不宁的心理状态。

这个时候,就会有疯狂,就会有逼迫。

关于父母逼迫孩子的后果,我们曾有过一个非常形象的比喻:

孩子就是锅里的水,学习就是洒进来的面粉,考试就是锅下面的火,父母就是搅动的那个棍子。火越急,棍子搅得越乱,然后,搅着搅着,孩子的脑袋就糊了。

心浮气躁,是做不成事的。

孩子浮躁的现实,源于父母内心中对这个世界的紧张和恐惧。心魔一去，孩子就能沉静下来去做事了。

一个孩子，刚上初中时，成绩全年级第一，是重点中学重点班的尖子生。可是，上初二后，成绩一路下滑。

妈妈沉不住气了，不停地唠叨，给孩子四处报班，老师也不停地恩威并施，给孩子加压。这种急迫感，就像一把刀一般悬在孩子的头顶。

终于有一天，在妈妈围追堵截、唠叨说教的时候，一贯沉默的孩子崩溃了，他哭着，向妈妈怒吼：

"叨叨叨，叨叨叨，你除了叨叨叨，你还会干吗？你知道什么呀！你逼我？你知道我有多苦、多难、多么不容易吗？"

孩子崩溃了，妈妈闭嘴了。这个时候她才开始要求自己闭嘴、放松、要有信心。这样坚持了两个月，孩子的数学成绩居然一举考回了第一名。

父母总是想当然地以为孩子没压力。他们以为自己念1000遍"来不及"，孩子也听不进去1遍。即便这个孩子让她感觉很乖，很听话，她依然忍不住会"鞭策"，因为"我就怕他不上心呀！"

但事实上，孩子远比我们想象的脆弱、敏感、心思深重。只不过他们把这些情绪深深地埋在心里，上面还要掩上土，放上草。

父母讲的每一句话，都像一片雪花，看上去轻飘飘的，没什么，但年深日久，这一片一片的雪花就会积成厚厚的雪，结成冰，渗入骨血，成为孩子人格的一部分。

不信，你随便找一个意志颓废的孩子，跟他谈学业，不出两分钟，他一定会抛给你三个字："老师，来不及了吧！"

原本父母想用这三个字激励孩子奋起，但是，孩子听在耳朵里，却觉得既然来不及了，那就不要做了。

所以，在教育孩子时，有一个重要的点，就是"养正"。所谓养正，就是在每一件事情上，都看到它积极的一面。

教育，做的就是希望。

所谓教育，**就是要看到积极的一面，看到希望的一面，并且把它呈现给孩子，让他心生追求，产生信心，振奋精神。**

不是一次两次，而是不断、不断、不断地给孩子信念，就像源泉一般，永不枯竭，永不休止。人世艰难，抵御坎坷，要的就是这股精气神。

如果你看到的都是负面，都是绝望，都是缺陷，那么，你唤醒的就必然是负面、绝望、缺陷。

有一年6月的一天，一位即将中考的孩子来求助我们，他是自己来的。一位年轻教师接待了孩子，听完成绩，他双眉拧紧，严肃地讲："还有一周就要中考了，来不及了。你来得太晚了。"

听到老师这么说，孩子瞬间低下脑袋，精神委顿。

我们跟这位老师讲:"从中考的角度,从教学的角度,也许你讲的是对的。但是,从人生的角度,从教育的角度,你又错了。因为对于孩子来说,最可贵的,不是中考,不是分数,而是他这颗想要努力的心。"

有了这份心,也许中考错过了,但是后面还有高考,还有一辈子。人生,任何时候觉醒都不晚。**即便在中考前一天,在中考考场上觉醒了,都来得及。因为,以此为起点,可以点燃他之后的人生。**

我们轻飘飘地讲一句"来不及",对一个15岁的孩子而言,可能是毁灭性的打击。**因为在他的眼里,我们是长者,是师者,我们一定是对的,连我们都放弃了,他就连试一试的勇气都没了。**

为人师者,为人父母,一定要小心我们讲出的每一句话,因为它有可能会影响孩子一辈子对人生的认知。

一个高三的孩子,在高考前一周,找到我们。

这个女孩,之前怎么也不学。虽然成绩还可以,数学在 90 分左右，但是距离二本还是有一定的差距。

我们都困窘地看着李波老师，怎么办？太晚了吧，姑娘！

李波老师沉默了 5 分钟，然后用他一贯云淡风轻的姿态，拿出一套题，跟孩子讲："老师给你一套题，这一周的时间，你把这个活干了……"

1、2、3，交代了一番，最后加了一句："时间是有点紧，所以，我们要把力气花在刀刃上，按我说的去做吧，坚持到高考进考场的那一刻，你就赢了！"

这姑娘真的回去做了，当别的孩子在考前一周放松的时候，她反倒拿出拼命三郎的劲头开始奋斗了。上考场的时候，别人是在给自己一个了结，她却在全力给自己一个开始。

高考成绩出来，孩子报喜，数学 117 分，顺利考上了二本。现在这个孩子在国外留学。

7 天时间，光数学单科涨了 20 多分，是信心？是运气？是拼搏？是临场发挥？是老师教导有方？

是方法,更是勇气和行动力!

什么叫行动力?

醒了,悟了,当下就开始,这就叫行动力。

太多的孩子,是思想的巨人,行动的矮子。"来不及"三个字如心魔一般,一次又一次地毁掉了他们的小学,毁掉了中考,毁掉了高考,毁掉了大学,最终毁掉了他们的一生。

泰戈尔有诗云:"错过太阳我不哭,因为我怕错过月亮。"

还有一些父母理所当然地认为,只要孩子想学,就一定可以学好。所以,要经常讲讲"来不及",唤起孩子的危机意识,他就可以学好。

学习不是一件我们想做,就可以做好的事情。
如果我们告诉你,只要孩子想学,就可以学好,那我们就不是在谈教育,而是在讲鸡汤励志。

从自己开始，把"来不及"三个字彻底抹掉，你的孩子就收获了行动的勇气！

这个世界上任何事情，都不是我们想做就可以做好的。学习如此，工作如此，生活如此，教育如此。所以，我们要看到事实。

不努力的人是大多数，努力的人也不少，但努力且得法的人却不多。

孩子也是如此。不学的是少数，更多的孩子处于努力而不得法的状态，在学业上痛苦徘徊，或者认命僵持。

到了初三，特别是高中之后，这个矛盾尤为突出。因为在小学和初中，可以靠着小聪明，靠着乖、听话、认真、勤奋去拿分数，但上了高中之后，这些就不管用了。因为孩子在学习方法上要升级换代了。

· · · · · · ·

但是，很少有父母真正明白，绊倒孩子的，究竟是哪根绳子。

一个高一男孩，脸色黑黑的，一副心事重重的样子。

他的妈妈跟我们讲，初中时孩子非常优秀，但自从上了高一，数学成绩就上不来了。孩子几乎把所有的时间都用来学数学，可是，期末考试依然只考50分左右。

成绩不好，妈妈唠叨，自己有压力，心情自然也不好，半年时间，连个笑脸都没了。妈妈看孩子脸色都不对了，甚至找了中医开药。

来集训的当天，因为心里没底，母子两个都黑着脸。到了第二天晚上，孩子便特别开心，脸色红润。几天下来，气色越来越好。妈妈偷偷地想，这比中药还管用呢，可能是孩子的心结被打开了。

为什么？

第一，精神上自由了。
第二，心里有谱了。

在集训之前，孩子做题，连着四五道不会，花了很长时间还是没有思路。可是现在，孩子告诉妈妈，这几天做了好多好多题，几乎畅通无阻，感觉摸着门道了。

因为之前孩子只是学知识，但却缺乏认知。知识那么多，那么难，孩子能学得过来吗？不能，这个时候，就得学会认识知识，驾驭知识，把握知识。

这就是我们所说的**认知**。

孩子的认知能力不够，却强逼孩子去学，就好比让小牛拉大车，即使鞭子抽得啪啪响，吆喝得很大声，小牛用尽全身力气去拉，也拉不动。

也好比让一个人种100亩地，即使早出晚归，不眠不休，也种不过来。

种两亩地，一个人就够了，但种100亩地，就要有工具、有组织、有管理；种1000亩地、100000亩地，就要有先进的工具、高效率的组织、高水平的管理，以及更先进的理念。

这和学习是一个道理。所以，跟一个没有先进学习方法的孩子讲"来不及"，有用吗？

没有用！还不如给孩子熬点鸡汤补补身子，还不如带孩子出去走走，默默地陪着他管用。

学习从来都不是急行军，而是风平浪静下的暗潮涌动。这句话很关键，要记住：

学习，是风平浪静下的暗潮涌动。

风平浪静，讲究一个"静"字，这是一种从容自若，一种沉静安详，唯有如此，我们思维的触角才能一直深入，一直深入，深入到知识最本源的地方去。然后，我们才能暗潮涌动。

暗潮涌动，是智力上的活跃，是精神上的振奋与愉悦，是一个孩子在学习上可能达到的最美妙的境界。

学习从来都是一种深度的快感，是一种思维上的愉悦，是一种智力上的收获，是成就感，是价值感，是一种在思考、在前进、在收获的鲜活的感觉。

弄懂了学习是怎么一回事，我们就知道了，在教育孩子时应该抱以怎样的态度。我们也就知道了，"来不及"这三个字，与"学习"是多么格格不入。

最后，分享一篇一个孩子的反思，从中我们可以看到，这个孩子曾经走过的弯路和今日的重生。

学习是什么？人为什么要学习？这个问题来自每个人的内心。

说到学习，很多人的反应是成堆的试卷，看不到头的考试和可望而不可即的分数。枯燥乏味，毫无快乐可言。小时候，奶奶就告诉我，人生的苦事之一就是学习。随着年龄的增长，我尝到了学习给我带来的苦头。课业压力繁重已成为学生的代名词。所以，相信很多同学和曾经的我一样，对学习感到厌烦，甚至憎恨。

到后来，这种情绪一直伴随着我，导致我学习时毫无动力，学习成绩一落千丈，甚至连书都不愿意看。再后来，母亲迫于无奈把我送到了一个人面前，他告诉我："学习只是一种生活方式，没那么严肃，也没那么凝重，不需要那么正式，只需要找一个角落，安顿好我们的身体，就可以开启一场愉悦的精神之旅。"

刚开始，我并不能体会这其中的含义。直到一天下午，我沏了一杯茶，静静地坐在窗边，翻开一本书。我并没有注意到时间的流逝，直到天色开始渐渐变黑，我才有所察觉，一下午过去了。

如果你要问我对学习的看法是什么，我可能不能给你很准确的答复，因为在我看来，就像他说的一样，学习仅仅是一种生活方式。当我们静下心来，哪怕去读一本课外书，也是一种修养，一种升华。

学习并非易事，也并非苦事。
学习会让我们变得越来越好，成为更好的自己。

不会思考，让孩子迷惘混乱

总有许多父母来求教李波老师：
"李老师，您看，我家孩子究竟哪里出了问题？"

有时，李波老师会给出这样一个答复：
"这个孩子'无心'，需要养心。"
李波老师也会给出另外一个答复：
"这个孩子缺乏文化对他的牵制。"

追随李波老师十六年，我（赵老师）知道从他嘴里说出的每一个字，都大有深意。所以我经常会用很长的时间去揣摩，究竟**无心**与**缺乏文化的牵制**，和一个孩子的学习有怎样的关系呢？

最近，我终于似有所得：

因为**无心**，所以在学习时就**没有思考**，或者在思考时总是缺乏对问题内核的精准把握。所以，看似学了很多知识，但都是凌乱不堪的，无法对知识进行有效整合，无法运用到具体问题的解决上。

因为**缺乏文化对他的牵制**，所以孩子对自身的生命**没有思考**，没有思考就**没有担当**，没有担当就**不会主动进取**。表现在学习上，就是随波逐流，不思进取。

这两个答复，其实共同指向了一个词：
思考

还有另外一个词：
思想

也就是说，一个孩子，当他面对学习时不积极、不努力、随波逐流、安于现状，或者随着学习难度的加大，感觉越来越吃力，其实背后都和思考有关系。

只不过有的孩子是从来没有机会遇到一个人唤醒他对生命的思考。而有的孩子是从来没有一个人告诉他、训练他应该怎样去思考。

· · · · · · · ·

为了讲明白这个问题，我们来一起看一篇文章：

我的自传

我这个人受到各种各样力量的驱动和影响，有时候我问自己活得是否健康。

我是个活生生的悖论——

笃信宗教，但对于自己确切的信仰并不像应该有的那样深信不疑；我要求责任却又回避责任；热爱真理却又常常屈从谬误；我讨厌自私，却天天在镜中看到自私……

我看到他们——其中一些人是我很亲的人，他们从没学会生活。我希望并努力成为和他们不一样的人，但常常和他们如出一辙……

我——这是个多么令人乏味的字眼！我、本人、我的、自己的……唯一让这些词值得使用的东西，是那些放之四海而皆准的优秀品质，而我们却往往不太能安置它们。这些品质是信仰、信任、友爱、责任、悔恨、知识。它们是使生活值得去拼搏的象征，而表达这些象征的词必须不折不扣地去面对。

我要努力做个诚实的人，这样我就不会成为连自己都厌恶的伪君子。我将坦白地承认这些品质潜藏在这个男孩身上，而他正在万分努力地让自己成为一个男子汉……

如果我告诉你这篇文章的作者是一个年仅 15 岁的男孩，在一次高一年级优等生高级英文班上写的一篇自传性短文，你会不会很惊讶？

他慧眼识珠的英文老师给了他 100 分，并且评价说，文章"**深入挖掘了内心世界**"，符合"认识你自己"的主题。

说实话,我第一次读的时候,就彻底被惊到了。因为从中我看到了我和他在思想上的巨大差距:

当我 15 岁,还在吟风弄月,做一些浅薄的人生思考时,他对自己生命,对人类文明,甚至对自己的长辈的思考,就已经如此理性,具有思辨性了。

当别的孩子,要么对父母之命亦步亦趋、唯命是从,要么用简单、生硬、粗暴,甚至自我毁灭的方式来对抗父母时,他已经站在一个远远比父母高的境界上,看到了一切:

我看到他们——其中一些人是我很亲的人,他们从没学会生活。

我希望并努力成为和他们不一样的人……

当我们 35 岁,甚至 65 岁时,可能依然对"自我"没有概念,只是庸庸碌碌地度完一生。而这个年仅 15 岁的少年,却忧伤而渴望地在呢喃:

我——这是个多么令人乏味的字眼！我、本人、我的、自己的……唯一让这些词值得使用的东西，是那些放之四海而皆准的优秀品质，而我们却往往不太能安置它们。

因为对生命的思索和探求，这位少年从一个贫穷并且问题重重的家庭走出来，成了美国第52届和第53届总统。他就是威廉·杰斐逊·克林顿。

是思考和思想，为他铺就了一条走向未来的路。

是思考和思想，使他成为他，使他明确自己的目标，使他漂亮地完成学业。

是思考和思想，让他明白，学习不是为了别人，不是因为恐惧未来，而是为了自己，为了成长自己，让自己成为一个拥有独一无二价值的人。

是思考和思想，让他明白，学习中真正的乐趣是思维和智识上的乐趣，而不是靠填鸭式的灌输让自己变成一个装满死知识的呆头鹅。

一个孩子生命的质量，不是用分数来衡量的，而是从思考和思想中体现的。

父母们普遍有一种偏见，这种偏见不知道是从哪里飘来的，却深深地占据着我们的头脑，让我们以一种不正确的方式来看待学习，以一种不客观的方式来看待考试。

这个偏见就是：应试教育和素质教育是矛盾的！

谁说上名校的孩子就是四体不勤、五谷不分的书呆子？谁说不学习、成绩差就是路子野？

这个世界上任何一个国家选拔人才，都要考试。

考试不是做不好教育的罪魁祸首，不正确的应试观才是做不好教育、耽误孩子的元凶。

误导孩子的正是认为靠单纯的题海战术、填鸭式教学才能提分的观念。正是因为不正确的观念，才造就了一帮学不好、不爱学的孩子。

学习，首先要的不是勤奋，而是思想上的觉醒。

没有这份觉醒，孩子就学不好语文，因为他从中感受不到真、善、美、爱、恨、痛，体验不到一个人生而为人的自尊和美好。

没有这份觉醒，孩子就学不好史地政，因为他从中看不到古今中外人类创造的灿烂文明。

没有这份觉醒，孩子就学不好数理化，因为他感受不到人类理性对自然描述、探求和驾驭的思维之美。

没有这份觉醒，孩子在学习时就食之无味，对他而言，学习只是应试的鸡肋。

没有这份觉醒，孩子在学习上必然身陷两种困境：**学不会和不想学。**

思考，才是成长的本身所在。

思考，才是学习的本质所在。

思考和思想，才是真正拉开人与人之间差距的根本所在。

思想，决定了一个孩子未来的路究竟能够走多远。

所有的学习,
归根结底,
都是在
思考。

往近了说，思想决定了孩子学还是不学，学到什么层次上。

当我们说一个初中的孩子不学习的时候，其实我们指的是他在思想上还处于混沌未开的状态，他对人生、对自我、对未来的思考，是没有开启的。

当我们说一个高中的孩子不学习的时候，其实我们指的是他在思想上很可能进入了一个狭窄的死胡同，或者剑走偏锋，他的思考是狭隘的、肤浅的、苍白的。

所以，让一个孩子开始学习，绝对不是拿着皮尺，站在他身边，逼着他学；不是坐在他身边，一步不离地盯着他学；也不是让他不停地补课。

我们在评价一个孩子的时候，经常会用到一个词：

有心

这是一个有心的孩子，悟性很好！
这是一个无心的孩子，需要养心。

有了"心",这个"人"才能立起来,他的眼睛才能睁开。

没有"心",就是一个行走的空心人,他的一切需求都离不开生物欲念。也就是说,他还不是一个精神上的"人",当然就立不起来。

· · · · · · · ·

思考和思想对于一个孩子的成长如此重要,作为父母,应该做什么或者坚决不做什么才能帮到孩子呢?

有三点建议:

第一,思考需要丰富的精神生活。

丰富的精神生活是思考的土壤。

经常有父母打来电话控诉孩子:

老师,孩子做作业的时候,非要一边听歌,一边做,否则就写不下去……

老师,我儿子昨天哭了,说自从上了初三,我就没有带他出去玩过。可是,时间这么紧,马上就要中考了……

听到这些控诉,我们很想问问这些父母:如果把音乐、舞蹈、电影、小说、电视、旅游、打扮、情感……统统停掉,这个世界将会变成什么样?你还愿意身处其中吗?

更关键的是,当我们把对这个世界的体验、感受停掉的时候,思考也将停止。

一个孩子想要听音乐,想要旅行,其实是他内心中在呼唤体验、呼唤感受、呼唤思考。

所以,我们要做的不是停掉所有这些看似和学习无关的东西,而是要思考,如何提供给孩子更好的精神养料,让他接触人类更优秀、更精华的文明,拿这些来滋养他的精神世界,让他的感觉更敏锐,让他的视野更开阔,

让他的思考更有料。

功夫在诗外！万事万物都是普遍联系的！

一个感受敏锐、视野开阔、品味独特的孩子，在学习课本知识时，也必然会游刃有余！

第二，思考是需要用时间来养的。

我们经常讲一句话：**长长的日子，闲闲的功夫。**

思考，必然是一个缓慢、悠长的过程，无法用一个量化的标准来衡量。

我们可以说，今天用 10 分钟记住了三个成语，用 20 分钟弄懂了它们的意思。但要想真正领悟它们，让它们成为我们人生智慧的一部分，照耀我们生命的每一个岔路口，也许需要 10 年、20 年，甚至很多人终其一生都未曾悟到。

我们常说"我今天做了什么""做完了什么"，但很少有人会说"我今天想了什么""想了多少""还有多长时间我就一定想完了"。

因为思考是一个无底洞,永远都是在路上;思考是一个奢侈品,用多少光阴都不够换。

也正因为如此,孩子和孩子之间根本上的差距,其实就差在这日复一日、点点滴滴的思考上。

思考的强度,你有吗?

思考的深度,你探测过吗?

思考的开阔度,你体验过吗?

一个卡在 95～105 分之间的初中孩子和一个总考 105～115 分的高中孩子,他们的要害不是没用力,而是**思考的强度没有上去**。

通过思考升级,孩子学习的任督二脉就能打通了。

所以,我们从来不说"你今天必须完成什么,我要检查你"。因为我们知道,检查的都是虚的,今天查了,明天就忘了。

孩子内心的心似有悟、心有灵犀，才是真的，是实的。

学问就是明知想不完，还要去想。因为想了，这个人就有"质地"了。

孔子曰："学而不思则罔。"光学习，不思考，就会迷惘，就会混乱。

看到这句话，我们反思一下，有多少孩子，在学而不思地迷惘、混乱着呢？

学了半天却拿不到分数，就是因为思考的工夫不到。分是求不来的，越往上学越是考验"思"。

小学看不出来，初中有点苗头，上了高中，我们就知道思与不思的区别了。所谓死学，就是把知识当成死的，狼吞虎咽，不求甚解。

到了大学，不思，就相当于没有上大学。

到了研究生、博士阶段，孩子是不是读书的种子，谁也骗不过了。

很多父母都在讲一句话，时间是宝贵的。

正因为它宝贵，所以，才要把它"浪费"在更宝贵的事情上，那就是思考。

给孩子大把时间，让他去探索、去体验、去感受、去思考吧，不要给他计时，不要逼他。你一计时，一逼迫，他的魂都惊着了，哪里还能深潜到意识的最底层去思考呢？

第三，思考是需要人唤醒的，不惧怕漫长光阴中的成长问题，才能唤醒孩子对生命的思考。

每一个孩子都具备思考的能力，这项能力是与生俱来的。

但是，并不是每一个孩子在有生之年都能够把这项能力挖掘出来，也并不是每一个孩子都能够享受这项能力为人生带来的福利。

因为它需要我们有意识地唤醒。唤醒孩子与生俱来的思考，唤醒孩子对思考的热情，给予他挖掘这项能力的路径,就是父母的责任,也是良师益友的作用。

举一个简单的例子:

很多孩子在小的时候,都对一种远古时代已经灭绝的动物产生过浓厚的兴趣,它就是恐龙。

我的儿子们也不例外,他们总是不厌其烦地缠着我读关于恐龙的书,画恐龙的图画,讲恐龙的传说,或者折恐龙的样子。

有一天晚上,我们例行夜谈,躺在床上的时候,照例又要求我陪他们聊一聊恐龙。

屋内黑洞洞的,屋外也一片寂静,在这样深邃的宁静中,我忽然心有所感:"你们说,恐龙在人类出现之前就已经灭亡了,对吧?"

"是的,妈妈。"

"那就是说,从来也没有一个人,见到过真正的恐龙,对吧?"

"是的,妈妈。"

他们觉得我讲的话很滑稽，怎么问这么简单的问题。可是，随后的问题，就把他们的小嘴堵住了。

"那你们说，既然谁都没有见过恐龙，为什么恐龙书上的恐龙画得那么惟妙惟肖，就像有人亲眼见过一样？

"好吧，即便有化石，可是，化石只是恐龙的骨头，也不是它们身体的全部。那生物学家怎么能够那么细致地画出它们皮肤的纹路，"毛发的长短，眼睛的大小、凹凸，鼻子的形状，还有颜色呢？

"你们说，我们眼睛里看到的那些恐龙的样子，我们心里以为的恐龙的样子，是不是根本就不是恐龙原本的样子，或者只是大概的形象而已呢？"

这下把两个小东西问住了。他们都陷入了深深的思考。

其实，我也是一个研究恐龙的门外汉。只不过，我希望通过我的思考，引发他们的思考，那就是**不要对呈现在我们眼前的知识、思想全盘接受，要学会往下挖，挖到别人看不到、别人想不到的地方。**

父母帮助孩子挖掘思维的底层，对自己已有的、来自周围环境的某些"定论"，去反思、去质疑，才能唤醒孩子对生命本质的思考。

遗憾的是，很多父母总是害怕孩子的问题和质疑，总是希望孩子像六七岁的小跟屁虫一样，乖乖听话，唯命是从。这无异于害怕孩子的成长，抹杀孩子精神上的发展。

要知道，**成长，就是伴随着问题而来的，有了问题，才有思考。**

没有问题，哪里来的思考？

笛卡尔说："我思故我在。"

作为孩子的父母，我们一定要明白，孩子从出生的那一刻起，其实就已经不属于我们了，他只属于他自己。

只有赋予他思考的权利，唤醒他独立思考的能力，他才能作为一个觉醒了的人，独立、负责地面对自己的人生。

理性思考的能力，决定了一个孩子的成熟程度。

没有是唯父母是从而获得成功的。成功，在某种程度上意味着，在思想上比大多数人要走得更远，甚至超过父母。

孩子与孩子，今天在学业上的竞争，和明天在社会上的交锋，比拼到最后，比的都是思想！

所以，送大家一句话，这是法国哲学家帕斯卡尔的一段话：

人只不过是一根苇草，是自然界最脆弱的东西；但他是根能思考的苇草。

我们全部的尊严就在于思想！

很多父母以为堵住孩子的耳朵，不听音乐；遮住孩子的眼睛，不被迷惑；阻断孩子的情感，不为情所困；麻痹孩子的智识，不去胡思乱想……只要教他把所有时间、精力都用在学习上，他就可以拿到一个好成绩，有一个好前途。这真的是饮鸩止渴，南辕北辙。

应试教育和素质教育，从来不是冲突的。没有素质，何谈应试。

素质教育讲的也绝不是跳跳舞、弹弹琴、跑跑步。从根源上来讲，素质指的是一个孩子所具备的对人生、对自我、对世界的思考和探索的能力。

第三篇

激活孩子的学习兴趣，从不想学到主动学

摆脱学习路上的三只拦路虎

有位高中孩子的妈妈给我们发来好几张照片,都是孩子在教室里的各种睡姿。而这个孩子并不是班里垫底的,也不是问题少年。

恰恰相反,他是一名优等生,每次考试都名列前茅。班主任和父母都对孩子寄予厚望,希望这个孩子好上加好,更上一层楼。无奈,孩子不配合。

不过,睡归睡,每次考试还是第一名。

妈妈哀怨地问我们:"老师,每次轻轻松松就能拿第一,他是不是没有压力?"

我们说:"孩子应该是有什么问题没有想明白。"

妈妈很不解:"能有什么问题想不明白呢?"

妈妈很无奈,也很失望,当然,还有点愤怒:"这么好的条件,为什么就不能努力学习呢?能有什么问题比学习还重要呢?"

每当父母和孩子发生分歧的时候,往往父母的思想高度比孩子要低。这就好像**你还在求生存、求温饱的时候,人家已经开始讲究生活品质和精神追求了**。

这个时候,误会、不理解就出现了。在父母看来,孩子这不是矫情吗?

学习好的孩子就没有人生问题吗?学习好的孩子就没有人生困惑吗?

他们甚至比那些学习不太好的孩子困惑更多,迷茫更深!其

> 智力越高,思考越繁,困惑也越多。

实，只要是生而为人，有着人的自觉和意识，就都会有人生的迷茫，不解的困惑。这些迷茫和困惑，就像拦路虎一样，拦住了他们的去路。

· · · · · · ·

第一只拦路虎：人生迷茫。

孩子在学习中有三只拦路虎，第一只拦路虎就是人生迷茫。

对于很多孩子而言，**他们首先要界定自己活着的意义和活着的方向，才能界定自己要不要学，要怎样学。**

父母们似乎都忘了一件事，那就是孩子从 6 岁到 18 岁，**这 12 年间，不单单是求知的 12 年，更是精神成长、人格形成的 12 年。**

也就是说，孩子的身体在长，知识在增加，智力在提升，但同时，更为重要的是，他的精神世界也在成长。

这是一场默默的成长，一场看不见的成长。这甚至是一场一个人的、孤独的、沉默的、无形的成长！

而身为父母，我们看得到的更多的是有形的东西：

"哎呀，孩子一年时间窜了10厘米呢，比爸爸都高了！"
"我儿子现在会跟我耍心眼了，以前都乖乖的……"
"最近期中考试又掉了十来名，这是怎么回事？"

相比于身体、分数这些外在的表现，**"精神"被关闭在身体里，封锁在头脑中，同时也被孩子隐藏着。**

我们需要很有心，甚至深通人性，久经世故，怀抱一片仁心，才可以看得到。这也就是为什么我们说，教师是人类灵魂的工程师。

其实，父母更应该是人类灵魂的工程师。但是，因为忙于生活、久不思索，父母自己的精神世界都久未关注，更不用说关注孩子的了。

所以，很多孩子都受困于人生迷茫，在精神上不得自由，最终影响到学习。好学生如此，中等生如此，成绩弱的孩子也如此。

有一个男孩，自负、敏感、高傲。上小学和初中时，因为知识难度较低，他在班里遥遥领先。同学的羡慕，父母的赞美，老师的欣赏，让他一直活在自我当中。

可是进入初三之后，知识难度陡然增加，一些平时并不起眼的孩子，忽然发力，让他招架不来。

高傲的自尊，敏感的情绪，严格的要求，巨大的压力，繁重的学业，这所有一切交织在一起的时候，他忽然感觉到了四个字：心力交瘁！

可是，从哪里开始，怎么改变，向谁求助？他茫然四顾，不得而知。

不断质疑的父母，另眼相待的老师……他觉得这个世界上的每一个人都在看着自己、嘲弄自己："你怎么了？你不是很行吗？你也就这样！你认输吧！"

做父母的远远不知道，外表淡漠的儿子，内心中正在经历暴风骤雨。他生命中，第一次开始怀疑自己："我，是不是不行呢?"

青春期是一个孩子自我意识萌发的关键期。

在青春期,情感、友谊、父母、学习中的竞争等社会关系,开始在孩子眼里呈现出远超童年的意义。他们在这种种的关系中界定自己,也选择自己的路,有彷徨,有恐惧,也有自以为是和封闭。

这所有的一切,都在影响着他,这个"人"。

所以,我们一直在讲:**人对了,学习就对了;学习对了,分数就对了。**

求学的前提,是育人。努力求学,意味着孩子正走在成人的路上。

成人意味着思想成熟,目标明确。

成人意味着以认知驾驭困惑,以思想引领人生。

成人意味着明白自己想要成为一个什么样的人,拥有一个怎样的人生。

成人意味着懂得自尊、自爱、自信;懂得担当、追求；懂得取舍、执着。

所以说，人生迷茫是孩子求学路上的第一只拦路虎。

在人生层面上得以解惑，是化解这只拦路虎的唯一办法。

怎么样才能在人生层面上得以解惑呢？

首先，**需要经历**，有些问题只有自己经历了，才会懂得。

其次，**需要引领**，让孩子高屋建瓴地看问题，能够少走很多不必要的弯路。

引导孩子的思想，培育他的人生观，就是在更高的格局上栽树，这必然会让他高瞻远瞩，胸襟开阔。

· · · · · · · · ·

第二只拦路虎：思维方式。

孩子学业成长中的第二只拦路虎就是思维方式。

各位父母不难发现这样一个现象：当初，一起学习的同学，一起参加工作的同事，往往开始的起点是一样的，可是后来大家却相差越来越远。

其中除了勤奋、努力之外，更重要的，其实是**思维方式的不同**。

那些遥遥领先的人，似乎从一开始就有一种完全不同于常人的看问题、想问题的方式方法，所以在做事的时候总是可以事半功倍。

美国作家苏珊·桑塔格在很小的时候就发现，人与人之间的差别，其根本在于思维方式。

一个孩子与另一个孩子在学业上的差距也在于此。**尤其高中以后，思维方式的高下，几乎可以决定一个孩子考上大学的好坏。**

孩子在思维方式上的调整和升级，相当于再造了一个他。

那么，具体什么是思维方式呢？

人与人之间的差别,其根本在于**思维方式**。

先来给大家分享一段一个孩子的感悟,在这段感悟里,我们都可以很贴切地理解什么叫思维方式。

老师,首先向您表示一下问候。我快要期中考试了,但与以往不同的是,我好像没有了曾经的考前焦虑感。我感觉一切都在心里,做好了准备,十分踏实。平时我也在反复思索一些您说过的,但我又不太明白的话,比如"用不确定解决确定的问题,以确定的方式或工具为载体"。

首先,我觉得这在数学解题中有很好的体现。比如,许多题中未知量多,需要借助方程求解。在不用方程时思路很乱,无从下手,但设好一个未知量后,所有的未知量就都可以用一种不确定值的符号以确定的形式表达。此时再建立好它们之间的等量关系,问题便迎刃而解(不知道这个感悟有没有偏差)。有了未知量的设置,无形的量就变得有形了,混乱的数据就变得统一有序了。

其次,就是在做题中我学会了做题的方式。就好像扫地一样,可以用大墩布、小笤帚粗略地过一遍或仔细地扫一遍。在做题时,我会控制每次做题的时间、题型,并根据实际剩余时间的多少来决定做题的难易。

若时间充足，就会做些大题，并且单独拿出来慢慢品味、反复体会；若是午读或者课间，就会找同类型的选择题和填空题去做，不会的、麻烦的就标出来，晚上再统一解决。最后再总结一下，寻找一下规律。这样做完，感觉到自己做题的效率、思路有了明显提升。

再次，通过学习上的钻研与思考，我在生活中也受益匪浅。我能够认识每个问题的本质所在，不论是矛盾还是任务，我都可以妥善处理，与周围的人也相处得更加融洽了。矛盾通常不可避免，但自己的怒气有所消减，开始主动面对和解决。与人交往时会不由自主地产生亲切感并习惯以微笑相待。周围喜欢跟我交朋友的人也变多了。

最后，就是感觉自己能够初步做到深入思考了，这不仅在学习中有所体现，在生活中也有所体现。以前待人接物很漠视麻木，没有眼色，现在对周围的事物有了新的看法。别人说完第一句话或者做一个动作，我就明白了他下一步想谈什么或者遇到了什么问题，仿佛自己能够进入事物中了解其中的缘由，变得能够读懂他人、理解他人了。

总之觉得一切都在有条不紊地进行，及时排解自己的同时，也及时温习您传授给我的方法，才是我应该做的事。

这个孩子学会了用思维来驾驭学习，用认知来驾驭知识，而不单单是埋头苦干，不单单是靠题海战术，不单单是打时间战。

好的思维方式，一出手，就直击要害。它给了孩子一个很好的工具，可以高效、快速地解决问题。

记住，高考选拔的，不只是知识过硬的孩子，而是借知识之手，选拔出那些在思维方式上、做事品质上更为优越的孩子。

这样的孩子具备一种能力，不仅能够掌握现在学习的知识，以后面对别的更多、更陌生、更难的知识，也都可以很快上手，抓住本质。

这就是为什么以后用不上函数，我们依然要学函数，要考函数，因为它给了我们一种思维方式，也在考查我们对这种思维方式的运用。

而在现实中，思维方式这个问题并未被父母正视。当孩子遇到学习困难的时候，大多数父母只会干涩地讲一句："要努力，要勤奋！"或者"你动动脑子，为什么别人能学明白，就你搞不懂？"

想学，还得会学。

勤奋，可以让孩子上二本。但是如果想要上一本或者更出色的名校，必须有**思维方式的升级**。

我们大脑的条件不仅仅是天生的，也是通过后天的教育塑造出来的。补课能补知识，但补不了思维，思维是更底层的问题。

· · · · · · ·

第三只拦路虎：学习能力。

我们一直在讲一句话：**境界的提升一日千里，能力的提升点点滴滴。**

人生观、价值观、思维方式有了提升，那孩子的学习就会像坐上了火箭一般，一日千里。而学习能力的提升，却是在点点滴滴的训练中实现的。

注意，是训练，而不是讲解。

训练，是按照正确的方式做一遍，再做一遍，再来一遍；而讲解是，孩子在听，你在讲。你讲得再好，也不是孩子的。

孩子的能力，要通过自己实实在在、点点滴滴去做事，才能锤炼出来。

这就好比一个孩子，思维方式再好，人生观再正，有再多的词汇积累，但他想要写出好的作文，也要一篇一篇地写，在不断地书写训练中，学会谋篇布局，遣词用句。

所以，能力是训练出来的，光听课不训练，就无法把知识内化为自己的本领。

三步走，
成功激活孩子的学习兴趣

我们先来看两个问题：

第一，孩子对学习有兴趣吗？

第二，你希不希望孩子有学习兴趣？

请注意第二个问题，你希不希望孩子有学习兴趣？也就是说，是你想让孩子有兴趣，还是孩子自己想有兴趣。

很多父母会说，"是我希望孩子有学习兴趣"。

那么，就是你要去解决这个问题，而不是孩子想要去解决。

怎样才能激活孩子的学习兴趣呢？

· · · · · · · ·

第一步，一起疯。

哪个疯？疯狂的"疯"。

这句话怎么理解？注意，一个人对一件事情有兴趣的根本在于：

第一，他能够去享受这个做事的过程。
第二，他能够享受做事的结果。

当然，想要有结果先得有过程，那么父母就要去想，怎样才能让孩子愿意去享受学习的这个过程呢？

这个时候有个前提,得有一个"开始",怎样能够"开始"去享受这件事情呢?

那就是一起疯。

比如,父母特别希望孩子能够大声朗读时,通常会这样对孩子说:

"儿子,要想把语文学好,必须大声朗读,包括数学里面的概念、公式、定义、定理,也要大声读,赶紧读读读读……"

然后孩子就百无聊赖地看着父母,脑袋低下去,继续该干什么干什么。

正确的做法是什么呢?

"儿子,你说这个数学公式,要是大声读出来,是什么感觉呢?"

这个时候孩子可能对你所说的话还是一点感觉都没有,但是你要秉承"一起疯"的原则,继续引导他。

"一起疯"的前提是让自己先"疯"起来。你可以自己先把那个公式大声读出来：$\sin(α+β)=\sinα\cosβ+\cosα\sinβ$。或者自己先把"日照香炉生紫烟，遥看瀑布挂前川"大声地读几遍。

怎样读才叫"疯"呢？

第一种，扭捏作态地朗读，这是一种状态上的"疯"。

第二种，表演性地朗读，不要有偶像包袱，发挥你的想象力，癫狂投入，肆意享受。

有人可能会说，"如果我那个样子，不用孩子说我丢人，我自己都觉得丢人。"

这就是孩子不能享受一件事情的原因，父母在面对他、引导他的时候，没有解放自己的天性。

所以，作为父母，我们要做到解放天性。当我们解放天性的那一刻，我们就能够跟着孩子一起很疯狂地去做一件事了。

"一起疯"从根本上来看，讲的是两个字——情绪。

一定要记得，一个人开始去做一件事时，靠的并不是理性，而是情绪。

情绪是可以被感染的，所以父母要通过自己在情绪上的自我感染，来影响孩子。

就像每一次中考前、高考前，或者职场人在开工之前，都要开一个会，叫动员会。

动员会的目的是不是要跟大家讲这件事情有多么重要，多么难，我们要多么认真呢？

非也，动员会的核心是在喊口号。口号要怎么喊？要锣鼓震天，要大声吆喝。目的是什么？让我们的情绪高涨起来。

所以，在解放天性的过程中，父母的情绪被点燃了，然后带着这样一种情绪，去感染眼前的孩子，那么孩子就可以"开始"做事了。这是第一步。在开始以后，就要注意第二步了。

第二步,"用力做"。

什么是"用力做"呢?

"用力做"就是在孩子做事的过程中,要不断地跟他强调:

结果无所谓,父母不会在意你做事的结果,父母更在意的是你在做事的过程中有没有使劲。

而有的父母总是习惯性地急于让孩子达到某种结果。

比如,孩子刚说:"李波老师讲得真好呀,我一定要跟着李波老师好好学。"父母就紧接着来一句:"既然李波老师这么好,那咱们这次期末考试数学可要考到135分呀。"

父母要是这样子,都不是倒凉水了,而是泼冰水。本来孩子还有那么一点点学习的小火苗,马上就被这一盆冰水扑灭了。

千万不要在孩子刚开始去做一件事的时候，就马上要求他达到某种结果。

所以，在"用力做"的过程中，千万记得不要去谈结果，不要对结果提出要求，只是告诉孩子结果无所谓。

"我看中的是你在这个过程中，是否全身心地把自己放进去了，你只需要使劲就可以了"。这是培养孩子学习兴趣的第二步。

· · · · · · ·

第三步，要为孩子获得一个很好的结果提供支持。

就像上面所说的，一个人之所以对一件事情感兴趣，在于他享受了这个做事的过程，没有结果的牵绊。

还有一点，一个人之所以对一件事情感兴趣，是因为他对这个结果很享受，他能从结果当中看到自我价值，有一种成就感。

所以，我们嘴上要说，"孩子，你不要在乎结果"，**但是我们在暗地里要为孩子获得一个更好的结果提供支持。**

怎样才能够确保孩子最终在学习上有一个很大的收获呢?

要去帮助孩子对他当下所做的这件事进行点拨。

父母要帮助孩子去寻找资源,通过资源的支撑,让孩子在学习的结果上有一个很大的成长。这个时候你就可以放心了,孩子在学习这件事情上就再也不用你去催了。

这样给孩子励志，
孩子一次比一次考得好

如果说，考试刚结束时还可以本着"眼不见为净"的鸵鸟心态逃避现实，但分数一出来，想必每一位父母都无法做到掉转头，不看它。

事实上，即便分数未出，很多父母都已经坐不住了。

我家孩子高一，学习太吃力。

我家孩子高一，该如何进行心理疏导？

我女儿高二，学习迷茫，觉得自己考不上重点大学，没有自信，怎么办？

孩子今年高一，中考是以全班第三名的成绩考进这个重点中学重点班的。可是开学两个月，就发现班上的同学强手如林，深受打击。她每天哭，之前从来没有这样挫败过，该怎么办呢？

……

高一、高二的孩子父母是最先感受到秋寒的一波父母。

高一学习撕裂感太强，容易让孩子瞬间失重；高二学习积重难返，容易让孩子产生绝望感。

接下来，在 12 月份前后，初三、高三的孩子开始感受到凛冬的彻骨寒意。

再接下来是来年 4 月份，初二的孩子会生平第一次觉得学习难起来了，不那么容易了。

这期间，青春期也如约而至，叛逆、困惑、迷茫，夹杂学业压力，孩子在这一年会感觉陷入了泥里，很艰难，父母也是如此。

高二的孩子，之前丛生的绝望，此时长成了草。

无论是满分 150 分考三四十分的孩子，还是考 90 分左右勉强及格的孩子，悲伤都流成了河。而考 110 分左右的孩子，被卡在瓶颈，欲上不能。

其他年级的孩子，虽然处于懵懂期，但想必只要上学，就没有一天可以喘息。

除了少数超级学霸，对于大多数孩子而言，学习这条路，不是游山玩水，而是一次漫长的征程。即便没学多少东西，这一路坎坷也足以让孩子身心俱疲。

父母要怎么看待这个问题呢？

我们要跳出来看问题。

因为蹲守在问题旁边，我们就入了迷宫。要想破局，就要跳出迷宫，俯视它。

思想一通，百事皆顺。

思想不通，没头没脑，万事皆休。

父母具体要怎样做呢?

当孩子学习遇到坎儿,我们要三步走。

· · · · · · ·

第一步,要包容。

包容是破局的前提。但很多父母做的是反的。

比如,孩子之前一直都很优秀,但是上高中后,分数忽然一蹶不振。更可怕的是,连之前的进取心也没了,开始每天讲丧气话。

有个女孩就这样跟她妈妈讲:"你就别指望我考什么清北了,我能上个一本就不错了。小心期望越大,失望越大!"

这位妈妈听完之后,很崩溃。要知道,孩子初中时有多优秀,她妈妈在邻里间吹捧的就有多高,是非清北不去的。

可是现在居然掉链子了。妈妈一边哭,一边咬牙切齿地说:"我这脸往哪儿搁呢?这孩子怎么这么不争气!你说,她怎么就不能头悬梁,锥刺股呢?她怎么就没有拼搏的劲头呢?我以前真是错看她了!"

还有一位爸爸,孩子在小学五年级之前都非常乖,非常努力,非常认真。有一天,感觉身体不舒服,就去看病,也没看出个毛病来,便在家休息了几天。

刚巧临近考试,分数便下滑了。结果,爸爸的嘴脸就变了。他开始讽刺孩子说:"看你就不是读书的料,你就是故意装病,不想学习。我是看透你了,没出息的孩子!"

然后,好端端的孩子,被讽刺得性情大变,变得乖戾、叛逆,还一身疲惫,成天蔫蔫的。

这样的案例,数不胜数。
- 名次掉了几名,父母受不了了,指责孩子。
- 老师晚上给父母发微信,说孩子作业完成得不好,周测成绩下降了,上课眼神迷茫,父母就受不了,骂孩子。

- 晚上辅导作业，孩子脑子慢一点了，手慢一点了，父母就高血压了，受不了了，愤怨连天！
  ……

仔细想想，不是我们在惯着孩子，是孩子在一直惯着我们。惯得有一天，我们似乎都看不清常识了：

成功对于我们绝大多数平凡的人而言，都不是一条一帆风顺的路！总会有高低起伏，总会有曲折混乱。
这才是人生的常态。

但大多数父母希望看到的却是一个完美无瑕的孩子，一条一路畅通的成功大道。
我们容不下瑕疵，我们受不了起伏，我们等不起！

所以，当孩子分数开始下滑，学习遇到坎儿时，第一个按捺不住，急得跳脚的就是父母，好像这个时候受伤最重的不是孩子，而是我们！

我们虽然养育了孩子，但是不能要求孩子拿学习好当作回报来回馈我们。

换句话讲，孩子不欠我们的。如果他不好好学习，不认真对待人生，他亏欠的是他自己。

当我们看到这一点时，我们的位置就摆正了：**不是恩主，而是战友。**

战友应该是互相扶持的。

没有一个人会对自己的战友说，"你枪瞄得不准，你就对不起我，你欠我的"。而是说，"来，我来帮你，这个枪这么打就好了"。

孩子学习遇到坎儿，他的心理负担有多重，想必很多父母都很难感同身受。

如果是这样，可以试想一下，假如你工作不体面，钱挣得也不多，领导每天骂你，同事也不把你当回事，遇到难处，求告无门，你会是何种心情。

如果你回到家，家里的妻子/丈夫不但不关心你，反而还指责你，甚至谩骂你，你会是什么感受？

初时，是不是很崩溃？久了，是不是会"死猪不怕开水烫"？但也会陷入一种更深的孤独和绝望中。

这就是孩子的真实处境。

所以，孩子考好了，我们要大方地表达出喜悦。来自亲人的庆祝最真诚，孩子也最看重。

如果他没有考好，更要给他一个大大的拥抱，说一句"你辛苦了"。

这是家人之间特有的温情和体贴。

"你辛苦了"，短短四个字，一切尽在其中。

温暖、舒适、放松，卸下戒备，稍作喘息，才好思量下一步要怎么办，才好集聚能量，投入战斗。

孩子考好了，我们要大方地表达出喜悦。

如果孩子没有考好，更要给他一个大大的拥抱，并说一句"你辛苦了"。

第二步，要相信。

当孩子学习遇到坎儿时，父母阵营可以分化为三个派别，三种声音：

第一种父母："唉！完了，完了，完蛋了！"
这是绝望派。

发出这种声音的父母，其实绝望的不是孩子，而是自己的人生。他对自己的人生感到绝望，然后，将这种绝望投射到了孩子的身上。

所以，他骂的不是孩子，而是借骂孩子、打孩子，在打骂自己。

这种父母，活在深深的自卑中，即便手中握着美玉，也当成破石头扔了。

第二种父母："看来孩子资质有限，我们顺其自然，努力就好。"

这是温情消极派。

这一派有一个常常挂在嘴上的词,非常唯美,叫"静待花开"。

可是,我在这里特别想用一组对联,来形容这类家长的本质。

上联:静待花开。

下联:无所作为。

实际上,这是对"静待花开"最大的曲解了。因为,"静待"是在做了一切之后的静待。该施肥施肥,该嫁接嫁接,该耕耘耕耘,该播种播种……然后,才静待。

就像劳作了一天的农夫,傍晚守着田地,慈爱地看着那些迎风跳舞的庄稼,默默地说,长吧,长吧,今年又是一个丰收年。

静待是一种心境,而不是一种姿态。

标准动作应该是:**心要慢下来,手要快起来。**

所以,什么都不干的静待,骨子里其实是放弃,是

害怕，是不敢争先的怯懦，是不敢面对失败的狭隘，是不相信。

不相信事情可以因自己而变。

不相信孩子可以凭借自己的双手改变自己的命运。

他们将一切都归结于宿命、天资，看上去顺其自然、乐天知命，实际上是最大的消极。

因为万事万物无不处于变化发展中。而面对这些变化，我们是可以推动、可以进取、可以拼搏的。

回到学习上，分数可以下来，也可以上去；孩子可以不太聪明，也可以经由自己的努力，变得越来越聪明；孩子可以不太努力，也可以经由师者的启迪，变得越来越努力，越来越踏实。

关键是，你相信吗？

信，则灵！

第三种父母："相信孩子一定可以。"

他们沉着而坚定，是成熟练达派。

他们因为相信自己,而相信孩子。

他们知道,大风起于青萍之末!点滴细微而持续不断的努力,可以改变事物最终的走向。

他们知道,内心不渴望的东西,不可能靠近自己。

他们相信"相信"的力量。

所以,要想真正帮助孩子走出学习的泥潭,第二步,我们就要发自肺腑地相信孩子。在不能相信的时候,依然执着地相信。

相信一万次,你的梦想就会成真。

· · · · · · ·

第三步,要帮助。

如果说"包容"付出的是格局,"相信"付出的是智慧和毅力，那么"帮助"付出的就是八个字：

有钱出钱，有力出力。

归根结底是两个字：**舍得**。

你舍得付出吗？

时间、精力、心血、金钱。

从事教育十几年，再加上活了将近四十年，虽然不敢说阅尽了人间百态，但也颇有心得。我们发现一个规律：

优等生的背后，往往站着一个优等生一般的父母——坚毅、果断、不惜力、条理清晰、胸怀畅达。

靠灵感做事的孩子背后，往往也站着一个靠灵感做事的父母——时灵时不灵。有追求，却无恒心。有想法，却不系统。上进，却无行动力。

而混沌的孩子背后，多半站着一个同样混混沌沌的父母。

所以，我们常常号召父母跟孩子一起学习，因为，家是环境，孩子是这环境里的花。花长得不好，换个风调雨顺的地方便会长势喜人，但一会儿搬回家，也许就又蔫了。

尤其是初一、初二、小学阶段的孩子，还没有形成牢固的自我认知，极易受身边环境的影响。

所以，爱孩子，不是要把肉都堆他碗里，而是要和他一起成长。

真正的起跑线在哪里？

在父母这里。

一个孩子的成长，是父母和师者点点滴滴的心血和智慧浇灌出来的。

父母无恒心，则孩子无恒力。

师者无恒智，则孩子无恒慧。

成功，始于刻意而为，终于水到渠成。

真正的学霸，就是这样炼成的。

第四篇

这样做，孩子越学越好

好学生的三大拿分法宝

好学生能拿高分,除了勤奋,其实他们还有三大法宝。

哪三大法宝呢?

· · · · · · ·

第一大法宝:把孩子摆在分数前面的父母。

"女人一辈子,讲的是男人,念的是男人,怨的是男人，永远永远。"这是张爱玲在《有女同车》中的感慨。

作为一名教育工作者，一年有上千名学生从眼前过，和几百位家长深度沟通，我们也颇想感慨一句："父母这前半生，讲的是_____，念的是_____，怨的是_____，永远永远……"

"_____"代表什么呢？

可以把它当作一个填空题，你的头脑当中，第一个浮现出的是哪个词？

估计95%的父母，会欣然填上两个字：孩子！

然后默读一遍，陶醉般地自我感动一番，"你看，我好伟大！"

可是，实际上，这句话应该是：**"父母这前半生，讲的是分数，念的是分数，怨的是分数，永远永远。"**

这才是事实，这也才是很多父母的真实面貌。

很难看，是不是？很惭愧，是不是？

分数当前，很多时候，我们连孩子都会忘掉。

正如我们在婚姻当中，常常分不清爱重要，还是钱重要；我们在教育当中，也常常分不清，孩子重要，还是分数重要。

我们曾经见过一个最极端的例子：

孩子因为重度抑郁症入院治疗半年，稍一好转，妈妈首先想到的是，"得赶紧回学校了，再不上学，这辈子就完了……"

不上学这辈子完不了，但上了大学，抑郁症治不好，这辈子可是真完了。

所以，现实往往会毫不留情地打这些父母的脸：

但凡把孩子排在分数后面的，这个分数，你都接不住。

但凡把孩子排在分数前面的，这个分数，你都可以拿得稳稳的。

有一个真相是：急功必近利！

太想要分了，父母做的事，往往就不是给孩子加油、帮忙了，而变成了添乱。

所以，很多孩子少考了 15 分，少考了 20 分，甚至不爱学习了，这笔账，都要算在父母身上。

有一位妈妈给我们发来长长的一段话，也给很多父母很大触动。

李老师、赵老师，你们好，如两位老师所说，或许孩子所说的和所表现的，并不是他内心的真实想法。

我对他说他的物理测试不理想是因为他没总结、没做错题集时，他歇斯底里地向我怒吼："你什么都不知道，什么都不懂，就知道叨叨叨，说说说……不知道就别乱说！"我感受到了他的极度压抑，不被信任感，沉重的压力和无助感。我害怕了，想起了你们说的"此时尽量不说教、少解释，多去自我感知"。

其实我明白，孩子从初一开始就承受着很大的压力——以全校第八、全班第三的成绩进入重点中学。可之后,却总是徘徊在班级20名、年级50名左右。

父母的不理解,老师的恩威并施,更加激烈的竞争,繁重的作业,周六的补课,小学遗留的陋习……一切都让他的学习变得前所未有的沉重。孩子开始睡不好、吃不香,时常暴躁不安,乱了方寸。

听完两位老师的课,我先改变自己,不再去关注每次的排名,也不再在班级群询问孩子的学习状态了。我告诉孩子,以后初中的成绩名次不要以进校的名次去比较,就以第一次月考成绩为基础。

进入初二,我干脆停掉了班级补课,想让孩子有更多的时间去独立思考,总结自己的不足。第一次月考的成绩出人意料,孩子居然获得班级第一、年级第二的排名。尤其是数学,得了120分。

本来这应该是很值得高兴的事,但通过这次试卷和孩子开学以来的学习状态分析,发现问题来了:孩子的语文和英语成绩在班级只能排中等偏上一点,孩子还是不喜欢或者不会去总结归纳,一直不愿意去做错题集……

看完这段话，不知道你看到了什么？我们看到的是一个糊涂的妈妈和一个无助的孩子。

妈妈糊涂到，一心惦记着分数，却忘了感受自己身边的这个小儿子，一个年仅13岁的儿子的内心。

是她不具备这个能力吗？

不是，是她的内心太嘈杂了，是她内心的声音太多了，是她的心太不静了。一个声音穿过，又一个声音穿过，都是关于分数的，关于升学的，关于前途的，关于未来的。

她有太多的恐惧了。所以，她要行动，不停地行动，说教、训斥、抱怨、分析试卷、总结原因、拉孩子去补课，叨叨叨，说说说……

在无尽的唠叨和说教中，她才会稍稍得以安慰，觉得自己是在解决问题。其实，她只不过是被恐惧绑架了，是在给孩子添乱。

直到有一天，不堪其扰的孩子崩溃了，他歇斯底里，朝着她大吼。也直到这一刻，这位妈妈才震撼了，害怕了，才想起我们的这两句话：

孩子所说的和所表现的，并不是他内心的真实想法。此时尽量不说教、少解释，多去自我感知。

这个时候，她才静下来，开始体会孩子的内心：

极度压抑，不被信任感，沉重的压力和无助感……
从初一开始就承受着很大的压力……
父母的不理解，老师的恩威并施，更加激烈的竞争，繁重的作业，周六的补课……
孩子开始睡不好、吃不香，时常暴躁不安，乱了方寸……

其实，还应该有：同学的眼光，一次次的努力，一次次的失败，自己对自己的怀疑，繁杂的功课，一刻不停的进度，没完没了的考试，父母的聒噪……

不得不说，这个 13 岁的小伙子，这一年，过得很艰难！

当妈妈感知到了这一切时，意味着她把孩子重新放回了第一位，重新放回了自己的心里。她终于**把目光从试卷上收回来，开始看到孩子了。**

不长时间，孩子月考居然就获得了班级第一、年级第二的排名，尤其是数学取得了 120 分的好成绩。

事态糟糕的时候，父母原本应该是给孩子压阵的。但是，恰恰相反，我们却打着为孩子好的旗号，忙着添乱。我们太没有大将风度了。

我们见过很多父母，孩子成绩好的时候，母凭子贵一般的傲娇；可是，孩子的分数稍稍有个风吹草动，就哭天喊地，大动干戈，好像天塌地陷了一般，搞得鸡犬不宁。

这不是在帮孩子，而是在坑孩子！

所以，从小学到初中，再到高中，孩子越来越优秀，一定是父母做得好，父母把孩子当孩子了，父母把孩子摆在第一位了。

请记住:父母才是孩子拿高分的第一大法宝!

如果你能一直、始终把孩子摆在第一位，而不是把自己的脸面、虚荣摆在第一位，才是真正在帮孩子。

· · · · · · ·

第二大法宝：一颗越来越强大的大脑。

再来考考你：学习是用来干什么的？

用来拿分的？用来考大学的？用来找工作的？

这都是表象。

而且我们要告诉你，如果学了十几年，就学了一个分数，考了一个大学，那么，你就亏大了。

因为，考上好大学，也不代表你能找到好工作，即便你找到了好工作，也不代表你能够做出一番事业，拥有一个幸福、自由、富足、美满的人生。

这个时代变化这么快，小学、中学、大学学的那么一点东西，进入社会，拿出来显摆，还不够丢人的呢！

这个时代，需要的是终身学习者！

但是，想要做一个终身学习者是有条件的，那就是，我们在小学、中学、大学阶段，要通过学习知识，铸就一颗强大的大脑。

中国有句老话："脑子越用越灵！"

英国哲学家培根讲得更彻底："读史使人明智，读诗使人灵秀，数学使人周密，科学使人深刻，伦理学使人庄重，逻辑修辞学使人善辩，凡有所学，皆成性格。"

"凡有所学，皆成性格。" 多好的话，多么深刻的启迪。

我们今天的学习，是为了打造一颗强大的大脑，铸就我们底层的能力。而这些素养，可以让我们走向更高层次的学习，让我们走向社会时更强大、更稳健。

所以说，优等生第二大拿高分的法宝，就在这里。用我们的话来讲就是：

底层思维、底层能力、做事的方式、思考问题的角度、解决问题的能力。

10岁之前，脑子灵光，是天生的，叫小聪明。

10岁之后，13岁之后，大脑是通过学习和勤奋雕琢出来的，这叫悟性。"玉不琢不成器"，雕琢的不是外在，**而是我们的底层思维。**

这是真正的好东西，可惜，很少有人教。我们常常太忙于表面的东西，孩子学了多少知识，做了多少题，攻了多少难题，背了多少单词，看了几页书，写了几个字……

问题是内核，这个孩子的内核，除了血，除了肉，除了骨头，除了四肢百骸，**你看不见的那个他，最里面的他，**上了这么多年学，提升了多少？

为什么有的孩子起了个大早，最后却赶了个晚集？

为什么有的孩子，虽然玩玩闹闹，却学得很好？

为什么有的孩子，课补了好多，题做了好多，每天都在学、学、学，成绩却依然没有起色？

为什么有的孩子小学学习一般，初中学习优秀，高中努力奋起，走向社会后变得卓越，越来越好？

我们都想要孩子会做事、会做人、有眼色、肯动脑、会思考，可是这些东西谁教过他？

难道知识要学，更重要的思考不需要学就自动自发会了吗？

有一句老话："有福之人不用忙，无福之人跑断肠。"

有福之人真的是不用忙吗？只不过是看到问题的本质和规律了，不会乱忙了，一忙就忙到点子上了。

· · · · · · ·

第三大法宝：沉稳、厚重的性格。

考试拿分是要上考场的，考场上考的不单是孩子平时的功夫，考的还是这个人：

孩子从容、严肃吗？上得了台面吗？

孩子平时的学习，是投机取巧，还是脚踏实地？（这是观念）

孩子平时的学习，是宏观着眼，八方联系，还是钻进支离破碎的细节中学得昏头涨脑？（这是思维方式）

孩子学习时沉稳、厚重，不慌不乱，有大将风范，越挫越勇吗？（这是心性）

孩子遇到难题，是看一眼就丢盔弃甲，还是不为心魔所困，积极、主动、勇猛地想尽一切办法解决它呢？（这是心性）

孩子的应变能力强吗？遇到突发事件，孩子能够在短时间内敏捷、迅速地解决掉吗？（这是能力）

平时的学习是练兵，考试才是实战！
练兵有可能是假功夫，而实战一定是真本事。

所以，一张考卷，考的是孩子整个人，是之前这么多年知识上、方法上、做事上、思考上、心性上最内核的一个东西。

今天真正的优等生，就是明天这个社会的精英！

真正的优等生应该是什么样子的?

他们有理想,有追求;他们头脑清晰,目标明确,行动力强;他们积极、开放、沉稳,不轻言放弃。虽然也会有情绪,但很少为情绪困扰。

他们拥有一套独立的世界观和人生态度,并且拥有一整套科学的思考问题和解决问题的方法论。

孩子怎样才能从平凡走向优秀呢?

下面是一个正在从平凡走向优秀的孩子的反思,虽然还很稚嫩,但在稚嫩中才能真正看出从平凡到优秀需要走的路。

改变就在一念之间

这次数学考了110分,很多小伙伴都很惊讶我为什么能考这么好,可能他们没有了解我的学习生活,主要原因有以下几条。

①暑假一直不停地抄概念、做题……要考的概念都了然于心了。而且这次考的题也颇为基础。

②暑假以后，继续不停地做题、做题，做了三本题，摞起来差不多有5厘米厚，把初二要学的内容全部预习完了。

③考试前让自己的心静下来，并使用了呼吸法。

④这次考试还有一个拉分点，就是最后一道题颇难（12分），但我不停地思考、思考，得了7分，没有给它贴上难题的标签，消灭了"心中贼"。

⑤沉得下去，能发现自己的问题并且改正。

⑥暑期进行了限时训练，大大提升了做卷子的速度，从而提升了考试时的答题速度。

⑦写完以后，反复检查，减少了不必要的错误。

⑧听老师的话，暑假不偷懒。

⑨每过一周总结一下学习方法与学习内容，消化吸收一下，让繁杂的学习内容系统化。

⑩考试当天踮了N个脚尖，不紧张了。

优秀孕育在平凡之中，只要按照这三个方向来培养孩子，每一个孩子都可以从平凡走向优秀，从优秀走向卓越！

学习态度的背后，是方法和心智

"老师，我儿子再有三个月就中考了，还是不着急学习，我只能干着急，怎么办？"

"老师，我儿子快高考了，但还是动力不足，把大量的时间浪费在无谓的事情上。他知道学习很紧迫，但行动跟不上，怎么办呢？"

每当听到父母的这些"讨伐"，我们便不由得皱起眉头，想说一句实话：都这个时候了，还在纠结孩子的学习态度，真不如洗洗睡了。

这就像一个小士兵,前面炮火连天,马上就要上战场了,教官还在后面喋喋不休地抱怨他平时的训练态度不好,顶用吗?

不顶用。

父母似乎有一个天然的逻辑,认为一个孩子,只要他的学习态度好,就可以解决他全部的学习问题。

但其实,学习态度不是包治百病的万能解药,只是孩子在学习上的一个表现。就像发烧。是身体有炎症的一个症状,流鼻涕只是身体受风寒的表现。它仅仅是一个症状,而不是病因。

我们做父母的,看到了症状,却鲜少问一句:

孩子的学习态度为什么不好?

这一问才是抓住了关键。

学习是一件非常复杂的事情。它是多种因素交互作用下的一个结果。比如天赋、做事的品质、心智的成熟度、性格、人生观、目前所处的层次……这里面的每一条，都可能影响孩子的学习态度。

· · · · · · · ·

我们先拿天赋来讲。

传统的教学只强调学生在语言和数理逻辑上的能力——语文和数学两方面的发展，认为智力是以这两者的整合而存在的一种能力。但这并不是人类智能的全部。

多元智能理论告诉我们，不同的人会有不同的智能。

比如，建筑师和雕塑家的空间智能比较强，作家的内省智能比较强，公关人员的人际智能比较强。

通俗点讲，就是：**人与人聪明的点是不同的，一个人做不好一件事，比如学不会数学，不是他笨，只不过是他的聪明不在此处。**

每一个人都有自己的天赋所在。对于自己擅长的，我们会本能地热爱、钻研，甚至上瘾。因为投入很多，所以，回报会更大，形成良性循环。

而对于自己不太擅长的，则会躲开。因为投入很少，所以，挫败会更多，最后形成恶性循环。

就像一个数学考 30 分，而历史考满分的高中孩子说的，晚自习一到伸手拿书的时候，明明知道自己数学弱，要多学习，可是，手还是不由自主地取出政史地。

心里很理智，但身体很诚实。这就是人性。

不喜欢、不擅长却非要学好，只有一种可能，这个孩子对自己的生命怀抱着一种巨大的使命感。所以，他不问能不能，只问应该不应该。

而大多数孩子，当他们对自己人生的认知还处于混沌迷茫的阶段，他们对于学科的学习就会随性而至，"我搞得定，我就喜欢，多做做；我搞不定，我就害怕，讨厌，逃避"。

所以，**不能说孩子的学习态度不好，他只不过是搞不定罢了**。

有一个高二女孩,她很厉害,除了上课,其他时间几乎手不释卷。连上厕所在门口排队等待的间隙,她都会随手从书架上拿本书看。

她的天赋让她在文科上如鱼得水,但在数学上,就不尽如人意了。

集训结束,数学终于及格了。她妈妈兴奋地给我们打电话,报喜的同时,还告诉我们另外一个喜讯。孩子在集训期间读了一本书,一本关于话剧剧本编写的书,回校后,学校举办戏剧节,她亲自策划、编写、表演,获得了一等奖。

显然这个孩子的数理逻辑智能很弱,而语言智能和内省智能是极为发达的。

天赋上不擅长,未来的职业选择一定不可以走这条路,这就叫男怕入错行。但是,不具备天赋,不代表一定学不好。又不是以后要做数学家,从中考、高考的要求来看,它们的考查并不苛刻。

所以,我们常常讲,只要孩子智力正常,学习方法正确，加上一定程度的努力，中考数学拿到 108～115 分，高考数学拿到 115～125 分，都是可以实现的。

· · · · · · ·

也就是说，如果孩子学习没搞好，学习态度不到位，除了天赋，我们还要看：

1. 方法对吗？
2. 心智成熟吗？

方法看教学，心智看教育。

什么叫心智成熟？

就是明白自己想要怎样的人生，并且愿意为了它去付出常人无法付出的努力。

孩子与孩子最大的差异，其实不是天赋，而是心智成熟。

天赋再好，心智不成熟，也会把一手好牌打个稀巴烂，让身边的人都为他扼腕叹息。

而天赋虽然平凡，但是为人沉稳厚重，不屈不挠，却可以让自己的人生之路越走越宽。

成熟决定了，压力之下，孩子选择向前走，还是往回走。

比如，高三9月份开学到第二年6月份高考，这10个月中，孩子会有三次放弃。这三次放弃，就是幼稚与成熟的分水岭。

第一次放弃：9月份——高考总复习刚开始，不战而溃，选择放弃。

第二次放弃：12月份左右——次年3月份，努力了三个月依然没有进展，陷入深深的自我怀疑中，然后放弃。

第三次放弃：次年3月份左右——一模结束，又有一批孩子绝望，放弃了。

这些孩子，看着是在玩游戏、混日子，其实都是假装与掩饰。他们内心中有一个巨大的黑洞,黑洞里是自己的未来,他们不敢探头,因为深不见底。

他们比那些忙着学习、刻苦奋斗的孩子更痛苦。那些孩子在飞升,而他们在下坠。

一个是奋斗的苦,一个是空虚的苦。

这种空虚的苦,是幼稚带来的。

因为他们长这么大:

第一,从来没有想明白自己想要什么。

第二,从来没有过一种真切的体验——只要持续不断地付出,付出不亚于任何人的努力,自己就可以达成心愿。

第三,从来没有掌握一种高效的学习方法来支撑自己的努力。

所以,这个时候,你骂他不学习,态度不好,有用吗?

没有用。

而他需要的不是指责，而是一个"老手"走过来，抚着他的头，用自己全部的生命智慧告诉他，**"孩子，人生是这么回事……"**

他还需要你动用你的专业水准，**明确地告诉他，面对学习，他要先做什么，后做什么，然后可以达到一个什么样的目标。**要让他看得见方向和目标。

最后，你还要像一个友善而严厉的教练，**督促他，鞭策他，提要求，给标准，**引导他大刀阔斧地去做事。

等他终有一天走过去了，回过头一看，就豁然开朗了：原来遇到的问题、困难，就是这么解决的。

经过这一段路，人就夯实了。这种刻骨铭心的体验，比高考分数要紧多了，是一笔宝贵财富。

一位妈妈打来电话，千恩万谢。说当年孩子上初三的时候，非常沮丧，马上就要放弃了。我们跟孩子讲了几句话，孩子照着去做了，然后，中考考得特别棒，进了当地一所重点中学。

电话接完，我们还在将信将疑，不记得做过这种点石成金的事。

后来我们释然了。**其实，孩子当时需要的，只是一个希望，和一条可以行得通的大路。**面对中考的重压，他眼前都是重重迷雾和阴霾，分辨不出方向，他想奋力挣脱，但又疑虑自己的弱小。

如果这个时候，有一个言谈温和，看上去充满智慧的人，温和而有力地给他一指，"孩子，别担心，走这条路，你就成了！"就会给他莫名的力量。

· · · · · · ·

成年人往往低估了孩子的迷茫、恐惧和软弱。

在他们看来，孩子就是叛逆，就是不懂事，就是荒废青春，不务正业。

其实，从教十几年来，我们还真没见过不务正业，对自己人生根本不负责任的孩子（成年人倒是很多）。**他**

们的叛逆、不懂事、荒废时光，其实都是迷茫的表象。

人的一生沟沟坎坎密布其间，形同一张网。孩子经验不足，既没天赋，又没方法，就像待捕的小飞蛾，稍不留神，就被黏住、捆缚。然后陷入自卑、绝望、自暴自弃的情绪中。

就像一个高二女孩写的自省：

我默许了你所有出格的叛逆，对，叛逆。我还在找借口说，这是叛逆，因为我不敢说，这是懦弱者对强烈压力的逃避，这太过刺耳！

所以，我们要心疼这些孩子，心疼他们不自知地潦草交代了自己的青春。一边心疼，还要一边相信，一边积极地推动他们去做事。

启迪心智，帮助孩子成人。
传授方法，帮助孩子学会做事。

我们要锤炼孩子做事的品质，给予他做事的标准。这都是为人师者，为人父母的职责。

我们一直强调一点，**更重要的是要把做事的标准给到孩子。**

比如解题，孩子常常用"我会做"一带而过。**我们要求的却是五个层次的进阶：**

第一个层次：能不能；

第二个层次：会不会；

第三个层次：快不快；

第四个层次：爽不爽；

第五个层次：一句话总结。

大多数孩子仅仅停留在"能不能"和"会不会"的层面上，并且因此洋洋自得。父母如果不把标准给到孩子，孩子就不知道还有更高层次的要求，还以为自己做得足够好了。

这也是打磨孩子心性的过程。不经历这个过程,孩子就不会深刻、沉稳,他做人做事就会飘。面对学业的艰难,他就会一次又一次地逃避,因而错失很多机会。

但当看到自己的聪明和力量,看到自己的坚韧与不屈时,他就会发出感慨:"哦,原来我这么棒!"

学习这件事,最大的意义就在于,让孩子学会正视它。不管是语文、数学、物理、化学还是历史,即使搞不定它,也要依然挺立着,坚持走下去,不断地寻求方法,提高标准,最后,一切终将柳暗花明。

人生,就是坚持过后的柳暗花明!这才是孩子最要学会的一点。

父母在教育孩子上,也要学会这句话:
教育,就是坚持过后的柳暗花明。

严格意义上来讲，没有学习态度不好的孩子，只有因为不擅长做一件事而逃避的孩子，以及心理不成熟、还没有学会坚韧与方法和良好做事品质的孩子。

有意志力的孩子才能
走得更长远

一位初中生的妈妈给我们发来信息求助:

老师您好,我有一个问题要请教您,就是孩子知道要学英语,知道语文要多背,数学要多思考,但她就是懒得花时间去做这些事情,我们应该怎样去引导?

这个问题太常见了,总是以不同的形式飞向我们:

老师,我女儿也知道要学习,可是,她就是落实不到行动上去，朋友一叫，就跟人家出去玩了。

老师，我儿子也知道早恋不好，影响学习，可是他就是和那个女孩断不了。前几天，人家要和他断，他还要死要活的。

老师，我儿子其实什么道理都懂，可是就是不做呀。

别看问题千变万化，其实困扰父母的，只有一条：

为什么孩子明明什么都知道，也很聪明，可他偏偏就是做不到呢？

每每听到这样的问题，我们都会长长地叹口气，"唉，果然是做了父母，爱极了孩子，就容易眼盲心乱，父母实在是太高看这些小人儿了"。

须知：孩子的那个"知"，根本就是"假知道"。

不要小看"知"，"知"可是一门学问。早在两千年前，孔子在教导子路的时候，就讲过这样一句流传千古的名言：

"由,诲汝知之乎!知之为知之,不知为不知,是知也。"

(子路啊,告诉你对待知与不知的态度吧!知道就是知道,不知道就是不知道,这样才是真正的智慧呀!)

这句话之所以这么有名,就在于它振聋发聩地敲醒我们:

知道自己不知道,这种老实、谦卑、不虚荣、不自以为是的求学姿态,相比于知道自己知道,更是一种智慧。

关于"知",有四种境界:

第一种:不知道自己不知道(混沌境界);

第二种:知道自己不知道(智慧境界);

第三种:知道自己知道(科学境界);

第四种:不知道自己知道(得道境界)。

我们大多数孩子在哪个境界?

毫无疑问,第一重境界,不知道自己不知道。他们以为自己什么都知道,却又时时刻刻处于一种混沌迷茫中，搞不清楚状况，对自己的能力和身处的局面判断不足，经常产生错觉。

一个孩子的优秀，一定是从"知道自己不知道"开始的。

就像一个高二女孩，寒假参加完集训课后，给我们发来信息，她满怀感激地说：

"老师，上了这么多年学，在您的课上，才发现，原来学习是要这么学，还有很多您关于人生和做事的思考，这些正是我们这个年龄段的孩子欠缺而又亟需的。"

所以，**哪有什么都知道，只不过是没有看到自己什么都不知道而已。**

所以，知道却做不到，唯一的解释就是，这个所谓的"知道"，是假知道，是掺了水的。挤一挤，也许只剩下一星半点干货，在明眼人那里，根本禁不住推敲。

王阳明先生说："知之真切笃实处即是行，行之明觉精察处即是知。"

"知"与"行",从来都是不可分离的。真知道了,一定是可以做得到的。

王阳明先生还说:"讲得一事即行一事,行得一事即知一事,所谓真知矣。徒讲而不行,则遇事终有眩惑。"

光讲,却不做,遇到事情,我们始终会有深层的疑惑在那里。此时的"知",是很浅层的。

所以,不要再讲"孩子都知道"这样的话了,你太高估他们了。

一个七八岁,十二三岁,十五六岁的孩子,人生刚刚开始,尚未经历世事,学问又浅浅一层,能知道多少?不过是鹦鹉学舌,卖弄聪明,从电视里、网络上、同伴那里,叼来几口速食快餐,炫耀一下而已。

我们要相信孩子的潜质,但我们不能高估他们的见识才学。"玉不琢,不成器",**没有教育的启迪、世事的锤炼,没有时间的沉淀,孩子的智慧是立不住的。**

不过，虽然如此，但这也只是问题的一个方面。

觉得自己知道，但就是落实不到行动上去，其背后的原因，除去"知"的程度有水分之外，还有另外一个非常关键的原因，那就是：

孩子欠缺强大的意志力。

比如，明知道早恋不好，但就是断不了。

明知道打游戏耽误学习，但就是戒不掉。

明知道应该胸怀宽广，但就是做不到。

明知道自己应该早起读书，笨鸟先飞，但就是事到临头，惰性缠身……

原因无非五个字：**意志力薄弱！**

那究竟什么是意志力呢？

所谓意志力，就是一个人调动自己的心理、身体进而实现目标的精神力量。

我（赵老师）上大学时曾读过一本书，到现在十几年过去了，书名忘了，书的内容也忘得一干二净了。但是，书里有四个字，我却一直记到现在，时时从脑海中拎出来，沉思默念。哪四个字呢？

以理节情。

理——理性、理智、规律，不以一个人的主观意志为转移的法则。

情——情绪、情感、情怀、幻想。"人情""人性"是一个人本能、主观的感受。

我们要想做成一件事，就要符合客观规律，而不只是顺应自己的喜好、天性。

相信各位人到中年的父母们，一定发现了这样一个规律：

成功，在某种程度上是逆人性的。

所以，曾任微软执行副总裁、百度总裁的陆奇讲过一句话："对的事情，再难也要坚持去做；错的事情，诱惑再大，也不能做！"

那些终将拥有成功人生的孩子，会一次一次地驾驭自己的本能喜好，而选择走一条更艰难，却无比正确的路。

而那些注定拥有一个平庸，甚至失败的人生的孩子，则是一次又一次妥协于自己的天性、本能、情绪、情感，选择走一条又一条容易的路，因为他们拗不过自己。

因为他们的意志力指挥不动他们自己的心理和身体，所以，明知有错而故犯，明知是对而畏难退缩。

回首我们自己的人生，又何尝不是这样？

在意志力的土壤上，可以生长出诸多品质，比如：美德、自律、聪明、专注、坚韧、勤勉、节俭、智慧、创造力、想象力……

毫不夸张地讲，意志力的强大与否，几乎决定了孩子一生的命运，它是比聪明和天赋更关键、更核心的精神力量。

意志力是一个孩子与另一个孩子更本质的区别。

而如果一个孩子意志力薄弱，他拥有的其他一切优良品质，都将会是转瞬即逝的烟花。

人类历史上那些伟大的人，无不拥有艰苦卓绝、百折不挠的意志力。成功不是躲在房间里玩智力游戏、夸夸其谈就可以轻松铸就的。

意志力是连接"知"与"行"的桥梁，没有意志力做推动，一切的知，也都将只存在于头脑中。

这就是我们常常讲的：思想的巨人，行动的矮子。

· · · · · · · ·

那么，究竟怎样才能培养出孩子的意志力呢？

第一个要点：我们要教给孩子，什么是意志力。

这是言传。我们要通过言传，来让孩子醒脑，去解决认知的问题。

也就是让孩子在头脑中真正明白，想要做成一件事，我们要经历的考验、诱惑有哪些，而意志力又在其中起到了怎样关键的作用。

这一点非常重要。

很多父母从孩子出生的那天起，就望子成龙、望女成凤，就渴望成功，就盼着孩子有意志力，有自控力，能严格自律。

可是，扪心自问，我们似乎又从来没教过他这些，却常常在他没做到的时候，恨恨地骂他："你怎么就没点毅力呢？"

这就类似于，你在向一棵你从未栽培过的苹果树要甜果子。

教育，就是栽培。

每次集训结束，我们都会带着孩子们大声朗读孟子的这段话：

天将降大任于斯人也，必先苦其心志，劳其筋骨，饿其体肤，空乏其身，行拂乱其所为，所以动心忍性，曾益其所不能。

苦其心志，就是让他的精神、大脑感到煎熬，让焦虑、烦闷挑战他智力的极限。

劳其筋骨，就是让他的筋骨劳累，挑战他身体承受的极限。

空乏其身，就是使他的身体空虚、疲乏、饥饿。

行拂乱其所为，就是无论他干什么，都要受到干扰，不让他称心如意。

通过这些，来磨炼他的心志，让他的性情更加坚韧，以增加他不具备的能力，让他超越自我，变得更加强大。

短短几十个字，就将我们在成功的路上所经历的一切，身体、大脑、精神上所要经受的磨砺讲得鞭辟入里，让人震惊，而又振奋。

在语文学习中，这段话是我们必背的，但很多孩子只把它当作知识点来背，而从未意识到蕴藏在其中的深刻的人生哲理。

可是，通过这短短几十个字，意志力的培养就渗透进去了。

所以，很多参加过集训课的孩子，会把我们传授给他们的思想写在纸上，贴在墙上，时时诵读，提醒自己，勿忘教诲，要落在行动上。

每一个孩子的内心深处都是向上的，但我们要给他方向。 否则，向上向上，哪里是上？他就会迷乱。

第二个要点：意志力是训练出来的。

训练是什么意思？

训练就是让孩子亲身去经历，去体验。

身体是有记忆的，这种记忆比大脑记忆更强大。就好比如果三年不背数学公式，会把公式忘掉，但是，如果三年没骑自行车，给你一辆，你照样骑走。所以，我们常说：**大脑知道，不如身体知道。**

身体的体验，更深刻。
真正高明的学习者，一定是全身心在参与学习。

可是，有的父母何其浅薄！他们只在乎孩子的头脑，觉得动脑是在用智力解决问题；而鄙视体力劳动，觉得那是下等人受的苦。

所以，他们不让孩子参与生活中的一切身体劳作，玩泥巴、做饭、刷碗、打扫卫生、田间地头劳作。要不是为了身体健康，也许连打篮球、跑步这些需要挥汗如雨的活动，他们都要给孩子停掉，就希望孩子坐在那里，斯斯文文地读书。

可是这样一来，身体没有经历，怎样能够"劳其筋骨，饿其体肤，空乏其身"？怎样能够让孩子体验到已经跑了 2900 米，最后 100 米冲刺所需要的一扛再扛呢？

世界上最有意志力的团体是军队和体育竞技队，他们的指向性非常明确，就一个字：赢。赢，就是目标。

为了这个目标，他们承受着世界上最严苛的纪律和体能磨炼，而这些训练，打造出的都是钢铁一般的意志。

所以，让孩子去受苦吧，身体上不经历历练，精神上怎么会强健？

第三个要点：意志力的培养需要循序渐进。

如果说，意志力的培养就好比将孩子置身于竞技场，看他能否坚持打拼，那我们的角色又应该是什么？

我们真正应该做的，一定不是冷冰冰的裁判，而应该是一名教练。

在培养孩子意志力的过程中，有鞭策，有高标准、严要求，有狠心的训练，但**要始终记得，所做的这一切，都是为了最终成就孩子。**

意志力的培养不能理想化，因为人是有人性的，人性中有艰苦奋斗的种子，更有畏难退缩的基因。

比如很多孩子学不会数学就想放弃，或者已经高二了，总分才考 300 多分，科科成绩都低迷。这个时候，父母希望孩子艰苦奋斗，可能吗？很难。

上课听不懂，翻开书，新崭崭。

打开练习册，别人十分钟做一页，孩子十分钟做不了一道题。

一考试，整张卷子没几道题是会的。

……

处处都是挫败，身边还有拉拢腐蚀自己的不良同伴，我们让孩子出淤泥而不染，拥有强大的意志力，可能吗？

所以，我们要做的不是袖手旁观，冷言讽刺，我们要做的是帮扶。虽然这件事很难，但是，**要告诉孩子，"没关系，妈妈跟你一起上"**。

当孩子逆水行舟的时候，考验的不仅仅是他，而是整个家庭的觉悟和意志力。

就像我们跟一位妈妈讲的,你在后面推着,我们在前面拽着,孩子自己再使使劲,这难过的坡,不就爬上去了吗?

上了这坡,孩子的筋骨就强健了,自信心、成就感就有了,意志力也就大大增强了。那么后面的路,他就能渐渐扔掉拐棍,自己走了。

没有哪一个孩子天生就具备意志力,只有在不断攻克难关的过程中,意志力才会变得越来越强大!

实力的打造，靠的是恒久的用力

一位妈妈向我们请教孩子的学习问题：

孩子今年刚上高中，可是，这次月考却考得一塌糊涂，怎么办？

糟糕到了什么地步？

数学42分，英语48.5分（不包含口语），其他各门功课也都"考砸了"。

可是，孩子并不是一个不学无术的"坏"孩子。相反，她的条件很不错。

孩子的兴趣爱好特别多，有点小天赋，喜欢画画，唱歌，英语口语也非常棒。高中刚开学，就作为中英双语主持人，主持了学校的英语音标大赛。

她的画也得到了业内权威老师的认可，虽然刚刚进入画室不到一个月，老师就夸赞她悟性很好，超过了很多高三集训的孩子。

最关键的是，就在不久前的初三，孩子的学习还不太好，尤其是数学和物理。但是，仅仅补了补课，就考到了当地排名第二的重点中学，物理更是提了几十分，考到了 90 多分。

妈妈说：

- 孩子并不笨呀！
- 她也不是不学，她也很想学好。
- 虽然脾气急，爱顶撞，但是什么道理都懂。
- 唱歌也好听，尤其是英文歌。
- 感觉孩子是有些灵气的。
- 画画细致到连画一个头发丝都能安静地画两三个小时。

- 一唱歌就能练好久。
- 她看事情、看问题其实也挺有思想的……

妈妈一再强调，孩子绝对不是智力问题。她一边说，还一边把孩子的画、英语电影配音视频一一给我们看。

很显然，对自己的女儿，这位妈妈充满了浓浓的欣赏和自豪，对孩子身上的优点也视若珍宝。

可是，越是这样，对女儿学习的现状也就越困惑，只好含糊地总结道，"听课应该是打了折扣的""心性也不成熟，跟我们从小呵护有关吧"。

但这些理由，又有点说服不了自己，于是，到了最后，她只好感慨道："唉，就是弄得我们挺困惑的……"

是啊，这么好的一个孩子，有悟性、有想法、有才华，在自己喜欢的事情上也肯下功夫，为什么就偏偏搞不好学习呢？为什么一进高中，分数就掉得这么惨呢？

说实话，要想彻底讲明白这件事并不太容易。但讲透它，却是非常有价值的一件事，因为从这一个孩子身上折射出的，是千千万万个孩子的问题，事关每一个孩子的前途。

· · · · · · ·

在这里先给大家讲另外一个故事，是一个成年人的故事。看完之后，你就会渐渐明白。故事的主人公是我们的一位前同事。

这位同事，我们共事三年。说起来，他当时入职时，还是我们面试的。

他人长得很高、很帅，也很有气质。是那种只要你看一眼，就知道他一定读了很多书的人。面相斯文，人很松弛自然，浑身上下透着一股浓浓的书卷气。

接触久了，我们更欣喜地发现，他非常聪明，也很上进，有想法，有做一名文字工作者必备的才气和敏锐的感受力。

按说他条件非常好，我对他也寄予了厚望。可是，三年下来，却一日甚于一日地绝望，还有心痛。

为什么？

四个字：**习性不好**。

习，习惯。

性，本质天性。

就是长期以来养成的（注意，是长期以来，不是一天两天）做事的行为习惯。

这种行为习惯如此牢固，以至于像他的天性一般不可撼动。

比如，他有严重的拖延症，交代给他一件事，他一定会拖到拖无可拖才去做。最后，被逼到墙角了，为了赶时间，做得粗粗糙糙，遍地都是小毛病。

再比如，不知道是不是才子性情，工作状态总是极不稳定。心情不愉悦了，身体有微恙了，就连着两三天不见踪影，打电话不接，发信息也不回。找得急了，就晕头涨脑地跑来了，一看就是一宿没睡，在补觉的感觉。

因为总是熬夜，白天常常精神不济。又因为作息不规律，身体总是会出现这样那样的问题，耽误工作。

但他不是做不好，也不是不上进。相反，他很上进，看问题总有独到之处；悟性很好，头脑灵活，视野开阔，并不是那种僵化拘泥的人。跟他交流，绝不枯燥，反而常有收获。虽然熬夜、翘班，但是并不是不学无术混日子，他会看很多书，思考很多问题。

如果下了功夫，拿出来的作品也常常让我们啧啧称赞。可是，90%的情况下，他都是匆忙应付，作品能达标就不错了，还要我们逐字逐句地帮他找错别字。

只要是那些有明确的目标和严苛的标准，需要长期日复一日、踏踏实实、动心忍性地去做的事，他一般都会掉链子。他耐不住性子，他的心总是随着他的兴趣跑。而他的兴趣是摇摆的，是没有明确指向的，也没有苛刻的高标准。

这种做事时随着兴趣、放纵任性的习惯是从何时播种下的？我们还要回溯到他的少年时期。

这位同事当年上学的时候，就非常松懈。读书多的孩子，一般都笨不到哪里去。他的父母很爱护他、欣赏他，家庭氛围非常宽松。在这样的环境中长大的他，自然成绩越来越差，学习状态也越来越萎靡。

以至于上高中后，荒唐到有一次物理老师换发型一个月了，他都没发现。因为天天上课睡觉，日日昏昏沉沉，唯有晚上像打了鸡血一般精神，看电影、读小说，日子过得好不自在。

高三来临时，他的母亲终于看不下去了。果断帮他办了转学，并且在学校附近租了房子陪读。他自己也明白到了生死存亡的关键时刻了，只好挽起袖子奋力一搏。

仗着自己头脑灵活，还有平时读书多，努力了十个月，高考居然考上了一所不错的学校，顺利就读中文系。

看到这里，可能很多人都会愤愤不平。因为很多孩子苦读三年，苦读十年，也不过如此，凭什么他努力了十个月，就跟自己平起平坐了？

可是，如果再往后看三年、五年、十年、几十年呢？当时的逆袭，未必是一件好事。

· · · · · · · ·

有句话说，命运送给你的每一样礼物，都已经暗暗标明了价格。

因为习惯了以这样一种类似投机的方式去获得成功，人就很难沉下心来，耐得住寂寞，去扎扎实实、日复一日地打磨，建造自己学业和事业的摩天大厦。

这样的人，根基往往不稳，也很难走得更远。

是的，孩子很聪明，可以只努力十个月就考上一所普通大学，但绝对不可能考上清北。

孩子可以仗着聪明，灵光一闪，在课堂上能很快解出一道难题，但绝对不可能灵光一闪，解出100道、1000道难题。

孩子可以仗着聪明，写出一篇优秀作文，但绝不可能仅仅仗着聪明,成为一名一流的文学家。

什么道理?

越往下走,越看聪明。
越往上走,越考验实力!

什么是实力?

举个例子,一岁半的小宝宝歪歪扭扭地走到门边,踮起脚尖,想要转动门把手打开门,容易吗?

不容易,几乎不可能完成。但这不是因为他不聪明,不知道转动门把手的方法,而是他的实力没有达到。实力没达到的时候,你教他100遍,他也拧不开。

但你让一个5岁的孩子走过去,左试试,右试试,像大人一般,照猫画虎,很快就能打开。

不是他聪明,而是实力达到了。肌肉的力量,神经的敏感度,对手腕、手指的精细化控制,对力量的控制,身体机能的强健,都不是一日之功,而是几百上千天,日复一日地生长、训练、驾驭、控制的结果。

所以，一个孩子聪明并不代表他就必然能做好。"成功"这两个字里，包含了太多太多的坚守和自律。

兴趣是想做就做，不想做就不做。而做事则不同，是想做要做，不想做也要做，愿意做的要做，不愿意做的硬着头皮也要做。

> 兴趣是顺流而下，而做事则是逆流而上。

无论学习还是事业，都是在做事，不可能全凭自己的喜好。实力的打造，靠的是恒久的用力。

努力三个月、十个月，跟努力三年、十年、三十年，甚至一辈子，哪个分量更沉甸甸？

很多人说，这是一个年轻人的世界。因为新的技术、新的理念层出不穷，老一辈人吃不开，迟早是要被淘汰的。

这个世界，永远都是中年人的主场！被淘汰的中年人，只不过是那些早已放弃了学习的人。

那些从上学起，到工作后，日复一日，年复一年，都在求学、求进步的中年人，甚至老年人，随着岁月的积累，他们会越来越厉害。35岁之后，他们的事业巅峰才开始。医生、律师、工程师、建筑师、教师、演员、导演、企业家、作家……各行各业，莫不如此。

一个人要非常努力，才能看起来毫不费力！

聪明，只能小胜。

实力，方能大成。

在沙子上面建不起高楼大厦。埃及的金字塔，是用一块一块的岩石打造的。

我们曾讲过一个道理：

才华对于一个男人而言，就像漂亮对于一个女人一样，是转瞬即逝的。将才华变成智慧，将漂亮变成魅力，才是恒久不变、无法撼动的实力，才是经过时间锤炼、自我奋进酿出的最醇最美的酒。

所以，本节开头的那个女孩的问题，是不是一目了然了？

在喜欢的事情上肯用力，这不是心性坚毅。
在自己不喜欢、不感兴趣的事情上依然持之以恒，这才是心性坚毅。

有点聪明，有点才气，这只意味着你赢在了起跑线上。但是，当你沾沾自喜时，你却没看到，这条跑道不是 50 米，不是 100 米，甚至不是 3000 米，而是一万米，是十万米，是路漫漫其修远兮，吾将上下而求索。

所以，这个时候，你的起跑线领先 5 米、10 米，甚至 100 米、500 米，算领先吗？

不算。只是心理感受好而已。

所以，中考侥幸的成功，不是一件好事。

小小的聪明,小小的才气,小小的漂亮,这些虚假的"领先",恰恰是陷阱。它们会让我们不能客观地评价自己,忘掉成功的艰辛和漫长,无法应对真实的人生。

真实的人生是,即使在一地鸡毛里,也咬紧梦想。

反而，要深深地反思自己：

我的初中，是只拿了点分数，还是学会了扎实的知识？
是学了点知识，还是提升了能力？
是有了能力，还是打造了系统高效的思维方式？
是拥有了好的思维方式，还是锤炼了的心性，谙熟了成功做事的智慧？

没有实力做支撑的分数，只是汤里的油花，一吹即散。

这不是存在于一个孩子身上、一个家长身上的问题，而是存在于绝大多数孩子、绝大多数成年人身上的问题。

难怪成功的路上，人迹罕至。
下一步怎么办？总计 16 个字送给大家，一定要牢记：
笨人要下笨功夫，聪明人更要下笨功夫！
就像转动门把手一般，需要的是实力。

越大的目标，就越要准备好走一条漫长而艰难的路！

学习品质才是孩子的核心竞争力

学习是不是真好,上高中的时候就看出来了,初中和小学的优秀,都是不作数的。

这样讲并不是说小学和初中不重要,而是说,**小学和初中阶段,父母对孩子的培养是不是对路,到了高中就看出来了。**

如果小学和初中,孩子只拿到了一点点分数,其他什么都没有,那么上了高中,半年之内,孩子就会感觉捉襟见肘。

如果在小学和初中，孩子养成了良好的学习品质，那么孩子不但分数拿到了，更得到了应对更艰难的学习考验的法宝。

学习品质，才是孩子的核心竞争力。

拿分的时候不忘学习品质的养成，就好比挣钱的时候不忘积累工作经验一般，都会让孩子越来越厉害！

下面分享一个非常重要的学习品质。

有一年离中考还有两个多月的时候，我们接到一位妈妈的电话。她的孩子当时初三，在这个火烧眉毛的时候，却依然不紧不慢。有点小聪明，能排到班级前十，常常心满意足，瞧不起那些总在卖力学习的同学。

有一天，他照例鄙视了一位正在勤奋学习的同学。结果对方毫不示弱，反击道："好吧，那咱俩就比一比，你靠你的聪明，我靠我的苦功夫，看看咱俩中考的时候谁更厉害！"

同学这霸气的态度，让他立马下不来台，当时就气急败坏。

妈妈很焦虑，不知道该怎样引导孩子，让他跟这位同学一般稳重扎实。

说实话，我们听完后也颇解气，暗暗赞叹道："这位同学哪里笨了？有理有据，有礼有节，有斗志，有自信，一看就是双脚稳稳地扎在地上。"因为人家讲的是真理："是骡子是马，拉出来遛遛，我不怕，因为我有真功夫！"

反倒是平时自负聪明的这个孩子，在关键时刻，灰头土脸。靠小聪明得来的成绩，就像把学习建立在沙堆上，虚浮不稳。时间久了，连人都虚了。

这两个孩子，年龄相仿，名次类似，他们最大的差异在哪里？

是聪明吗？是勤奋吗？是朴实无华吗？他们最大的不同，其实在两个字上，那就是**定力**。

定力很重要！因为：

聪明决定了孩子的当下，定力却决定了孩子的一生。
聪明决定了孩子在课堂上一时的反应，定力却决定了孩子在学习上一生的成败。

你做作业比我快 30 分钟不重要，重要的是，我比你多坚持学习 3 个小时。

你学的知识比我快半年不重要，重要的是，我比你多坚持学习 3 年不摇摆。

什么叫定力？

有定力的人，正念坚固，如净水无波，不随物流，不为境转，光明磊落，坦荡无私。有定力的人，心地清净，如如不动，不被假象所迷惑，不为名利而动心，定学修持到一定程度自然开慧。

从这句话，我们可以看出，所谓定力，就是不随波逐流，就是稳如磐石，是纯粹安宁的心境，是恒定如一的坚守，是专精于一的意志力。定力修行到一定程度，智慧就开了。

就像上面这两个孩子，前一个欢脱敷衍，学一时，闲一时，全凭心情，是小聪明，赢的是一时；后一个静水流深，宁静不变，好也学，歹也学，始终如一，是智慧，看的是长久。

越是艰难的学习，越是要沉静。

我们的一位老师讲述他上高中时，课余时间路过重点班门口，被重点班里 60 多个学生无一不端然不动、专注学习的氛围所震撼，他是这样讲的：

当一个孩子坐在那里学习的时候，你不觉得怎样。但是，当整整一个班的孩子都坐在那里学习的时候，就有了一种逼人的气势。

当孩子的学习出现问题时，我们经常会有很多说法，比如，基础不牢，刷题不够，听课不认真，压力太大，脑袋不转……

可是，为什么基础不牢？为什么听课不认真？为什么脑袋不转？为什么稍遇挫折就打退堂鼓，闹情绪，撂挑子？

其实，底层的原因就一个：

定力不足，坐不住，心不静。

· · · · · · ·

学习这件事，不是三天打鱼两天晒网就搞得定的。

可惜很多孩子等不及，常常在结果浮出水面之前就放弃了，就下判断、下结论了。

他们不擅长用更长的时间，更多的耐性，来应对人生的重大考验。

聪明可以应付一时，想要走得长远，需要的是恒久的**坚持和努力**。

他们耿耿于怀的付出没有回报，其实只是付出得不够，坚持得不够而已。

没有持久的投入，就没有刹那间的顿悟，就等不到智慧开花的那一刻。

很多孩子连举一反一的功夫都不到位。

知识的学习是有层次的。浅一点的，就是字面上的知识。如果只是蜻蜓点水般听过去了，读过去了，什么也没有获得，那么此时的知识就是信息，而信息是没有意义的。

往深了走，我们会发现，这个知识下面还有深度。**不同的深度，代表了不同层次的思考，不同层次的功夫，它需要我们深潜下去，不停步地往前走，才能看到它的真面目。**

就像很多父母问我们，"为什么你们的集训课一次要一个半小时？我怕我儿子坐不住……"

每逢这个时候，我们总要郑重其事地告诉他：

坐不住才要练！

如果两个小时孩子的身体都无法坐下来，孩子的心神就入不进去，孩子的思维就无法深刻活跃，任何学习都会是浅薄的。

一个高二的孩子讲："老师，我感觉我现在能够深入进去了！"上学这么多年，他第一次明白课本下面，深不见底。

这是持久做事的结果。这样的体验，让他在后续的学习中有了触类旁通的可能性。因为一口井打透了，就获得了打一千口井的经验。天下的事情，底层的原理都是一致的。

我们常讲，**以一科之突破带动整体学习的提升。**

这就是老子讲的："道生一，一生二，二生三，三生万物。"要生万物，只要回到"一"，回到"道"，即可。

然而，很多孩子没有过这种体验，他们总在半途而废，浅尝辄止：

路还没有走完，就讲"我会了。"

路还没有走完，就讲"这么难，谁要学？"

习惯性地半途而废，时间久了，无论身体、精神，还是思维，都会处于一种脆弱的、未经磨砺的状态，人就一点点变笨了，废掉了。

所以，长期努力，扎实做事，用心钻研的孩子，我们站在 5 年、10 年、20 年的维度来看，会发现，他们眼睛里越来越有光，气质越来越沉稳有力，脑子越来越灵光，仿佛有看穿世事一般的洞察力。

而那些长期虚浮没有坚持去做事的孩子，即便一开始很聪明，后面也会越来越钝。他们眼神涣散，气质轻飘不稳，浑身上下透着一种不自信，仿佛自己都在质疑，"我行吗？我不行的……"

· · · · · · ·

既然定力对于一个孩子的成长如此重要，那么应该怎样培养孩子的定力呢？

有两点建议：

第一，建立意识。

注意：**很多孩子不是没有定力，而是他们从来不知道定力的价值，所以从来没有刻意要求过自己。**

所以，作为父母，我们有责任讲给自己的孩子听。如果不会讲，那就去学、去看、去背，背给孩子听。

知道三分，哪怕做到一分，这都是进步。但如果不知道，一定做不到。知道得越深，做得就越好。这就是王阳明先生讲的："**知之真切笃实处即是行。**"

就像一个高一的孩子跟妈妈感慨：

妈妈，我原来一直以为我数学考 50 分是因为笨，并且常常因为自己在课堂上反应不快而愤怒、自卑，气自己为什么这么笨，还自暴自弃。原来是我付出得太不够，其实是我的目光太短浅。

以前他坐 45 分钟就抓耳挠腮，一个小时也做不出 3 道题；现在他一坐 3 个小时，一个小时刷 20 道题，真正达到了解题训练中"爽不爽"的境界。

第二，卑微下来，去做简单而具体的事。

定力很好，父母要讲，反复讲，通过各种角度去对它进行阐释。阐释得越好，孩子越容易领悟。但是这还不够，远远不够。

因为在真理面前，语言往往是苍白的。**我们还需要带着孩子去体验，我们还需要训练他，让孩子用身体去感知这个真理**，让这个道理，融入他的血脉。不单单大脑知道，还要身体知道。

怎样体验，怎样训练呢？

法门就是**带着孩子卑微下来，去做简单而具体的事。**

课本、公式、概念、典型例题、习题，很简单，但是孩子真的会了吗？听课很简单，带着眼睛、耳朵就可以，但是孩子是真听懂了吗？

功夫往往就在这些平凡的地方。

中高考的题目都不偏、不难、不怪,为什么还拿不到高分?因为孩子的身体、眼睛、双脚,踩不到大地上。

有一个初三的孩子,成绩一直中等偏上,怎么也没起色。他也很好学,跟着一位"名师"学数学两年,风雨无阻。妈妈说,分数不见涨,孩子却觉得很好。

为什么?因为这个孩子有虚荣心,有偏见。

这个老师告诉他,课本知识太简单,考试都不考,要讲就讲点课本之外的难的东西。

孩子很自负,觉得自己学了很多同学没有学的东西。但是他的卷子,满分 100 分,却考不到 85 分。中低档难度的题目常有错误,甚至会犯一些低级错误;难度大的题,也占不了多大便宜。

眼睛长在天上,这是学习的大忌。

为什么不能保证将中低档难度的问题迅速、准确地拿下来？因为他瞧不上这些简单的东西。他瞧不上，但又搞不定，这就是荒谬的地方。

因为孩子只顾着去解难题了，解难题这件事给了他莫大的心理安慰，觉得自己在做一件别人都做不了的事。但是，他没有做最核心的事，就是学习驾驭知识，举一反三，掌握从一到三的规律。

要让孩子从中低档问题的解决过程中，收获解决难度大的问题的能力。

简单和难，从来都是一体的。

后来这个孩子开始去做那些平时不屑于做的工作，坚持一个月，分数就上去了，考到 90 多分。

孩子这个时候，豁然开朗：

妈妈，我现在才知道，学习原来是这样的。虽然跟我以前理解的不太一样，但好像这种感觉才是对的，有一种很踏实的感觉。

还记得我们前面讲过的解题能力的五个层次吗？

第一个层次：能不能；

第二个层次：会不会；

第三个层次：快不快；

第四个层次：爽不爽；

第五个层次：一句话总结。

每一个孩子都需要立一个做事的标杆，能不能，会不会，只是初级层次，差得还远。

要想游刃有余，就要拥有定力，才能从第一层到第五层。

孩子为什么不想学

赵帅 李波 著

机械工业出版社
CHINA MACHINE PRESS

初中生的"不想学"和高中生的"不想学"区别在哪里（上）

赵老师： 李波老师，请教一个问题，初中生的"不想学"和高中生的"不想学"，到底有没有区别呢？

李波老师： 区别还是很大的，一般来讲，初中生的"不想学"主要有三种类型，而高中生"不想学"有两种类型，高中生的这两种是初中生其中两种的升级版。

我先来说一说初中生的"不想学"有哪三种类型。

第一类，从父母的角度去讲，叫**这个小孩有点糊涂**。什么意思呢？就是不管你说什么，他都像没听见一样，从这个耳朵进去，从那个耳朵出来，他该干吗还干吗。

赵老师： 爸妈喊上一万遍，也感觉喊不醒这个孩子。

李波老师： 对，就是感觉孩子还挺聪明的，学习能力也挺强的，但是他的那股劲就不使到正地方。

那么，这类孩子典型的特点是什么呢？用我的话讲，他是在靠本能学习。

人的本能是什么？就是懒，怎么舒服怎么来，怎么高兴怎么来。人的本性是什么？是嫌烦，比如一篇课文，本来坐下来认认真真地从头到尾读上几遍，就能背下来了，但是孩子就是嫌烦，不想多读几遍。

做题也是一样的，一道题如果在上课时能认真地听老师从头到尾捋一遍，就会明白，但孩子就是嫌烦，"哎呀，麻烦死了，一步就行了嘛，非要绕过来绕过去干什么呢？"

所以，这类孩子不是故意不想学，而是在由着自己的本能、本性去学。这就是一个人糊涂跟不糊涂的区别，一个人理性跟不理性的区别。

就像我经常给大家讲的一样，孩子在"闭着眼睛"，有一种迷迷瞪瞪、迷迷糊糊去活的感觉。

赵老师： 自己活得还挺乐呵。

李波老师： 从孩子自己的角度去看，他活得还是挺舒服、挺潇洒的。不过从父母的角度去看，就会觉得很着急，"怎么回事啊，怎么就不懂点事呢？怎么就不能明白一点点事情呢？"

那么，面对这类孩子，我们应该怎么去应对呢？

第一个方面，父母一定要记得这类孩子叫"随风倒"，就是如果给他们的环境是积极的、向上的，周围的人都是上进的，那么他就会跟随大家走。

这就是"孟母择邻而居"的重要性。

赵老师： 所以，孟子也有过一段迷迷瞪瞪的阶段。

李波老师： 其实孟子当时的迷迷瞪瞪跟这个状态是一样的。

每个人都会经历过这么一段，只不过有的父母提前预判了，然后给孩子创造了一个好的环境，有的父母不明白这个道理，就把时间拉长了。所以第一个方面——环境，很重要。

第二个方面,就是如果孩子出现了这种情况,我们要把孩子从这个糊涂的状态中拉出来。

怎么拉出来呢?四个字:顺势而为。那么,面对这种糊涂的、闭着眼睛活的、靠本能去学的孩子,怎么顺势而为呢?

一定要注意,一个人靠本能去学习时,影响他最大的因素是情绪。

所以,面对这类孩子,说话时首先不能讲消极的东西,而是要讲积极的东西;其次不要去做太多的思想工作,而是要用我们自己的情绪去感染孩子的情绪。

赵老师: 我觉得这对父母其实提出了很高的要求,因为面对这样的孩子,父母往往会觉得这个孩子是个"榆木疙瘩"。

李波老师: 他们是思想上、观念上的"榆木疙瘩",而不是学习这个行为上的"榆木疙瘩"。

所以,我常讲要"下得去",下得去里面。

前面我们讲到了要和孩子"一起疯"。"一起疯"的目的是什么？就是要通过自己的情绪来拉动孩子的情绪，让孩子觉得，"咦，这样很有意思"。

然后，这个时候我们再给他提建议，他就会想："说得很有道理，我必须得听。"

正是因为这样的顺势而为把孩子的情绪给带动起来了，他才愿意去跟随我们，他才会变得越来越好。

赵老师：我觉得这里有两个关键词，一个是唤醒，一个是感染。从这个角度去做，对父母也是一种启发，就是把我们之前对孩子的打击，或者是批判、斥责，转变成感染和唤醒。感染是可以去训练的，唤醒可能需要父母去学习。

李波老师：感染其实是一个意识问题，父母是否意识到孩子身上存在什么问题，然后思考这个问题需要通过什么方式去解决。唤醒确实需要一些专业的技术。

第二类不想学的初中生最大的特点是什么呢？

这类孩子不像第一类孩子那么糊涂，反而看上去特别有主见，特别有想法。但是为什么就不想学了呢？

这类孩子觉得自己看到了这个世界的真相，但是因为他读书不多，见识太小，阅历不够，思考太少，所以他所看到的这个真相并不是真正的真相，只是一些负面的、消极的现象。

赵老师：所以其实这反倒是一种假象，就像一首诗中讲的人生的三重境界。

李波老师：第一重境界是"看山是山，看水是水"；第二重境界是"看山不是山，看水不是水"；最高境界是"看山还是山，看水还是水"。这类孩子觉得自己看到了真相，其实他们只是走到了这个事情的第二重境界。当然，第一类孩子还处在第一重境界。

对于这类孩子，我们要怎样帮助他呢？其实就是通过对孩子在思想上的引领，在观念上的塑造，让他看到这个世界的真相。

赵老师：所以我觉得对于处于第一重境界的孩子，要解决的是如何帮助他从第一重境界直接走到第三重境界；对于处于第二重境界的孩子，也是要把他带到第三重境界。但是我感觉，处于第二重境界的孩子比处于第一重境界的孩子要难引导。

李波老师： 所以我一直给孩子传递的一个概念是，我们今天所有的学习就是为了让我们看清真相，为了让我们的世界观、人生观和价值观得以成熟，为了让我们在不久的将来成为一个有用的人，能够为我们身边的人以及更多的人提供价值，这才是学习的真相。

赵老师： 所以首先要给三观，对于没有三观的孩子，直接给他正确的三观。如果孩子现在已经有了一些观念，但这些观念是错误的，那就帮他去调整观念。

李波老师： 所以处于第二重境界的孩子，我们首先要告诉他学习的真相是什么。然后在这个基础之上结合他在中学阶段所碰见的一些人与事，进行分析和判断，告诉他这到底是一个什么样的事情，应该怎么去看待它，怎么去理解。孩子才会慢慢领悟，"哦，原来是这么回事"。

赵老师： 就是站在第三重境界上去告诉第二重境界的孩子，其实是可以这样去看待问题的。但是如果父母站在第一重境界，孩子站在第二重境界，父母是绝对没有办法去影响这个孩子的。

所以如果父母想要影响第二重境界的孩子，必须具备站在第三重境界的能力和水平，这样才能够引导孩子。父母的层次一定得比孩子高，否则怎么去引导他呢？

李波老师：第二类孩子，从严格意义上来讲，也不是不想学，而是没有看到这个世界的、人生的、社会的、学习的真相。他所看到的东西麻痹了他，让他觉得所学的一切都没有意义。

所以，我们只需要让他看到真相，他就会发现，"哦，还是一定要学习的，只有把学习搞好了，我心中所想的才能够得以实现"。

赵老师：我觉得"麻痹"这个词特别好。那么**第三类不想学的初中生**呢？

李波老师：第三类孩子，是第二类孩子的升级版。也就是说他知道他今天所做的一切究竟是为了什么，他知道学习这件事情是为了他自己，为了让自己未来变得更好。所以，他在这件事情上付出了很多努力，但是遇到了挫折。

就是说孩子如此努力地去学习，但是他在学习这条道路上的收获跟付出不成正比。面对这个情况，我想跟父母讲一句话：任何人的价值，都需要在现实中得到肯定。

如果说一个人在一件事上付出了很多，但是在现实中没有得到肯定，那么这个人就会自我怀疑。这种情况该怎么办呢？

赵老师： 那很简单，给成就感、给信心。

李波老师： 我们要在现实意义上帮助孩子发展与成长。那么这种现实意义上的成长是什么？

首先，就是他的学习成绩。一定要注意，学习成绩通过一些具体的、特别的方法，是可以在短期之内有所提升的。

其次，这类孩子最大的问题就是，他在做事的时候太认真了。他太容易钻进去，就不容易出来了。所以从思维的角度来讲，这类孩子特别需要"出得来"的思维训练。

赵老师： 就是从孩子的三大底层素养入手去调整这个孩子。

李波老师： 三大底层素养主要包括：第一，品质心性；第二，思维能力；第三，方法意识。

这类孩子的品质心性一般都不错，相对欠缺的其实是思维能力中的思维方式，以及方法意识中的在现实层面上获得分数的方法。

所以，像这类孩子，我们只需要帮助他有获得感，找到他在现实中的位置，这个时候他再去面对自己的未来，就会重新充满信心。

这类孩子的特点是什么呢？他知道他要做，但就是心里面难受，因为他做了却得不到他想要的结果。

这就是三种不想学的初中生。

赵老师： 我总结一下吧，第一类孩子迷迷瞪瞪的，让人觉得很可亲、很可爱。

李波老师： 对，其实从某种意义上来说，我特别喜欢这类小孩，确实特别可爱。

赵老师： 我觉得父母应该在孩子迷迷瞪瞪的这个阶段，享受一下美好的亲子关系。他不是不想学，实在是还没有醒悟。

第二类孩子有点可恨，他有点误入歧途了，在观念上有一点走偏了。对于这类孩子，很多父母都是咬牙切齿、恨铁不成钢的状态。

李波老师： 其实这类孩子只要往前走一步，就会看到另外一个世界。

赵老师： 所以对于第二类孩子，父母应该抱有"魔高一尺，道高一丈"的心态。孩子已经修炼到第二重境界了，父母必须得修炼到第三重境界。

李波老师： 就像我经常说的那句话，什么叫学习？所谓学习就是要向那些优秀的、有先进思想的人学习他们的理念、理论、品质和方法，而不是去寻求一个具体的招数。

赵老师： 第三类孩子让人有点心疼，很努力，但是就是没有方法实现目标。

李波老师：内心当中充满了各种各样的自我怀疑。

赵老师：对，所以这个时候其实恰恰是考验父母眼光和资源的时候了，就是能不能帮孩子去找到一套能够帮助他提升的思维方式和学习方法，切切实实地给到他有力的支撑。

初中生的"不想学"和高中生的"不想学"区别在哪里(下)

赵老师：李波老师，我们讲完了初中生的"不想学"，下面来说说高中生的"不想学"到底有哪些类型，有什么样的原因吧。

李波老师：其实高中生的"不想学"相比初中生来讲，表现得会更加明显一点。原因在于两点：

第一，高中生学的东西越来越难了。我经常跟很多父母讲，高中知识的学习难度，与初中相比，不是往上提了一个档，是提了至少两到三个档。

第二，高中生已经过了 15 岁，大多数过了 15 岁的孩子，相对来讲，比初中时多明白了很多事。当一个人开始明白很多事之后，他就会为自己考虑。**注意，人开始明白事的第一个标志就是"他开始为自己考虑了"。当他开始为自己考虑的时候，"三观"的问题就出现了。**

所以高中生关于人生的思考，关于这个社会的思考，关于这个世界的思考会很多，伴随这种思考而来的困惑，也会越来越多。所以，高中生的"不想学"，主要有两种：

第一种，因为学习能力的限制而不想学。

第二种，因为三观的限制而不想学。

下面我们说一说**第一种，因为学习能力的限制所导致的不想学。**

其实在高中阶段之后，我们会发现，班级里受学习能力限制的主要有三大群体：

第一大群体：上课时感觉能听得懂，但下课之后解决问题时，解决不了或者解决得比较慢。

第二大群体：上课时就已经感觉怎么都跟不上了，下课之后更难以解决问题。

第三大群体：上课时感觉像听天书一样。

初中学不会的孩子，要么被中考分流了，要么进入高中之后在上课听讲时就跟听天书一样，听着听着就趴下去了。

这种情况一般从高一上学期的10月中下旬就开始了，主要会出现在高一结束之后升高二的时候。

这三个群体的孩子还是有区别的。

第一个群体的孩子，老师上课讲的他能听懂，但是下课之后他解决不了问题。那么，在这个大的群体当中，有一部分同学还是有信念的，会说"我上课能听懂，虽然我下课解决不了问题，但是我会想尽一切办法让自己能解决问题"。这样的孩子到最后高考的时候，最起码能够上一个二本。

如果说他在这个基础上，能够不断地坚持，一直不断地往上走，最终还能升到一本，甚至一个不错的一本。

但是，有一部分孩子承受不了这种压力，所以产生了不想学的想法。这种不想学的想法源于什么呢？源于四个字：被碾压感。哪个层面上的被碾压感？智力上的被碾压感。

这样的孩子一般在初中阶段至少处于中等偏上的水平，不管是在班级里面，还是在父母的眼里，都是相当不错的孩子，有很强的自尊心和优越感。

但是进入高中之后，他会发现，老师上课讲的内容，别的同学听一耳朵，就能懂；老师出一道难题，别的同学看一眼，或者稍微动一下脑子就做出来了，人家说出答案的时候，自己还没想出来呢。就是这种压力让孩子觉得，"哎呀，没戏了，没有希望了"。

我相信，有相当多的已经读了大学，甚至读的非常好的大学的同学，在高中阶段都有过类似的智力上的被碾压感。

所以，如果说孩子存在这种情况，父母一定要告诉孩子："孩子，不是你一个人有这种感觉，那些成名的人，他们当年读高中的时候，也有过这种类似的体验。这不算什么，只要你努力，只要你向前，就能够让自己走出来。"

赵老师： 就是要帮孩子建立一种信念。

李波老师： 对。当然，从具体的策略上来讲，这个群体的孩子缺的是方法，不知道如何对自己的学习能力进行一种有效的训练，但凡把这种能力训练一下就没问题了。

这个群体的孩子，能力是有的，只是缺乏一种有效的方法把他的能力给训练出来。所以，这个群体的孩子特别需要记住一句话：学习也是需要学习的。

在此之前，他所有的一切学习行为都是从自己出发的，没有去借鉴那些优秀的人、水平高的人的学习方式。他现在需要参考先进的学习方式，来对自己的学习方式进行一种升级，让自己的学习能力得以提升。这是第一个群体的孩子。

第二个群体的孩子上课时会很认真地听，但是依然听不懂，就不用说下课之后的做题了。这个群体的孩子有什么感觉呢？三个字：绝望感。就是他很认真地学，也很卖力地听老师讲，但是听完之后，就感觉听不懂，不知道老师到底在讲什么。

我觉得绝大多数同学是扛不住这种压力的。每天学、每天学，然后学完之后发现，上课竟然听不懂……所以说这个群体的孩子感觉到的就是绝望。

那么，这个群体的孩子最大的问题在哪里呢？最大的问题就在于，他虽然每天学，但是没有学到点子上。但凡学到点子上，他一定能够在学习上找到希望。

所以，这个群体的孩子需要的是希望。我们如何给他希望呢？就是告诉他应该去做什么。他要做的不是紧跟在老师的后面，而是要把自己的"本"给护住，要选择一部分老师上课所讲的问题，在课后再去进行训练。

这个群体的孩子跟第一个群体的孩子还不一样，他还涉及不到思维能力成长的问题，他涉及的是如何把手头应该做的事情做好的问题。

第三个群体的孩子上课时就跟听天书一样，因此他就完全放弃自己了。这个时候也就谈不上想学不想学的问题了。因为什么都听不懂，什么都整不明白，他对自己的前途跟未来也就没有了任何想法，觉得高中这三年就这样过吧，过完了就算了。

这个群体的孩子，需要的是三个字——开始做。但问题是，要想让他开始做，首先需要给他一种启发，让他在思想上有一种觉悟。只有他在思想上觉悟了，对自己的未来有想法了，他才有可能去做。

所以对于这个群体的孩子，需要的是对他在思想和观念上进行引领。他的问题已经不仅仅是学习问题了。

赵老师： 我觉得对于这个群体的孩子来讲，他面前的考验其实是非常大的。

李波老师： 很大，有好几道坎。

赵老师： 对，所以如果他在思想上没有觉醒，这么艰难的考验，他很难跨过去。

李波老师： 他使劲学了，有可能变成第二个群体的孩子。变成第二个群体的孩子后，他再使劲地学，才可能变成第一个群体的孩子。即便变成第一个群体的孩子了，学习上依然会遇到压力，可想而知他有多难。

赵老师： 所以这个群体的孩子其实需要一种蜕变，几乎是脱胎换骨。这种脱胎换骨首先是从思想上的觉悟开始的，需要对自己的人生有追求、有要求。

李波老师： 上面我们说的是第一类不想学的高中生，是因为学习能力的限制导致的不想学。下面我们来说说第二类，因三观问题导致不想学的高中生。

我们会发现高中阶段有两种同学的学习成绩极其好：第一种，思想超级深刻，学习能力超强；第二种，思想极其简单，心思极为单纯。

第一种孩子看上去，让人觉得他不是高中生，而是有二十一二岁、二十三四岁的感觉，甚至比有的老师还要成熟。感觉跟这个孩子说话，就像跟一个成年人在说话一样，他知道自己要什么。

第二种孩子是心思极为单纯的小孩，他不像一个高中生，甚至像个小学生。

这两种孩子在高中阶段的学习成绩都非常好。那么从这两种孩子身上其实可以看出一点，要想把学习搞好，首要的事情就是，孩子的精神要极为单纯。精神单纯意味着目标感很强。

赵老师：没有私心杂念。

李波老师：对，这样的孩子愿意付出、愿意努力。为什么他愿意付出、愿意努力呢？

对于第二种心思单纯的孩子来讲，那是他的一种本能，他除了干这个，也想不到去干别的了。所以这种孩子进入大学之后会遇到很多波折，他的青春期会滞后。

第一种孩子属于思想深刻型，他已经很明白自己要什么了，他对于很多问题的思考足够到位。其他的孩子为什么不想学？原因很简单，因为对于自己应该怎么活，未来究竟要走向哪里去等问题，想不明白。

所以我们会发现，高中生里面有相当一大部分孩子，大多数的时间在思考人生。

赵老师：而且我发现，在外部条件越困难、学业压力越大、考验越大的时候，一个人的私心杂念越多。

李波老师：就像我经常看到的很多高中生一样，我的眼睛一看过去，就问他一个问题，"孩子，你最近是不是一直在写东西？"

他说："李老师，是的，你怎么知道？"

我说："你写的是不是关于人生的一些感悟呢？"

他说："是的。"

我说："你可以先暂时停下来了，让自己投入现实的洪流当中去吧。当你进入了现实的洪流当中，用我经常讲的四个字'事上磨人'去训练自己，你会发现你的思想才能够真正深刻起来。也就是说，你要思考的那些问题不是在头脑当中完成的，而是在行动当中完成的。"

所以这类孩子需要的是什么？首先需要的是思想上的引领，其次需要的是行动上的淬炼。

这类孩子在精神上一定是有追求的，但是他在精神上缺乏一种单纯，所以我一直说我们要去培养一个思想深刻、精神单纯的人。

那么这类孩子最大的特点是什么呢？他的思想是复杂的，精神是虚无的，如果说一个人在精神上有了虚无感，那么还有刚才所说的这种力量吗？没有了，他在精神上一定是相对软弱的、纠结的。

因为世界观和人生观而痛苦的这些孩子，每天的状态一定是在悲春伤秋。

赵老师： 通过听高中生"不想学"的原因分析，我感觉就是我们所说的宗旨，"人对了，学习就对了；学习对了，分数就对了"，这句话放在高中好像格外适合。

也就是说，当孩子所面临的困难和人生困惑越多时，这句话就越正确，因为所有的一切其实都源自于孩子在精神、思想层面的一种成熟。